JN297340

図解 なるほど！これでわかった

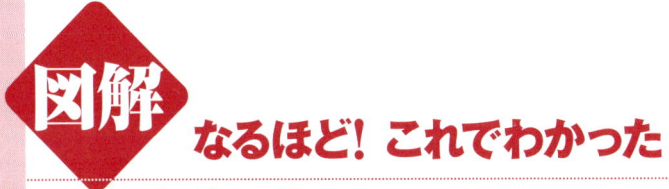

よくわかる これからの MOT

研究開発の成果を事業化の
成功に結びつけて、経営効率を
高めるための技術経営とは？

中河正勝・平林裕治

同文舘出版

まえがき

昨今、グローバル化が一段と進展し、中国の急激な経済発展もあって世界経済、とりわけ日本経済に大きな影響を与えています。また、世界を取り巻く政治・経済両面において、過去に経験したことがない課題が山積しています。その対応によっては、日本の将来が危ぶまれることにもなりかねません。

地球環境破壊問題、国際テロ問題、核拡散問題、人口問題、資源エネルギー問題、食糧問題等々、国家の垣根を越えてこれらの問題に取り組む体制が求められています。世界における日本の対応が、今後ますます重要となってくることでしょう。

しかし見方を変えると、これらの問題を解決していく過程はさまざま科学技術の発展に直結しているため、ビジネスチャンスも創出されます。したがって、日本の国家戦略に基づいた取り組みが期待されるところです。

一方、企業経営にとってグローバル化の波は大きなうねりとなって押し寄せてきています。とりわけ、外国企業の日本企業に対するM&A（合併・買収）が容易となったこともあり、企業経営にとって最大の課題となっています。二〇〇六年に大きな話題となったライブドアのニッポン放送株買い占め事件、楽天のTBS株買い占め、村上ファンドの阪神株買い占め、さらに本年に入り、日興コーディアル証券の不正会計問題で取沙汰された吸収合併問題等、新聞紙上を賑わせています。大企業ですら、M&Aのターゲット企業として、吸収合併の危機に巻き込まれることも珍しくはないのです。

今まで日本企業は、政治的に保護されてきました。しかし、グローバル化によって国境の障壁がなくなり、市場の開放によって、ヒト・モノ・カネが自由に動きやすくなってきています。企業経営者は、このことを真剣に考えなくては国際競争に打ち勝つことはできません。特に、IT（情報技術）産業の発達によって、国際競争にいっそう拍車がかかってきたとも言えます。

そこで、グローバル企業としての企業経営はいかにあるべきかとの問いに答えるために、われわれが日本企業経営に携わった経験と多くの企業コンサルタントの蓄積により、実践に役立つ「MOT（技術経営）入門」として、平易にまとめたものが本書です。

本書は、研究開発の成果を事業化の成功に結びつけ、経営効率を高めるための技術経営「MOT」の基礎的な事項をわかりやすく図解しています。その構成は「第1章 技術経営とは」から始まり、「第10章 これからの技術経営」までの10章で構成されています。第1章では、技術経営の全般的な事項について解説しています。第2章から第7章までは、研究開発から事業化までの技術経営のプロセスに沿って記述しています。第8章ではイノベーションのための人材と組織について、第9章ではマーケティング戦略について取り上げています。最後の第10章では、これからの技術経営の方向性についてまとめています。

本書は、企業経営者、役員、事業推進責任者、研究所の幹部にも充分お役に立てるようにまとめました。さらに、企業に入社して実務に従事している設計開発技術者、研究者、その他企業の広い部門の中堅幹部等、また技術系大学院学生諸君にぜひご一読をお勧めします

本書が、グローバル企業として磐石の企業経営基盤を作り上げるための参考となれば、これに勝る喜びはありません。

2007年7月

中河正勝

平林裕治

第1章 技術経営とは

- Section 1 技術経営とはどんなことか …… 12
- Section 2 技術経営が求められる理由とは何か …… 14
- Section 3 イノベーションとはどんなことか …… 16
- Section 4 イノベーションモデルの進化 …… 18
- Section 5 死の谷、ダーウィンの海とは何か …… 20
- Section 6 経営戦略と技術戦略との関係 …… 22
- Section 7 MOT人材像には何が求められるか …… 24
- Section 8 MOTに関する教育はどのようになっているのか …… 26
- Section 9 米国での技術経営の歴史はどうなっているのか …… 28
- Section 10 日本での技術経営の歴史はどうなっているのか …… 30
- COLUMN 1 ● リーダーシップの根幹にある「フロネシス（賢慮）」 …… 32

第2章 研究開発戦略

- Section 11 創造的なアイデアを創出するためにはどうすればよいか …… 34
- Section 12 研究開発マネジメントの課題は何か …… 36
- Section 13 イノベーションを起こす人材と組織の要件は何か …… 38

第3章 技術獲得戦略

Section 14	技術は不連続に世代交代していく	40
Section 15	持続的イノベーション、破壊的イノベーションとは何か	42
Section 16	製品が完成するまでに生じるプロセスイノベーションとプロダクトイノベーション	44
Section 17	商品をどのように作るか、そして何を作ればいいのか	46
Section 18	技術ロードマップとは何か	48
Section 19	技術ロードマップはどのように作成するのか	50
Section 20	技術ロードマップの活用方法	52
Section 21	イノベーションのための産学連携とは	54
COLUMN 2	お客さんの世界に棲み込む	56
Section 22	技術予測とはどんなことか	58
Section 23	技術評価とはどんなことか	60
Section 24	技術ロードマップによる技術獲得の方法	62
Section 25	技術アライアンス戦略	64
Section 26	技術提携戦略	66
Section 27	共同研究	68
Section 28	ジョイントベンチャー	70

第4章 知財戦略

Section 29 吸収合併（M&A） ……… 72
Section 30 スピンオフベンチャー ……… 74
Section 31 共同技術開発投資 ……… 76
Section 32 プロダクト・ポートフォリオ・マネジメント ……… 78
COLUMN 3● 日本のバイオ技術における技術獲得戦略 ……… 80

Section 33 知財の創造とは何か ……… 82
Section 34 知財の保護とはどんなことか ……… 84
Section 35 知財を活用するためにどうすればよいか ……… 86
Section 36 知財流動化の課題 ……… 88
Section 37 知財の証券化による新しいビジネスの潮流 ……… 90
Section 38 企業の特許戦略の要点 ……… 92
Section 39 クロスライセンスの基本 ……… 94
Section 40 ライセンシングの課題 ……… 96
Section 41 経営戦略と知財戦略との関係 ……… 98
Section 42 知財のグローバル化のために、どのように対応すべきか ……… 100
Section 43 経営法務と技術経営 ……… 102

第5章 事業化戦略

COLUMN 4 ● 青色発光ダイオード発明対価の支払訴訟判決について ……… 104

Section 44 研究開発の事業化計画 ……… 106
Section 45 コーポレートベンチャーによる事業化の活性化 ……… 108
Section 46 研究開発と商品化部門の連携ブリッジによる開発ベンチャー ……… 110
Section 47 商品化投資計画とは ……… 112
Section 48 LLPとは何か ……… 114
Section 49 大学発ベンチャーとは ……… 116
Section 50 カーブアウトベンチャーの意義 ……… 118
Section 51 事業化のための資金調達方法 ……… 120
Section 52 事業化を推進する人材像 ……… 122
Section 53 事業化段階での企業内マネジメントの要点 ……… 124
COLUMN 5 ● 新商品事業化のリスクマネジメント ……… 126

第6章 シナリオ・プランニングによるビジネスモデルの設計と評価

Section 54 シナリオ・プランニングとは何か ……… 128

第7章 企業価値の創造と評価のために

Section 55 産業バリューチェーンでビジネス全体を鳥瞰する ……130

Section 56 外部環境分析の要点 ……132

Section 57 事業環境の不確実性を解明する ……134

Section 58 シナリオドライバーをどのように抽出するか ……136

Section 59 シナリオの構築方法は ……138

Section 60 静的ビジネスモデルの作り方 ……140

Section 61 動的ビジネスモデルとは ……142

Section 62 ビジネスモデルはどのように評価して再設計すればよいのか ……144

COLUMN 6● シナリオ・プランニングの生い立ち ……146

Section 63 DCF法とは何か ……148

Section 64 リアルオプション法で事業価値を評価する ……150

Section 65 STAR法とは何か ……152

Section 66 新事業評価法とは何か ……154

Section 67 ステージゲート法とは何か ……156

Section 68 22種類の利益モデルとはどんなものか ……158

Section 69 利益モデルの活用の要点は何か ……160

第8章 イノベーションのための人材・組織

- Section 73 イノベーションを誘発する組織 ……… 170
- Section 74 イノベーションを誘発する人材育成の課題 ……… 172
- Section 75 CTOとは何か ……… 174
- Section 76 技術マネジメントのリーダーシップとはいかにあるべきか ……… 176
- Section 77 研究開発人材に求められる能力とは何か ……… 178
- Section 78 研究開発のグローバル化はどうなっているのか ……… 180
- Section 79 研究開発組織形態 ……… 182
- Section 80 研究開発の分業の考え方について ……… 184
- Section 81 研究開発管理の要点 ……… 186
- Section 82 研究者の意識改革の重要性について ……… 188
- COLUMN 8 新産業創造戦略を核としたイノベーションの創出 ……… 190

- Section 70 利益の源泉分析とは何か ……… 162
- Section 71 ビジネスモデルと利益モデルはどのように関係しているか ……… 164
- Section 72 コーポレート・ベンチャー・キャピタルとは何か ……… 166
- COLUMN 7 企業価値の創造とは ……… 168

第9章 マーケティング戦略

- Section 83 マーケティングとは何か ……192
- Section 84 研究段階のマーケティングのやり方とは ……194
- Section 85 マーケティングから研究開発を考える ……196
- Section 86 事業化段階でのマーケティング手法 ……198
- Section 87 ユーザー主導のイノベーションとは ……200
- Section 88 技術経営とマーケティングとの関係 ……202
- Section 89 イノベーションを成功させるマーケティングとは ……204
- Section 90 マーケティングに適した人材とは ……206
- COLUMN 9 マーケット戦略におけるCRMの企業戦略 ……208

第10章 これからの技術経営

- Section 91 サービス・イノベーションとは何か ……210
- Section 92 サービス・プロフィットチェーンから考えたイノベーション ……212
- Section 93 テクノプロデューサーとは何か ……214
- Section 94 技術経営のパラダイム変換 ……216
- Section 95 MOT改革を推進するために ……218

Section 96	オープン・イノベーションとは何か ……………………………… 220
Section 97	これからの産学官連携の新たな展開へ向けて ………………… 222
Section 98	技術主導型の企業価値創造とは何か …………………………… 224
Section 99	国家戦略としての技術経営はどのように発展するか ………… 226
Section 100	イノベーションに関する国の構想は何に向かっているのか … 228
COLUMN 10	街づくりにもMOTの考え方を導入 ……………………………… 230

第1章 技術経営とは

Section 1
技術経営とはどんなことか

Section 2
技術経営が求められる理由とは何か

Section 3
イノベーションとはどんなことか

Section 4
イノベーションモデルの進化

Section 5
死の谷、ダーウィンの海とは何か

Section 6
経営戦略と技術戦略との関係

Section 7
MOT人材像には何が求められるか

Section 8
MOTに関する教育はどのようになっているのか

Section 9
米国での技術経営の歴史はどうなっているのか

Section 10
日本での技術経営の歴史はどうなっているのか

Section 1

技術を経営の立場で、または、経営を技術から捉える

技術経営とはどんなことか

技術経営とは、業務プロセスの価値連鎖における技術課題を体系的にマネジメントすること。

● 価値連鎖を対象とした技術経営

技術経営はMOT（Management Of Technology）と呼ばれ、最近注目を浴びている言葉です。技術経営は企業内の技術をマネジメントするという点で、非常に重要な分野と言えます。マネジメントとは単なる管理という意味だけでなく、一つの事業への投資に対するリターンという経営的な意味が含まれています。技術経営は、企業における経営、人事、情報、マーケティング、開発、調達、生産、物流、アフターサービスなど業務プロセスの価値連鎖における技術課題を体系的にマネジメントすることなのです。

● 技術経営の定義

そこで、最初に技術経営の定義を、①経済的価値の創造、②イノベーション、③投資効果という三つの視点から確認することにします。

①日本のMOTの先導役である経済産業省大学連携推進課の「技術経営のすすめ」で、「技術に立脚する事業を行う企業・組織が、持続的発展のために、技術が持つ可能性を見極めて事業に結びつけ、経済的価値を創出していくマネジメント」と定義しています。

②山之内昭夫・元大東文化大学教授は、「技術経営とは技術がかかわる企業経営の創造的、かつ戦略的なイノベーションのマネジメントであり、企業が保有する技術知識を新たな知識体系に変容させる行為で、知識体系の組替えにより新たな価値を創造すること」とイノベーションに焦点を当てて定義しています。

③スタンフォード研究所では「MOTの目的は、技術投資の費用対効果を最大化することである」と経営側面を強調した定義をしています。

● 技術者にも身近になった技術経営

研究開発部門でも技術経営が重視されています。研究開発による技術を核として、それらをビジネスモデルと組み合わせるようになってきました。そのために、技術だけでなく、儲かる仕組みも含めて検討するようになってきたのです。

12

MOTの定義

経済的な価値創造
技術に立脚する事業を行う企業・組織が、持続的な発展のために、技術が持つ可能性を見極めて事業に結びつけ、経済的な価値を創出していくマネジメント

業務プロセスの価値連鎖における技術課題を体系的にマネジメントすること

イノベーション
技術がかかわる企業経営の創造的、かつ戦略的なイノベーションのマネジメントであり、企業が保有する技術知識を新たな知識体系に変容させる行為で、知識体系の組替えにより新たな価値を創造すること

投資効果
MOTの目的は、技術投資の費用対効果を最大化すること

Section 2
今、なぜ技術経営なのか、その背景を探る
技術経営が求められる理由とは何か

世界規模の競争環境、市場ニーズの変化、製品開発プロセスの変化への理解が技術経営の背景。

● 成功体験の繰り返しではダメ

1980年代の日本では、技術経営を意識しなくても研究開発から商品化までの流れはうまく機能していました。このころ、日本経済は世界でも圧倒的な競争力を誇っており、『ジャパン・アズ・ナンバーワン』という著書がベストセラーとなるほど、好調を維持しているときでした。とくに、「ものづくり」に関する技術では、日本企業独自の創意工夫により「ジャスト・イン・タイム」などの手法を産み出すなど、生産技術をはじめとした高い技術力で、魅力的な新製品を次々と世に出していました。

しかしながら、現在は当時とは環境が異なり、過去の成功体験をそのまま繰り返しても、うまく製品開発ができなくなってきました。世の中の環境が変化したのです。

● 環境変化について考える

そこで最初に、この環境の変化の要因について考えることにします。

環境変化の第一点は、世界規模での競争環境です。メガコンペティションとも言われているように、世界中の企業が国境や業界を越えて、地球的規模で競争を行うようになってきました。技術革新が進み、数十年かけて構築してきた技術が短期間で追いつかれるようになりました。そして、モジュール化された生産工程が中国や東アジア諸国などへ移転されました。安く大量に作る分野で日本が強みを発揮することが難しくなってきたのです。

第二点は市場のニーズが変わってきたことです。顕在化した市場ニーズを分析して製品化するというアプローチでは、真のニーズに対応することができなくなってきたのです。顧客も気づいていない潜在的なニーズを掘り起こして製品化するというアプローチへと進展してきたのです。

さらには、ニーズそのものを創造して提示することまで考えるようになってきました。企業自らが新しいモノやサービスを創造し、検証して市場を作り上げるようになってきたのです。

14

技術経営が求められる理由

●成功体験の繰り返しではダメ
- 「ジャパン・アズ・ナンバーワン」
- 生産技術をはじめとした高い技術力
- 魅力的な新製品

↓

1. 世界規模での競争環境
- メガコンペティション
- 生産工程の移転
- 日本が強みを発揮することが難しい

2. 市場のニーズ
- 顧客も気づいていない潜在的なニーズを掘り起こして製品化
- 企業自らが新しいモノやサービスを創造し、顧客に訴求して市場を作り上げる

3. 製品開発プロセス
- オープンな環境で研究開発から事業化までを推進
  産学連携
  異業種交流
  外部の技術やノウハウと融合

↓

●技術経営への期待
日本の強みや自社の強みを蘇らせる

第三点は製品開発プロセスの変化です。かつては、技術研究所で基礎研究から応用研究までを一貫して行い、そこで産み出された独自の技術により新製品を開発するというプロセスが成立していました。ところが、研究開発から製品化、事業化までを単独で一貫して行うことが難しくなってきたのです。研究開発段階から産学連携や異業種交流などにより、外部の技術やノウハウを取り入れたり提携したりすることが必要になってきたのです。外部と融合して、オープンな環境で研究開発から事業化までを推進するスタイルに変化してきたのです。

このような環境変化に伴う課題を解決するための糸口として期待されているのが技術経営です。技術経営という体系と手法を個別の課題に当てはめて、日本の強みや自社の強みを蘇らせることが求められるようになってきました。

Section 3

イノベーションは技術革新に留まらず、価値を創造する

イノベーションとはどんなことか

イノベーションは技術経営のキーワードの一つ。技術開発成果による商品やサービスが価値を創造するまでの一連の活動である。

●**イノベーションの定義**

イノベーションとは「革新、刷新」という意味です。ドラッカーのイノベーションの定義は、「消費者が、資源から得るところの価値や満足を変えること」としていますが、「イノベーションの意味を語り尽くせない」というくらい幅広い意味が含まれています。

また、シュムペーターは「新結合によりイノベーションが起こる」と定義しています。イノベーション発生のポイントは、「何かが新しく結びつくこと」で、結びつくものは既存のモノ同士でも構いません。ここで重要なのは、「新結合が価値を生む」ことです。つまり、人々に「価値がある」と感じてもらえなければなりません。

イノベーション創出には、顧客や市場のニーズを満たす必要があります。クリステンセンはその著書『イノベーションへの解』で、この顧客ニーズを『無消費への抵抗』と表現しています。

●**イノベーションを起こすためには**

イノベーションを起こして新しい価値を創造するためにはどうすればよいのでしょうか。イノベーションが活性化するときの要点を整理します。

①**偶然の必然化**

顧客とのコミュニケーションで偶然得られる情報やクレーム情報の中から、本質的なニーズを見出してイノベーションを誘発します。

②**画期的な非常識**

常識的なことを繰り返していてもイノベーションは生まれません。既存事業は儲からないという常識から脱皮しなければなりません。

③**視野を拡大する**

イノベーションという視点で考えた場合、競争相手は他業種である可能性もあります。世界中の秀でた製品やサービスを提供している企業が競争相手という意識も必要です。

④**顧客と一体化する**

顧客あるいは顧客企業の視点から商品を考えて提案すると同時に、現在顧客ではない人たちの視点にも目を向けなければなりません。

16

イノベーションを起こすために

偶然の必然化
ショールームにきた顧客とのコミュニケーションで偶然得た情報やクレーム情報の中から、本質的なニーズを見出す

顧客と一体化する
顧客や顧客企業の視点から商品を考えて提案すると同時に、現在顧客ではない人たちの視点にも目を向ける

消費者が、資源から得るところの価値や満足を変える

新結合によりイノベーションが起こる

画期的な非常識
常識的なことを繰り返さない、既存事業は儲からないという常識から脱皮する

視野を拡大する
競争相手は他業種である可能性もあるため、世界中の秀でた製品やサービスを提供している企業が競争相手という意識を持つ

Section 4

イノベーションモデルは時代とともに進化している
イノベーションモデルの進化

リニアモデルからクラインモデルへ、さらには市場創造モデルへと進化しており、市場との関連がますます重要に。

北陸先端科学技術大学院大学の亀岡秋男教授は、イノベーションモデルの進化の筋道を第1世代から第4世代までで分類しています。

●市場発見から出発する

イノベーションのプロセスは時代とともに進化しており、製品市場の成熟化や顧客ニーズの多様化とともに変化しています。これまでの製造業での製品開発のプロセスは、時間の流れに従って、研究→開発→設計→製造→販売の直線的な流れでリレー式に進める方法が主流でした。直線的ということから「リニアモデル」とも呼ばれていました。

1985年にクラインは「リニアモデル」を否定し、イノベーションの出発点は「市場発見」であるとする「連鎖モデル（chain-linked model）」を発表しました。これを「クラインモデル」と呼んでおり、イノベーションの進展プロセスの出発点は「市場発見」であるとされました。さらにクラインは、市場を洞察しそこで発見した将来コンセプトを具体化する「市場プル」のアプローチは、技術開発を先行させる

「技術プッシュ」よりはるかにイノベーションの成功確率が高いと述べています。市場発見により戦略的コンセプト目標を設定することに要点が移りました。

一方で「リニアモデル」から脱却し、研究開発に入る前に、マーケティング、開発、ビジネス、マネジメントなど、関係するすべての部門が充分話し合う「ラウンドテーブル」方式に切り替えた企業も出現しています。

●イノベーションモデルの発展

イノベーションプロセスは市場の多様性と同期して生成発展してきており、イノベーションモデルは変化しています。これから先のイノベーションプロセスはどのように変化していくのか、よく見極めたうえで戦略的に対応することがますます重要になっています。次世代イノベーションの方向は、製品市場の確定している「リニアモデル（第1世代）」から、市場ニーズを

イノベーションモデルの進化

第1世代「リニアモデル」

市場自明
- ニーズは明確で、とくに調べる必要もない。
- 研究技術者の興味と判断で実行しても当たり外れは少ない。

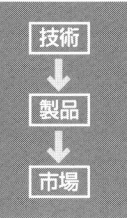

技術、製品、市場の関係

技術 → 製品 → 市場

第2世代「クラインモデル」

市場発見
- マーケットをよく見なければニーズはわからない。
- マーケティング部隊と連携しないと失敗する。

技術、製品、市場の関係

技術 → 製品 → 市場

第3世代「仮説修正モデル」

市場実験
- 顧客や市場を観察するだけではニーズはつかめない。
- ともかく市場に早く出して反応を見て修正する。

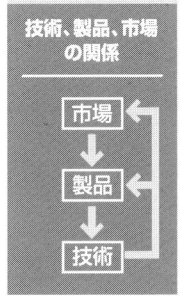

技術、製品、市場の関係

市場 → 製品 → 技術（ループ）

第4世代「市場創造モデル」

市場協創
- 利用者と供給者がインタラクティブに共同して新製品を開発する。
- 協創の作業プロセス自体に体験価値を見出す。

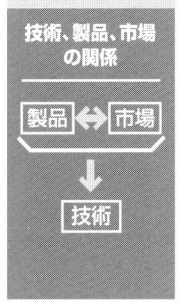

技術、製品、市場の関係

製品 ⇔ 市場 → 技術

出所）北陸先端科学技術大学院大学・亀岡秋男教授の資料に一部追加

洞察して新製品を発見する「市場発見モデル（第2世代）」に移り、さらには、仮説を立て市場実験によって初めて新製品コンセプトの妥当性が確認できる「市場実験モデル（第3世代）」へ進展していくという予測もあります。

今後を予測すると、市場を発掘するというのではなく新しく市場を創る段階、つまり「市場創造モデル（第4世代）」へ進化すると考えられます。ユーザーが欲しいものを積極的に提示して、製品づくりに顧客が参画できるモデルです。

その例がプラットホームモデルで、これは人工魚礁に例えられます。人工の魚礁を海底に造り、海底のプランクトンを海中に押し上げて、これを食べる小魚がさらに大きな魚を呼び込むように、連鎖的に成長するというものです。利用者と供給者が共同で創る「市場協創モデル」です。

Section 5

研究開発成果を社会に役立てるために、越えなければならない

死の谷、ダーウィンの海とは何か

死の谷は研究開発成果を製品化するときの壁で、これを乗り越えないと事業化できない。ダーウィンの海は産業として成り立つマーケットを確立するときに乗り越える壁。

最近イノベーションに関連して「死の谷」、あるいは「ダーウィンの海」という表現がよく使われます。研究・開発の成果がイノベーションに到達するまでのプロセスでの阻害要因の表現として認識されるようになりました。

●死の谷とはどんなことか

死の谷とは、企業が積極的に研究開発投資をしても製品まで反映されない状況です。技術開発には成功しているものの、販売には至らず、投資コストと研究成果が埋没する状況です。

具体的には、基礎研究と実用化の中間段階において事業化の見極めが難しく、資金供給が不足してしまうことにより基礎研究の成果が死んでしまうことです。

●死の谷の要因

アイデアを評価して事業化の判断を行うときの「マネジメント」そのものがうまく機能しないことにより、成果を埋没させているのが「死の谷」であると認識されています。

死の谷現象が起こる主な要因は、研究と事業化の間における資金投資不足が挙げられています。日本では研究と事業化の間における資金の対岸へ到達できるのです。

●ダーウィンの海とは何か

自然淘汰が行われている状態を「ダーウィンの海」と表現しており、新製品が開発されても、既存商品や競合企業との競争に打ち勝って、対岸まで到達できなければ存続できない「試練の海」を表しています。商品を本格的な事業とするときのイノベーションプロセスのイメージを象徴するものが「ダーウィンの海」です。

技術的な困難を克服し企業化リスクに挑戦することにより、「ダーウィンの海」でサメなどの外敵や嵐に耐え、生き抜くようにして進化したものだけが、イノベーションやニュービジネスの対岸へ到達できるのです。

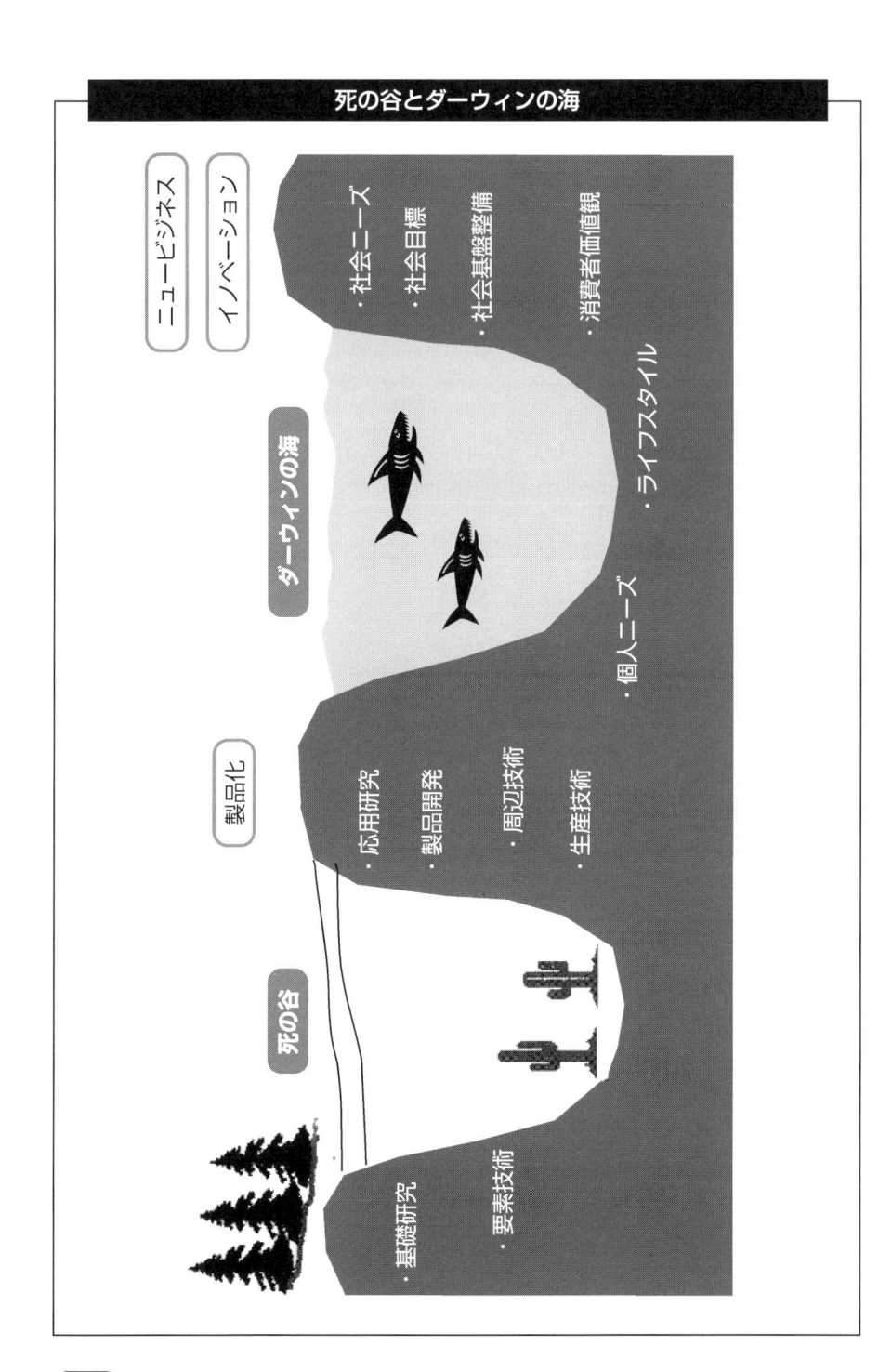

死の谷とダーウィンの海

ニュービジネス
イノベーション

- 社会ニーズ
- 社会目標
- 社会基盤整備
- 消費者価値観

ダーウィンの海

・ライフスタイル
・個人ニーズ

製品化

- 応用研究
- 製品開発
- 周辺技術
- 生産技術

死の谷

- 基礎研究
- 要素技術

Section 6

経営戦略の構成要素として技術戦略がある

経営戦略と技術戦略との関係

技術戦略は、すばらしい技術や製品を開発することだけでなく、企業目標を達成するための道筋として描かれる経営戦略を支援するためのもの。

●経営理念とは何か

経営理念とは、経営に関する企業の普遍的な価値観や信条です。「お客様優先」「品質第一」「社会への貢献」などの理念を掲げている企業は多くあり、そこに掲げていることが規範となり、全社員の行動を律するものが経営理念です。一般的に見られる経営理念は、ロマン的なビジョンや長期目標的な色彩を持つものが多くあります。

●経営理念の機能は二つある

経営理念には、企業内統合と社会的適応という二つの機能があります。企業内統合は、経営者のモットーや人生観などが企業内で暗黙に認知されることで、企業文化や社風などが形成されます。社会的適応は、経営理念自体が企業外部の社会・環境諸条件の変化に影響を受け、企業自らがその社会的な存在意義を外部に明示するという機能です。企業イメージを広く認識してもらう活動のCI（Corporate Identity）や社員個々人の存在証明であるPI（Personal Identity）などに相当します。

●経営ビジョンは将来のあるべき姿

経営ビジョンとは、長期的な時間軸を持って企業の目的や使命、実現・提供すべき企業価値などの将来あるべき姿を明らかにしたものです。そこに至るための企業独自の中核能力や経営資源、今後企業内で共有されるべき思考・行動様式や行動規範を集大成したものです。

経営ビジョンの狙いは、トップをはじめとする全社員の想像力と創造力の喚起を通じて、全社エネルギーを一つの方向に結集することにあります。

●経営戦略とは何か

経営戦略とは、全社的な活動分野の選択と集中のために経営資源配分を決定することです。財務戦略、営業戦略、技術戦略などから成ります。

●技術戦略とは何か

技術戦略は経営戦略の一部分ですが、企業全体を対象とした戦略の経営戦略と技術戦略が目指すものは、自社のコアコンピタンスやコア技術を中核とした事業活動を明確に展望する

経営戦略における技術戦略

経営理念
夢あるいはロマンといったもの。社会的な自社の存在理由を表現する

↓

経営ビジョン
経営理念実現のために必要な長期的な目標を表す

- **企業イメージ** CI、PIなど
- 外部環境分析
- 内部環境分析
- **企業文化** 企業体質、社風など

経営戦略（営業戦略・財務戦略・知財戦略・環境戦略・人材戦略・技術戦略）

企業を取り巻く環境の変化に適合するための体系的・効率的な資源配分を戦略化する

経営戦術
経営戦略を実行するための、より具体的な方法・役割・手続きなど

ことです。

技術戦略とは、企業戦略の実行に必要とされる技術や製品の開発、投資、市場投入に関する一連の意思決定のことです。マイケル・ポーターは、「技術戦略とは、技術の開発および利用に関する企業の姿勢である」と定義しています。技術戦略とは、単にすばらしい技術や製品を開発することだけでなく、技術を利用して企業目的を達成するための道筋として描かれる経営戦略を支援するためのものです。

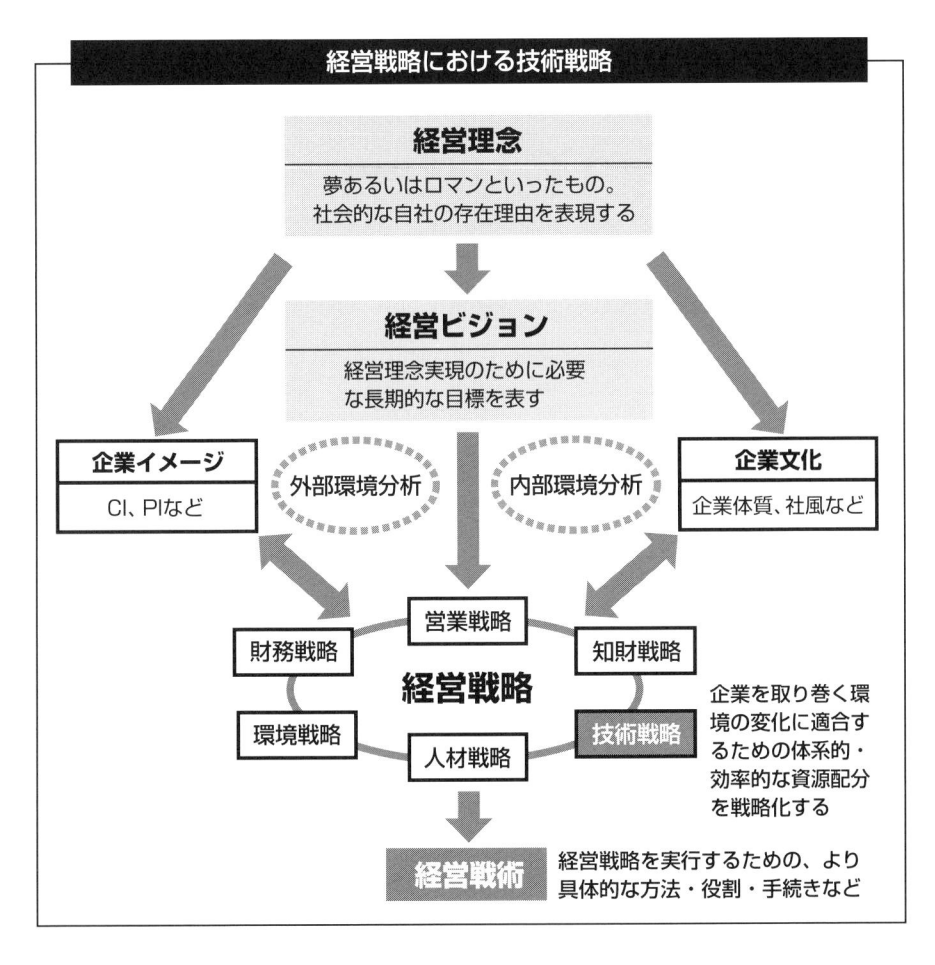

● **経営と技術の橋渡し**

技術戦略と経営戦略とが相互に密接に関係してスパイラルアップすることが事業化の要件となります。北陸先端科学技術大学院大学の亀岡教授は「企業全体の経営革新の立場に立ち、企業理念、企業目的、企業戦略と一体となって技術戦略を開発し、これを実践する」と唱え、経営戦略と技術戦略の一体化を強調しています。

第1章●技術経営とは

Section 7

技術と経営の視点から知見を広めることのできる人材

MOT人材像には何が求められるか

大学で輩出すべき人材像と社会で求められる人材像を、対社会、対人、頭脳、心の視点から整理する。

● MITのMOT人材の資質

米国は1980年代に、MIT（マサチューセッツ工科大学）を中心にした調査委員会により日本企業を徹底研究して「Made in America」としてまとめ、1990年代後半の米国の経済成長の基礎を築きました。その中にMOT人材の資質についてまとめられています。プロジェクトマネジメントやコミュニケーション能力、さらには政治、経済、社会、文化に至る周辺分野も含んでおり、MOT人材に必須の資質を的確に表現しています。以下にその内容を列挙します。

①それぞれの専門領域における科学の基礎知識をしっかりと身につけていること

②関心を持つ領域の最新技術について、実践的知識を身につけはじめていること

③さまざまな特質と歴史を持った人間社会があるということを、その文学、哲学、芸術的な伝統とともに、理解しはじめていること

④自己啓発を続ける技能と熱意を持っていること

⑤研究プロジェクトにおいて、ひらめきと発明の才能を発揮する機会を持ったことがあること

⑥一つのものを設計し、まとめ上げる体験があること

⑦会話と文章によって意思疎通する技能を身につけていること

⑧技術発展を取り巻く経済、政治、社会、環境問題への理解を持ち、注意を払いはじめていること

● 社会で求められるMOT人材像

産業の立場からMOT人材像について、日経bizTech No.001（MOTの真髄）では、以下の10項目を掲げています。

①MOT人は、テクノロジーをマネジメントする

②技術の価値を最大限に引き出し、新製品や新事業を創出する

③「商売が下手」と胸を張らない。だが顧客の言い分はきっちり聞く。顧客の言いなりにならず、顧客が感嘆

24

MOT人材像

対社会
- さまざまな特質と歴史を持った人間社会があるということを、その文学、哲学、芸術的な伝統とともに理解している
- 技術発展を取り巻く経済、政治、社会、環境問題への理解を持ち、注意を払う
- 「商売が下手」と胸を張らない。顧客の言い分はきっちり聞く。だが顧客の言いなりにならず、顧客が感嘆するものを届ける
- 企画、営業、クレーム処理、必要があれば何にでも取り組む

頭脳
- 専門領域における科学の基礎知識を身につけている
- 関心を持つ領域の最新技術について、実践的知識を身につけている
- 研究プロジェクトにおいて、ひらめきと発明の才能を発揮する機会を持ったことがある
- 1つのものを設計し、まとめ上げる体験がある
- 技術は大好き、でも技術一本やりではない
- 研究のための研究はせず、論文のための論文は書かない

対人
- 会話と文章によって意思疎通する技能を身につけている
- MOT人は、テクノロジーをマネジメントする
- 技術の価値を最大限に引き出し、新製品や新事業を創出する
- 社内にこもらず、どこのだれとでも会う
- 年齢や職位にかかわらずエグゼクティブである

心
- 自己啓発を続ける技能と熱意を持っている
- MOT人こそ、真のイノベーターである

④ 企画、営業、クレーム処理、必要があれば何にでも取り組む
⑤ 社内にこもらず、どこのだれとでも会う
⑥ 技術は大好き、でも技術一本やりではない
⑦ 年齢や職位にかかわらずエグゼクティブ
⑧ 卓越した技術全体で共有可能にする
⑨ 研究のための研究はせず、論文のための論文は書かない
⑩ MOT人こそ、真のイノベーターである

●**MOT人材像**

　MOT人材の資質として重要なことは、技術的にある分野を極めているだけでなく、その技術がどのように世の中で役立つのかを念頭に入れていることです。技術と経営の両方の視点から、研究開発から事業化までを鳥瞰的に捉えることができる人材です。

第1章●技術経営とは

Section 8

MOT人材の育成でイノベーションを実現する

MOTに関する教育はどのようになっているのか

日本の巻き返し戦略として、MOT人材の育成に文科省や経産省が取り組んでいる。

●MOT教育への期待

日本では企業教育が充実しており、ある意味では大学教育や社会人教育の必要性はそれほど大きくありませんでした。昨今は、企業側の人材ニーズが変化して、技術を核とした商品化のために社内企業家、戦略企画、新事業プロマネといった人材の育成が必要となり、MOT教育への期待が大きくなってきました。

●米国のMOTスクールの現状

MOT教育は、1982年のMITスローンスクール（大学院開設）にはじまり、大学の教育プログラムの件数、年間のMOT人材の輩出者数とも、この数年急速に伸びてきています。米国では160を超える大学で年間1万人以上の人材を輩出してきましたが、2007年は215大学で年間1万6000人を輩出すると予測されています。MBA（経営学修士）は2002年時点で、700校において年間10万人の人材を輩出していますので、感覚的にMBAと比較すると、プログラム数で約2割、輩出人数で約1割という状況です。

●日本のMOT教育

日本のMOTの先導役である経済産業省大学連携推進課は次のようにコメントしています。「経営戦略全体の中で、『技術』の重要性が増大し、企業の業績（存続）にも大きく影響してきている。『経営者に技術の本質』を、『技術者に経営的感覚』をつかんでもらい、実務に活かしてもらうことがMOT教育の目的である」と。

日本においては、2003年が『MOT教育元年』と言われ、文部科学省は『専門職大学院（社会人大学院）』の拡充政策の一環として、MOT教育に重点を置いています。各国立大学は、独立法人化への生き残り策として、社会人再教育の目玉であるMOT教育に注力しています。

経済産業省も、日本経済の浮沈には、産学官連携や技術の事業化を担う人材育成が肝要であるとの認識から、『大学連携推進課』の政策として、日本型

26

MOTは技術系・経営系に共通のプログラム

【大学等教育機関における教育プログラム開講状況（平成17年度）】

プログラム種別	機関数	定員／科目数
ディグリープログラム	42機関	約1670名
ノンディグリープログラム	33機関	約2440名
その他のプログラム	18機関	60科目

出所）経済産業省大学連携推進課「技術経営のすすめ」より

【カリキュラム例】

● 経営全般
・企業の社会的・国際的役割（グローバル化）
・経営戦略・企業革新
・リスクマネジメント
・意思決定・競争戦略

● 技術経営
・技術戦略
・技術マネジメント
・プロジェクトマネジメント
・戦略的提携・技術獲得論
・イノベーション戦略
・ベンチャー起業戦略
・知的財産戦略
・先端技術

● 基礎・共通
・財務管理（金融工学、会計学）
・IT戦略マネジメント
・サプライチェーンマネジメント
・組織と人間（リーダーシップ、組織構成）
・ナレッジの創造とマネジメント
・マーケティング
・商品・ブランド開発

MOTプログラムの開発、普及、人材の育成策等を展開しています。MOT教育は、大学、団体そして民間の各機関でもその教育プログラムの充実を図っており、今後もさらに増加していくものと予想されます。2005年に93機関で年間4000人以上の人材が輩出されており、2007年には年間1万人の育成を目標としています。

●MOT教育のカリキュラム

MOTプログラムの内容は多岐にわたっています。技術に関する項目はもとより、経営全般、基礎・共通的な内容を含んでおり、技術が企業のバリューチェーンの一環であることを示しています。MBAと同様、ケーススタディも多く採り入れられていますが、その主目的は、単に成功例・失敗例に学ぶというのではなく、本質的な思考プロセスの習得やコンセプト創造力の育成にあります。

Section 9

MOTの起源は米国にある
米国での技術経営の歴史はどうなっているのか

1960年代のアポロ計画で研究開発マネジメントの概念が生まれ、1980年代にMITスローンスクールやスタンフォード大学でMOT教育がはじまった。

● MOTの発端はアポロ計画での研究開発マネジメント

MOTの起源を探ると、米国が国家の威信をかけて取り組んだアポロ計画にたどり着きます。1955年から65年のアポロ計画を中心とする新兵器と宇宙計画の巨大プロジェクトとして、目標期日までに計画を完成させることが課題でした。そのためにさまざまな研究開発のスケジュール管理手法が開発されました。研究開発の生産性よりも、スケジュール管理のほうが重要視されていました。

ところが、ベトナム戦争の長期化により国家予算が縮減され、アポロ計画の予算も削減され、69年にはアポロ計画自体が打ち切られました。米国での研究開発はスケジュール管理だけでなく、人・モノ・金などの資源のすべてをバランスさせた研究開発マネジメントへと進化していきました。

● 大学でのMOT教育がはじまる

82年に東海岸のMITスローンスクールに世界で最初のMOT修士コースが開設されました。当初のプログラムは、ビジネススクールの経営戦略論と

エンジニアリングスクールのプロジェクト管理の流れを統合した学問体系になりました。

● 国家戦略としてのMOT推進

86年にMITのリチャード・レスター教授らは産業生産性調査委員会レポート(Made in America)で、「米国の製造業では、経営者は技術問題を理解できていない。逆に技術者は経営問題を理解できてはいない。このことが米国の製造業の国際的地位、国際競争力に負の影響を与えている。産学連携によってこの問題を解決したい」と結論づけました。その治療法として88年にLFM(Leader for Manufacturing)プログラムが、製造業を強化し、変革に導くことのできるリーダーの育成を目指して開発されました。研究開発の生産性を追求することと、研究開発成果を製品に結びつけることをメインテーマとしてMOT教育が推進されてきました。

米国のMOTの歴史

1960年代	巨大プロジェクトのマネジメント（軍事・宇宙） 米国連邦航空宇宙局(NASA)MOT予算でアポロ計画のスケジュール管理手法を開発
1970年代	研究開発の効率化 研究開発の実用化 国家プロジェクト成果の民間への活用展開
1980年代	研究開発投資回収効率 国際競争に打ち勝つための競争戦略(MIA) 日本企業流の技術経営の分析（ベンチマーキング） 知的財産戦略（対日攻略）、品質（6シグマ） 日本の商品化開発力の導入
1982年	MIT（米国マサチューセッツ工科大学）スローンスクールに世界で最初のMOT修士コース開設
1985年	米国大統領産業競争力委員会レポート（通称ヤングレポート）
1986年	産業生産性調査委員会レポート(Made in America)で、産学連携促進を提言
1988年	LFM(Leader for Manufacturing)プログラム提案 　　　　企業化のためのマネジメントの研究を開始
1990年代	急速な技術革新⇒ハイテクベンチャー戦略
2000年代	技術イノベーションによる事業開発人材の育成・教育

Section 10

日本での技術経営への取り組み

日本での技術経営の歴史はどうなっているのか

日本では1970年代に、科学技術と経済の会や研究・技術計画学会で検討会が立ち上がり、不確実な時代への備えがはじまった。

● MOT研究会の設立

日本では、米国におよそ10年以上遅れて、1970年代にいくつかの研究会が設立され問題意識が醸成されてきました。たとえば74年に、(社)科学技術と経済の会の中に技術経営会議が設置され、「技術経営」に関する共通課題の研究・討議の場が設けられました。これが日本でのMOTの歴史のはじまりと言われています。

その後85年には、技術経営の向上や科学技術関連政策の立案などの技術交流と情報交換を図ることを目的として、研究・技術計画学会が設立されました。90年代中ごろには研究・技術計画学会の中にMOT分科会が設立され、「企業戦略に連携した技術経営」に焦点を当てた研究会活動がはじまりました。

● 不確実性の時代の到来

MOT分科会が設立されたころは、日本の経営環境が曲がり角を迎えていた時代です。つまり、大量生産、大量消費、大量廃棄という、大量に製品を作れば利益に結びつくことがある程度保証されていた経営環境が終わろうとしていました。90年以降には、技術革新が日進月歩と言われるようにめまぐるしく変化し、技術変化と市場ニーズの変化を予測するのが難しい状況となりました。こうした状況下で、的確な意思決定を行い遂行する戦略的なマネジメントがますます重要になり、技術経営への期待が高まってきました。

● 本格的な技術経営人材教育

経済産業省が技術経営人材育成プログラムの開発に着手したのは2002年のことです。この年に技術経営人材育成プログラム導入促進事業として約30億円の予算がつぎ込まれました。技術経営への取り組みが、国際的に比較して遅れていることを挽回するという国家戦略です。起業家向けや地域産業向けの実践的なプログラムと、多くの教育機関で共通基盤として利用できるケーススタディ教材を開発しており、05年までに148機関でプログラムが開発されました。

科学技術と経済の会発足以来の主要経過

1970年	産業予測調査団
1971年	(財)未来工学研究所設立
1972年	「技術予測シンポジウム」発足
1974年	「技術経営会議」発足
1976年	「開発管理科学講座」発足
1978年	「明日の経営を考える会」発足
1999年	「産業科学技術競争力委員会」設立
1999年	「バイオ研究会」設立

技術経営会議

【理　念】　会社経営を取り巻く内外の諸課題の解決に向けて、
　　　　　　技術経営に携わる各社役員の連携と共創を図る

【活　動】　1. 技術経営（MOT）に関する共通課題の研究・討議
　　　　　　2. 技術経営上、タイムリーな課題探求
　　　　　　3. 外部に向けての情報発信と提言
　　　　　　4. ヒューマンネットワークの形成による情報交換
　　　　　　5. 経営リーダーの育成

研究・技術計画学会　技術経営（MOT）分科会

（1）技術経営人材の教育・育成
（2）企業技術経営の実践
（3）新しい技術経営の方法
　　　等について調査研究

研究・技術計画学会でのシンポジウムテーマ

・世界のMOT、日本のMOT（2005年）
・技術競争力復活の兆し、一過性の現象か構造改革への脱皮か（2004年）
・新グローバル環境における技術戦略（2003年）
・デスバレー(死の谷)を越えて──科学技術から社会経済的価値を生み出す体制（2002年）

COLUMN●1
リーダーシップの根幹にある「フロネシス（賢慮）」

　知識創造企業というテーマで、一橋大学の野中郁次郎先生は一連の研究を継続しています。その中で、最近話題となっているのが「フロネシス」です。フロネシスとはどのような意味でしょうか。野中先生は「個別具体的な場面のなかで、全体の善のために、意思決定し行動すべき最善の振る舞い方を見出す能力」と定義しています。

　フロネシスの構成要素として重要なことは、善悪の判断基準を持つことです。「何がよいことであるのか」についての判断基準を個別の状況の中で発揮できる実践的な能力です。

　ところで、何が善悪かという判断は、個人の価値観により異なります。個人の価値観・哲学がしっかり確立していないと、何が善なのかを判断できません。リーダーシップを確立するということは、しっかりとした哲学を持つということに帰着するのです。

　個人の価値観・哲学の次に求められるのが、時々刻々と変化するミクロの複雑な事象の背後にある本質を直観的に見抜く能力です。状況を認知して「これが本質である」と直観的に見抜くのです。そして、直観を抽象化・概念化してコンセプトにまで成長させる能力です。さらに求められる能力がビジョンを状況に応じて、人の心を動かしてさまざまな手段や資源を使いこなして、実現へ向かわせる実現力です。

　フロネシスは実践の中で伝承、育成し、自立分散的に体系化する能力です。そうすることによって、何が起ころうとも、弾力的・創造的にリアルタイムに対応できる、しぶとい組織が構築できるのです。

　フロネシスは組織に必要な、人間性を重視したすばらしいリーダーシップのスタイルということができます。

　イノベーションを起こす人材にこのような理解が広がると、本当に活気のある、すばらしい社会変革が起こります。社会がいつも内から新しくなるエネルギーを持ち、変革できるのです。

第2章 研究開発戦略

Section 11
創造的なアイデアを創出するためにはどうすればよいか

Section 12
研究開発マネジメントの課題は何か

Section 13
イノベーションを起こす人材と組織の要件は何か

Section 14
技術は不連続に世代交代していく

Section 15
持続的イノベーション、破壊的イノベーションとは何か

Section 16
製品が完成するまでに生じるプロセスイノベーションとプロダクトイノベーション

Section 17
商品をどのように作るか、そして何を作ればいいのか

Section 18
技術ロードマップとは何か

Section 19
技術ロードマップはどのように作成するのか

Section 20
技術ロードマップの活用方法

Section 21
イノベーションのための産学連携とは

Section 11

創造的なアイデアを創出するためにはどうすればよいか

研究開発は独創的アイデアからはじまる

専門能力、創造的思考、モチベーションにより創造的思考が生まれ、戦略的思考によりイノベーションを実現する。

研究開発は良いアイデアを発想して創出することからはじまります。そこで、アイデアを形成するまでの流れや創造性を発揮するために求められる能力について考えることにします。

● アイデアを創出する流れ

アイデアが上手に創出するのは、組織の将来ビジョンを起点とするトップダウンの取り組みと、研究者・技術者の情熱によるボトムアップからの取り組みの両方がうまくかみ合うときです。最初に市場調査をして対象分野を特定します。そのうえで、担当者の実績と経験に基づいて具体的に取り組むテーマや課題を決定します。その際に留意することは、できるだけ関連する内外の情報を収集することです。収集した情報を素材として、それぞれを連結し、深めて進化させることで基本的なアイデアが創出されます。

また、これらのアイデアを基にして、商品をどのように実現するのかを検証してアイデアをスパイラルアップさせることにより、さらに新しいアイデアへと発展させることもできます。

● 創造性を発揮する人材の能力とは

ハーバード大学のアマビル教授は、個人の創造性は「専門能力」、「創造的思考能力」、「モチベーション」が機能するときに発揮されると説いています。

① 専門能力

専門能力は、仕事に関して知っていることやすべてを包括するものです。問題を探索して、解決する知的領域が大きければ専門能力が発揮できます。専門能力には、仕事に関する知識、スキル、経験、ノウハウが含まれます。新たな学習や他の専門家の協力を得て専門領域の幅を広げていくことができます。

② 創造的思考能力

創造的思考能力とは、既存のアイデアを結びつけて新しいアイデアを生む能力です。どのようにして問題にアプローチし、解決するかを考える能力で、既存の複数のアイデアを結びつけて新しいアイデアを生み出す能力です。

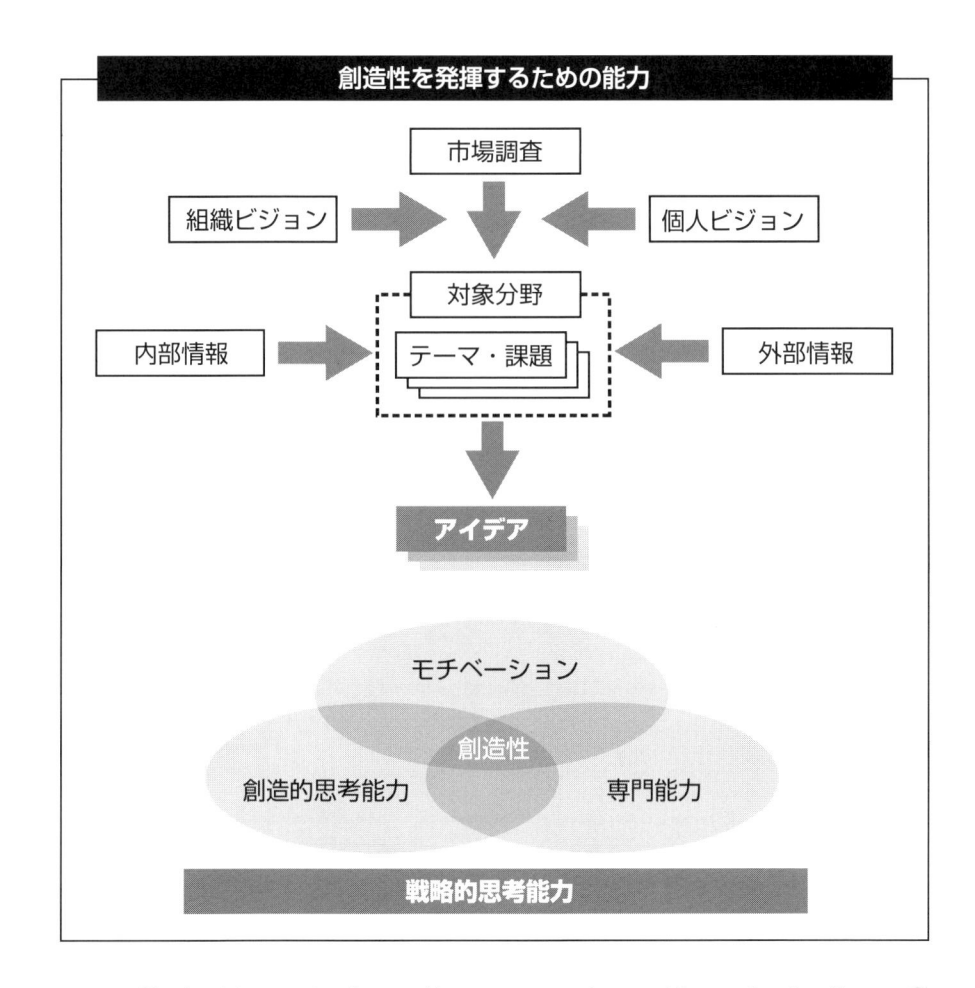

創造性を発揮するための能力

```
                    市場調査
                       ↓
    組織ビジョン  →         ←  個人ビジョン
                    ┌─────────┐
                    │ 対象分野  │
    内部情報     →  │テーマ・課題│ ←  外部情報
                    └─────────┘
                       ↓
                    アイデア

              モチベーション
        創造的思考能力  創造性  専門能力

              戦略的思考能力
```

③ モチベーション

優れた専門能力と創造的思考能力を持っていたとしても、モチベーションがなければそれらを発揮することはできません。自由な環境の中で、高いモチベーションを持ち、独自に自発的な活動をすることが基本です。だれもやったことがないことに積極的に取り組む姿勢が必要です。

● 戦略的思考でイノベーションを実現する

テーマを設定するときや開発が予想外の発見などにより進展するときなどは常に、研究者・技術者自身が商品開発の方向を決めなければなりません。その際には、将来発展すると考えられる市場や自社の強みを統合した戦略的思考で新しい領域を切り開いていくことになります。将来の技術革新の可能性を予測した戦略的な思考により、アイデアをイノベーションへと発展させることができるのです。

Section 12

研究開発マネジメントの課題は何か

研究開発マネジメントのポイントはどこにあるのか

経営戦略の視点から研究開発マネジメントを捉えると、組織的な課題と人的な課題がある。

研究開発マネジメントの課題は、経営的な観点や研究開発プロセスに関するもの、研究者の資質に関するものなど多岐にわたっています。

① 本社（事業部門）と研究開発部門との関係

事業部門と研究開発部門の間には、事業に対する考え方に温度差がありす。研究開発部門は技術を客観的に観察する傾向が強くなります。一方、事業部門は個々の顧客の視点から具体的な事例に対応して製品や技術を評価する傾向があり商品や市場を客観的に観察する傾向が強くなります。一方、事業部門は個々の顧客の視点から具体的な事例に対応して製品や技術を評価する傾向があります。

② 萌芽研究の扱い

研究開発のアイデアや発想を組織的に収集し共有する機会と仕組み・仕掛けが不可欠です。将来を見据えて研究開発すべき長期的なテーマを定めるのは難しいことで、短期的なテーマのように出口がハッキリしていれば評価しやすいのですが、長期的なテーマについて評価方法が課題となります。

③ 基礎技術の取り組み

将来の事業を支える基礎技術は、他社の追従を許さない差別化できる基盤を持たなければなりません。不確実性は大きいのですが、先行的に取り組まなければなりません。

④ 基礎技術と応用技術の関係

基礎技術の研究または応用技術の開発の区別と、それぞれの役割分担が不明確になりがちです。複数の基礎技術が連携または融合することによって、新しい価値を創造させる応用技術へと発展させることが課題となります。

⑤ 技術移転

研究開発の成果の受け皿が事業部門である場合、社内での技術移転のルールを定めておくことが必要です。事業部門への技術の移転は、研究開発プロジェクトの段階から事業部門のメンバーを含めて取り組む必要があります。

⑥ 技術の市場展開

研究開発段階でマーケットの重要性

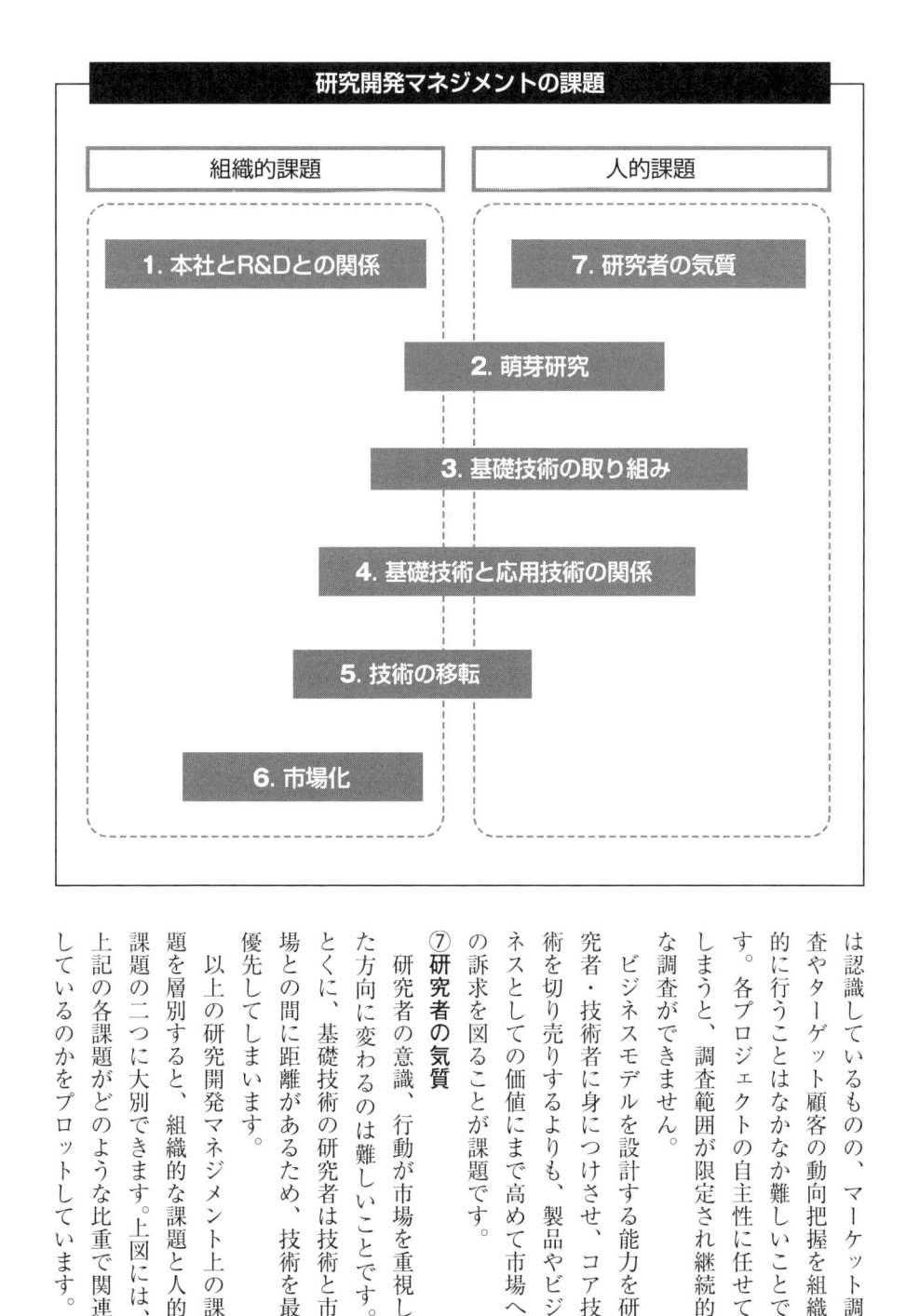

研究開発マネジメントの課題

組織的課題
1. 本社とR&Dとの関係
2. 萌芽研究
3. 基礎技術の取り組み
4. 基礎技術と応用技術の関係
5. 技術の移転
6. 市場化

人的課題
7. 研究者の気質

は認識しているものの、マーケット調査やターゲット顧客の動向把握を組織的に行うことはなかなか難しいことです。各プロジェクトの自主性に任せてしまうと、調査範囲が限定され継続的な調査ができません。

ビジネスモデルを設計する能力を研究者・技術者に身につけさせ、コア技術を切り売りするよりも、製品やビジネスとしての価値にまで高めて市場への訴求を図ることが課題です。

⑦ **研究者の気質**

研究者の意識、行動が市場を重視した方向に変わるのは難しいことです。とくに、基礎技術の研究者は技術と市場との間に距離があるため、技術を最優先してしまいます。

以上の研究開発マネジメント上の課題を層別すると、組織的な課題と人的課題の二つに大別できます。上図には、上記の各課題がどのような比重で関連しているのかをプロットしています。

Section 13

イノベーションを起こす人材と組織の要件は何か

イノベーションはどのような人材と組織から創り出されるかです。

イノベーションは、熱意やモチベーション、そして洞察力や発想力のある先見性を持つ人材と自由な組織風土により生み出される。

●イノベーションが起こる条件とは

イノベーションを起こす人材、組織はどのようになっているのでしょうか。人材として備えるべき属人的要素は、熱意やモチベーション、洞察力や発想力、内外とのネットワーク力などがあります。好奇心やチャレンジ精神、使命感や危機感により個々人の熱意がチームや組織にも影響を及ぼします。市場の声を吸い上げ、市場動向を見分ける洞察力や発想力、外部情報を把握するために人脈を有効活用するセンスも必要です。

組織的な要素は、組織の自由な風土や社内資源の活用などがあります。研究資源を自由に活用したり、アングラ研究を認め、自由に語り合う組織風土を企業文化として定着させることも必要です。

革新的な人材を集めても、組織の中にイノベーションが起こるとは限りません。イノベーションを生み出すためには、組織のリーダーは先見性を重視してメンバーをリードし、組織の価値・顧客市場の価値に挑戦する組織風土を築き上げることが役割となります。

●組織環境の要件は何か

イノベーションを生み出すのに適する組織環境として組織が備えるべき要件は、組織の自由度が高いことです。まだ顕在化していない市場に対しても挑戦できるようにするためには、アイデア創出のための情報収集や実験等についても、高い自由度で担当者の裁量が生かされる組織形態になっていることが望まれます。

また、組織トップの有形・無形の着実な支持や支援により、長期間の研究開発に専念できる環境づくりが望まれます。日常業務から離れたり、研究施設の立地が本社から離れたりすることで、研究者・技術者が独創的な商品開発に集中できることもあるのです。

38

イノベーションの要件

組織・環境要素
（トップダウン要素）

方針
- 開発目標設定
- 新規事業展開方針

自由な風土
- アングラ研究を認め合う風土・体制（支持者の存在）

組織的環境
- クロス・ファンクション・チーム

組織内資源の活用
- 自由に語り合える体制・風土
- 組織を超えた交流
- アイデア提案制度

個人（属人性）要素
（ボトムアップ要素）

熱意（モチベーション）
- 好奇心・チャレンジ精神・使命感・危機感

基礎知識・周辺知識・専門知識

ネットワーク力
- 外部情報把握のための私的ネットワーク（社内）
- 社外有力メンバーとのネットワーク（社外）

洞察力・発想力
- 顧客の声を吸い上げる耳
- 市場動向を見分ける目

↓

自律的に思考できる主体的な組織
- 組織の自由度
- 組織トップや上司の支持
- 日常業務や本社管理からの隔離

Section 14

技術は不連続に世代交代していく

イノベーションをライフサイクルで考える

技術にはライフサイクルがあり、不連続に技術が飛躍したときにイノベーションが起こる。

●イノベーションのライフサイクルを「S字カーブ」で表す

リチャード・フォスターは、さまざまな技術革新のケース分析から、イノベーションの展開には一定の法則があると説いています。どのような技術でも、その開発投資金額や担当者の努力に見合う成果がコンスタントに得られるわけではなく、時期により変動するというものです。これを「S字カーブ」という概念で説明しています。

「S字カーブ」とは、研究開発投資や努力の累計と技術的成果との関係を図化してS字で表したものです。技術の成熟に伴うイノベーションのライフサイクルを3段階に分類しています。技術の成果が明確でなく、投資をしても技術の成果が得られるとは限らない初期段階と、成果が浮き彫りになる中期段階と、成長が成熟する最終段階に分けています。その技術がどの段階にあるのかを認識することにより、研究開発のリスクと成功の見通し、成果の収益性と他社に対する優位性を判断する材料になります。したがって、研究開発投資の判断をするときには、技術の成熟段階で世代交代を繰り返しています。

●「S字カーブ」は不連続に世代交代する

S字カーブは、イノベーションの各段階で世代交代を繰り返しています。技術開発が連続して起こり既存の技術が成熟し、研究開発の投資効果が落ちてきて後発の技術に追い抜かれて交代する一連の流れが、技術のライフサイクルです。

1950年代のラジオの真空管からICへの転換、90年代には音楽再生媒体がレコードからCDへ世代交代したことなどが例として挙げられます。ここで重要なことは、技術とともに主役交代していることです。ラジオの場合は、当時のトップメーカーが真空管固執したため、ICラジオの登場でその市場のほとんどを失いました。音楽でも同様で、レコードはCDに抜かれ

がイノベーション・ライフサイクルのどのフェーズにあるのかを把握しておかなければなりません。

40

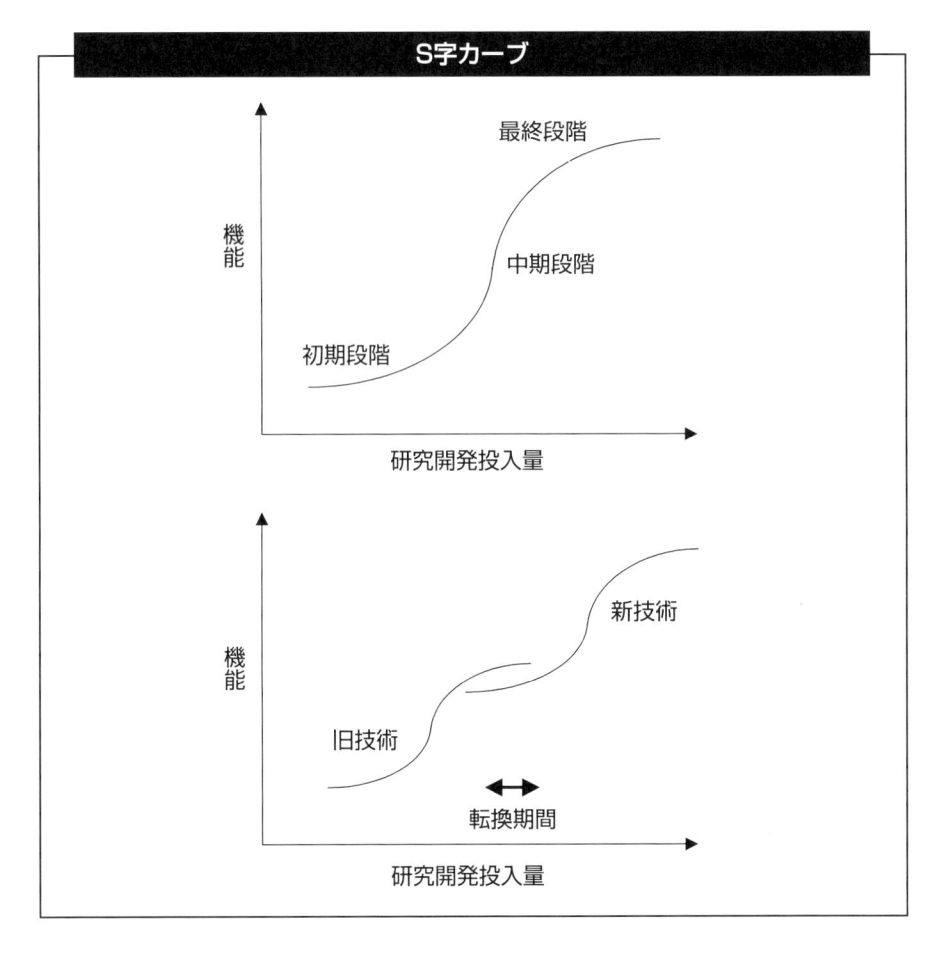

S字カーブ

```
機能
 ↑
 │           最終段階
 │         ／
 │        ／
 │      中期段階
 │     ／
 │  初期段階
 │ ／
 └─────────────→ 研究開発投入量
```

```
機能
 ↑
 │              新技術
 │            ／
 │          ／
 │       ／
 │     旧技術
 │   ／
 │         ←→
 │         転換期間
 └─────────────→ 研究開発投入量
```

てしまいました。

このように、後発の技術が成熟した現在の技術より高水準の性能を実現し、古い技術に取って代わる、あるいは棲み分けをしていく。このとき、それぞれの技術に対応したS字カーブはつながらず、不連続に飛躍します。これは、後発の新技術は既存の技術を開発してきた組織とは別の組織が独自に開発したことに起因しています。

●時代の変化を感じ取る

技術確立に先行して成功した企業はその技術に固執して、技術の老化に気づかず、他の企業が開発した後発の新技術に追い抜かれてしまうケースがあります。技術の確立に成功した場合でも、その技術の寿命には常に気配りし、技術の改良・改善を継続することが競争力を維持するために必要です。

同時に、時代の流れを読んで、世代交代を巻き起こすような新しい技術の可能性を感じ取る柔軟性も必要です。

Section 15

持続的イノベーション、破壊的イノベーションとは何か

連続する持続的イノベーションと非連続の破壊的イノベーションがある

破壊的イノベーションは、持続的イノベーションが飽和したときに起こる

●持続的イノベーションと破壊的イノベーションの違い

持続的イノベーションは連続的で継続的なイノベーションです。技術を連続的に改良することから連続的イノベーションと言うこともできます。一方、破壊的イノベーションは非連続的な革新的な変革を伴うもので、非連続的イノベーションと呼ぶこともできます。

●破壊的イノベーションとは何か

クリステンセンの主著『イノベーションのジレンマ』のテーマは、優良企業は成功体験を繰り返すとなぜ失敗するのかというものです。ハードディスク業界を対象に分析を行った結果、その原因は技術革新の速度や難しさではなく、これまで成功した方法を継続するという逆説的なものでした。

優良企業は、顧客の要求に誠実に応えようとするため、将来的には業界標準となるような技術革新を起こす新技術にも、結果的には投資をしません。現時点での利益になりにくく、顧客のニーズもない新技術は、現状の主力技術が抵抗勢力となるからです。しかし、ベンチャー企業はその技術革新に着目して、なんとか市場に食い込もうとする戦略を取ります。その競争では、ニッチな新規顧客を獲得して、いつしか新技術が業界標準になり、結果として新技術に対応できなかった優良企業を駆逐します。

●持続的イノベーションの飽和により破壊的イノベーションが生じる

従来の市場における性能競争は持続的イノベーションを進めて、成熟段階になると物理的な限界による性能の飽和が起こります。多大な時間や努力を費やしても性能向上が図れなくなるのです。このようなとき、性能は満足なものではないが価格メリットにより、低価格帯の市場では新技術が開発されてきます。これらは、しだいに持続的イノベーションを進め、従来の高価格帯の市場が要求する性能を満足するようになります。そして、市場が新技術にシフトするときに破壊的イノベーションが起こるのです。

破壊的イノベーション

優良企業
現状の主力技術が抵抗勢力
→ 投資しない

ベンチャー企業
現状の主力技術が抵抗勢力
→ 市場に食い込む

将来の業界標準

↓

破壊的イノベーション

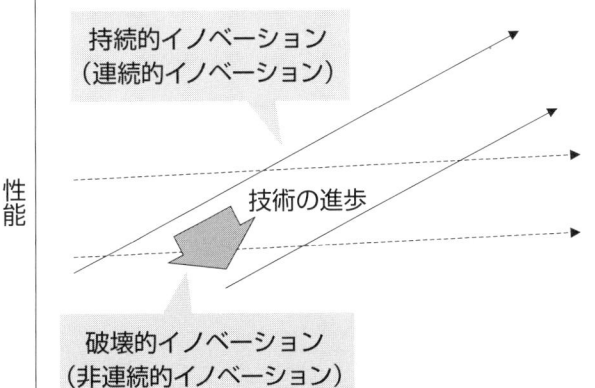

持続的イノベーション（連続的イノベーション）

高価格帯の市場で求められる性能

低価格帯の市場で求められる性能

技術の進歩

破壊的イノベーション（非連続的イノベーション）

縦軸：性能　横軸：時間

Section 16

製品が完成するまでに生じるプロセスイノベーションとプロダクトイノベーション

プロダクトイノベーションとプロセスイノベーションは補完関係にあります。イノベーションを逆転します。競争の重点は製品の多様性、使いやすさとなります。

プロダクトイノベーションにより標準的な設計仕様が定まり、プロセスイノベーションへと主体が移動し成熟していく。

●製品の成熟化過程とは

アバナシーは、製品の成熟化過程におけるプロダクトイノベーションとプロセスイノベーションとの関係を解明しました。イノベーションの変遷として、①プロダクトイノベーション主体、②ドミナントデザインの登場、③プロセスイノベーション主体、④成熟期に分類しています。

①プロダクトイノベーション主体

新しい製品の概念が新製品を基盤に登場します。最初は実験的な試みで、使い方は多様です。ユーザーの声を取り入れたアイデアを持った企業が参入します。各社が、独自の製品機能で競争する段階です。

②ドミナントデザインの登場

ドミナントデザインとは製品の標準的な仕様となる支配的なデザインです。プロダクトイノベーションの集積により確立されます。

③プロセスイノベーション主体

ドミナントデザインに沿った製品をいかに安いコストで製造するかに焦点が移ります。生産技術の進歩によるプロダクトイノベーションがプロセスイノベーションへ変化しているのです。

④成熟期

需要の伸びは停滞し、同業の企業で標準的な生産工程で生産されます。プロダクトイノベーションもプロセスイノベーションも低調となります。

成熟期では、イノベーションは生産性と品質の向上になり、工場は大規模で特定の製品に特化するものとなり、競争基盤は価格となります。

●産業別の特性

一般的に、原材料や素材の製造業ではプロセスイノベーションが重要で、一貫化や自動化などのプロセスイノベーションが活発に起こります。自動車や家電などの組み立て型産業では、プロダクトイノベーションへ重点が変化しています。産業や時代の変遷により価値を加え、競争力を発揮する要点が変化しているのです。

44

製品の成熟化過程とイノベーション

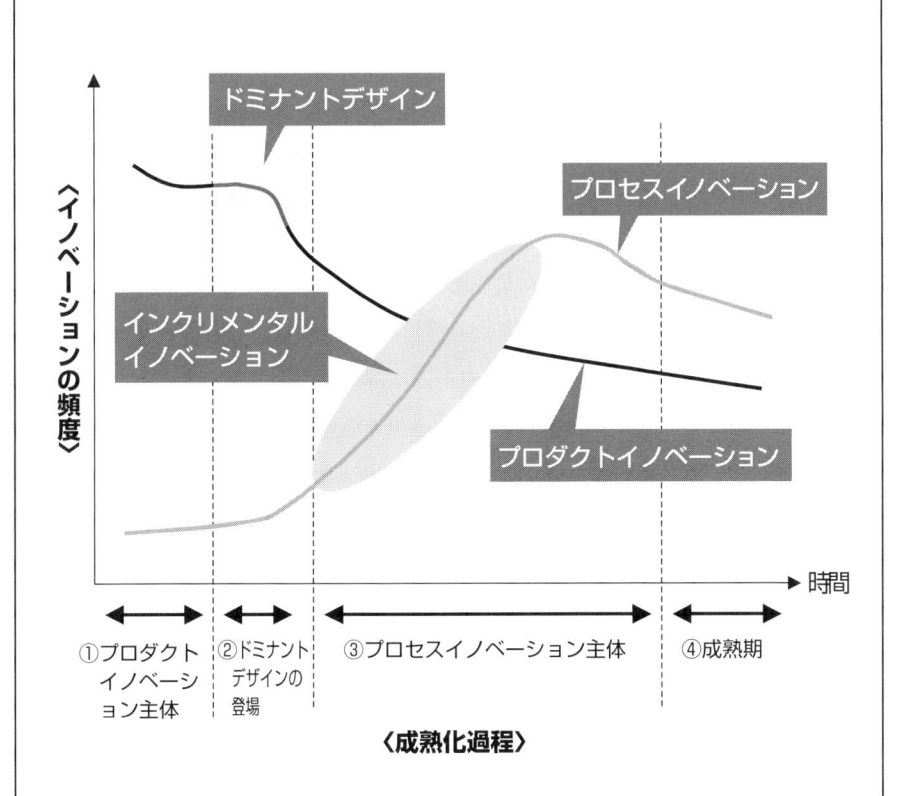

〈イノベーションの頻度〉

ドミナントデザイン

プロセスイノベーション

インクリメンタルイノベーション

プロダクトイノベーション

時間

①プロダクトイノベーション主体 ②ドミナントデザインの登場 ③プロセスイノベーション主体 ④成熟期

〈成熟化過程〉

Section 17

プロダクトイノベーションとプロセスイノベーションの現状と今後の方向性は？

商品をどのように作るか、そして何を作ればいいのか

プロダクトイノベーションは市場のウォンツを実現する新製品開発を、プロセスイノベーションは既存製品の開発手法の変更や新しい生産方式の導入を目指す。

●プロダクトイノベーションの時代へ

製品として何を作ればいいのか、顧客が本当に欲しいものは何かを追求するプロダクトイノベーションはものづくりの原点です。顧客満足を高めるために独自技術を発展させて、製品やサービスを開発します。

新しい商品開発を考えたときに、生産効率を向上させることに注力したコスト競争だけでは、世界的な競争に勝てなくなったという背景もあります。研究開発という初期段階から、常に顧客のニーズやウォンツを気にかけて、それを満足させる商品を作り込んでいくことが、プロダクトイノベーション時代のものづくりの姿です。

●インターネットはプロセスイノベーションの範囲を拡大した

インターネットが普及した1990年代はプロセスイノベーションの時代でした。ビジネスモデル特許やeビジネスは、インターネットによるプロセスイノベーションの代表的なキーワードです。サプライチェーンマネジメント（SCM）やビジネスプロセス・リエンジニアリング（BPR）、そして流通を中抜きにしたB2BやB2Cなどの調達の変革も、プロセスにインターネット技術を駆使したイノベーションでした。調達や製造プロセスにインターネット技術を駆使して顧客と直接的に関係できるようになったため、このようなイノベーションが創出されました。

プロセスイノベーションは基本的には、良い品質の製品を安く、早く作ることに重点が置かれています。

●二つのイノベーションの融合

プロダクトイノベーションとプロセスイノベーションは、相互補完的に繰り返し行われます。製品のライフサイクルの短縮に伴って、繰り返しの時間間隔も短くなる傾向にあります。今後は、製品の主要技術をプロセスイノベーションに活かし、プロセスイノベーションから新しい商品やサービスを生み出すように、二つのイノベーションは同時並行的に進捗することで、製品の差別化が図られます。

46

プロダクトイノベーションとプロセスイノベーションの比較

	■ プロセスイノベーション	■ プロダクトイノベーション
狙い	プロセス変革で顧客対応やコスト低減を果たすもの	製品・サービスという商品そのものであり、顧客満足を高め、独自技術を発展させるもの
コア技術	・生産技術 ・サプライチェーンマネジメント（SCM）やBPR ・流通の中抜き、調達のB2B・B2C	・製品企画力 ・製品開発力
特長	・90年代に、インターネットにより一気に普及した ・ビジネスモデル特許という言葉が流行した	企業間での差別化をつけやすく、他社のまねをしようとしても困難で時間がかかる

イノベーションの継続時間の短縮

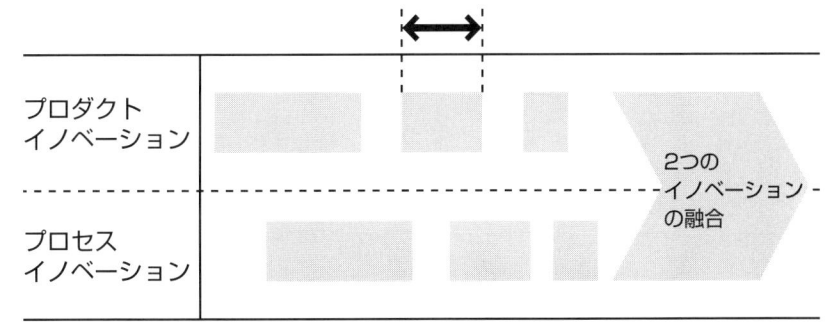

プロダクトイノベーション

プロセスイノベーション

2つのイノベーションの融合

Section 18

技術ロードマップにより関係者とのコミュニケーションを深める

技術ロードマップとは何か

技術ロードマップで未来への意思をメンバーと共有し、共通の意図や責任を表現する。

●技術ロードマップとは

技術ロードマップは時間軸で整理され、市場と技術の視点を含む複数の階層で構成されています。技術ロードマップを利用することにより、市場や製品および技術との関係をさまざまな視点から関連づけることができます。

技術ロードマップには、予想される企業の将来像が視覚化されるため、組織全体の理解やコミュニケーションがしやすくなります。同時に、経営戦略における技術的側面での社内共通の意図や責任の所在も明示されます。技術ロードマップは生きたドキュメントであり、状況の変化に伴って常に進化し続けるものです。

●技術ロードマップ作成の目的は何か

技術ロードマップの作成を行うと、経営者の技術的課題を理解する助けとなり、技術的な意思の統一が図りやすくなります。将来を見すえたコア技術の構築やコンセプト主導の製品開発のスケジュールも、共通の認識として表現されます。

技術ロードマップの作成のプロセスを通して、未来への意思をメンバーとを共有できます。議論のプロセスで生み出された想いや知恵、知識や意思が凝縮されているからです。

関係者の頭の中に描かれたゴールは、共有されてはじめて現実への第一歩を踏み出すことになります。ロードマップは、実現したい組織の成果をリーダーがメンバーと共有するための視覚化のツールです。

●技術ロードマッピングとはどんなことか

技術ロードマッピングとは、技術ロードマップを作成、伝達して積極的に利用することを意味します。つまり、マーケティングや生産、研究開発、財務など、さまざまな組織的視点を取り入れる総合的なプロセスです。

技術ロードマッピングによって重要なビジネスプロセスを一つにまとめることができます。企業がより迅速に透明性をもって、現実的な決定を下すことができるようになります。

技術ロードマップと技術ロードマッピング

現状 → ギャップ ← あるべき姿

↓

技術戦略 — ギャップを埋めるシナリオ

↓

技術ロードマップ — シナリオの具体化

技術ロードマッピングとは

- 市場や製品および技術の展開を探知することができる
- さまざまな視点を関連づけることができる
- 技術予測、プランニング、マーケティング、意思決定とこれらの管理
- 予想される企業の将来像が視覚化される
- マーケティングや生産、研究開発、財務などの組織的視点を取り入れる
- 企業全体のコミュニケーションが円滑になる
- 状況の変化に伴って常に変化し続けるものである
- 社内共通の意図や責任（コミットメント）が表されている

Section 19 技術ロードマップはどのように作成するのか

将来の姿から現在を見て、将来への道筋を示す

将来のビジョンから何を作るのかの目的を定めて、市場、商品、技術に展開し、必要な経営資源を調達するプロセスの関連性を整理する。

● 技術ロードマップの構成はどうなっているのか

技術ロードマップは、将来の市場動向を予測し、そこに投入される将来製品のラインナップを描き、それに必要な技術のロードマップを描く、という3層構造で描かれます。研究開発戦略や投資戦略との関連を入れ込んだ発展形もあります。また、市場・商品・技術の各層は、領域や分野別に記載することもあります。

● 技術ロードマップ策定のポイント

技術ロードマップを作成するときは、次の三つがポイントとなります。

① MOT的な発想による技術戦略体系の中心となる技術ロードマップであること

技術ロードマップは、MOTの中核となるツールです。MOTの中心は技術戦略であり、技術戦略の中心が技術ロードマップだからです。

② 競争優位を確立することを前提としてニーズ、ウォンツ、シーズのすり合わせを意識すること

市場のニーズを創出するということは、いまだ顧客が気づいていないウォンツを技術のシーズによりニーズに変換していくことです。そのために、技術ロードマップをツールとした仕掛けと仕組みが必要です。

③ 検討メンバーは技術開発部門に限らず、マーケティング、生産、販売などを含むこと

説得力のある技術ロードマップを策定するには専門家、一流の知見を有する関係者による実質的な議論を行うことが重要です。

作成段階から運営段階まで、幅広い関係者がメンバーに含まれることが必要です。ロードマップが計画だけにならないように、活用段階も考慮したメンバー構成にしなければなりません。

● 産業別技術ロードマップの取り組み

新エネルギー・産業技術総合開発機構（NEDO）では、産業別の技術ロードマップ策定に取り組み、その結果のロードマップを広く公開しています。その中で、技術ロードマップの策定

技術ロードマップ

		2005年	2010年	2015年
市場	領域A		M1	M3
	領域B		M2	
商品	領域A	P1	P4	
	領域B		P2　P3	
技術	領域A	T1	T3	
	領域B		T2	T4
研究開発		R&D1 → R&D2	R&D4	
		R&D3	R&D5 → R&D6	
投資戦略		組織		
		施設		

産業分野別ロードマップの特徴

産業分野	特徴	ロードマップの構造
電子・情報分野	市場ニーズが技術を牽引	市場 → 製品 → 技術
ナノテク・材料	技術シーズから出発	新たな価値 ← 新たな機能 → 技術
環境・エネルギー	世の中のニーズが経済メカニズムに組み込まれていない	社会のあるべき姿 → 製品 → 技術

方法を産業分野ごとに、以下の三つのアプローチに分類しています。

① 半導体をはじめとする電子・情報分野のように、市場ニーズが技術を牽引する分野では、「市場」→「製品」→「技術」という、3層構造でのトップダウン的なアプローチ。

② ナノテクノロジーや材料等、技術シーズから出発して優れた製品ができる分野（ナノテク・材料分野など）では、必ずしも「市場予測」は可能ではないため、真ん中の「機能」という3層構造を描き、真ん中の「機能」を中心として、トップダウンとボトムアップの双方を併用するアプローチ。

③ 環境・エネルギー分野の一部のように、必ずしも世の中のニーズが現在の経済メカニズムの中に組み込まれていない分野では、3層構造の一番上を「社会のあるべき姿」としたうえでのトップダウン的なアプローチ。

Section 20

技術ロードマップを作成するプロセスに意味がある

技術ロードマップの活用方法

技術ロードマップは絶えず書き直して、それを策定し活用するプロセスが重要。

●技術ロードマップの利用

戦略的に焦点を絞り込んだ関連性があるロードマップをいくつか作成して、それらを総合的にロードマップのセットとして、戦略を調整するために組織全体で利用することが理想です。

技術ロードマップには、いろいろな利用方法があります。これらについてNEDOでは産学官の視点から、以下のような分類をしています。

① 科学技術のマッピング・体系化
② 産業技術の開発の方向性提示
③ 企業・製品技術の体系化
④ 製品のポートフォリオ・マネジメントの体系化

これらはともに、技術をいくつかの視点で整理し、企業や大学や政府にとっての開発戦略を議論するための「体系化されたテンプレート」となる、と解釈することができます。

●技術ロードマップから生まれる利益

技術ロードマップの策定・活用から生まれる利益は以下のように整理できます。

① 技術ロードマップは、研究開発そのものを効率的に行うための目標設定や意識共有、役割分担を実現するためのツールです。技術ロードマップを作成するプロセスは製品開発の意思決定を支援するだけでなく、組織内での情報共有により研究開発の役割分担が明確になるという効果があります。

NEDOによる民間企業の研究企画部門の責任者・担当者へのインタビューによると、多くの企業から「技術ロードマップは、きれいに書こうとしてはいけない。技術の本質論が見えにくくなる」「ロードマップは絶えず書

② 狙いとする分野の専門的な技術予測を助けるメカニズム（考え方）を提供する。

③ 研究組織内、産業全体あるいは産業や国を横断する研究開発の企画・調整を行うためのフレームワークを与える。

技術ロードマップは、研究開発そのコンセンサス形成に資する。

①技術へのニーズを分析・決定する者

52

技術ロードマップの活用目的

	1980年代	1990年代	2000年代
技術予測	●	●	●
戦略的技術計画		●	●
技術の融合			●
非連続的イノベーション			●

技術ロードマップの利用方法	組織 企業	大学	政府
1. 科学技術のマッピング・体系化	○	○	◎
2. 産業技術の開発の方向性提示	○	◎	○
3. 企業・製品技術の体系化	◎	○	
4. 製品のポートフォリオ・マネジメントの体系化	◎		

◎：深く関係　○：関係あり

直すくらいの取り組みでないと意味がない」といった指摘があります。技術ロードマップそのものよりも、それを策定し活用するプロセス、つまりロードマッピングが重要なのです。

●**技術ロードマップの可能性**

技術ロードマップは、作った瞬間から陳腐化がはじまります。絶えず技術動向、市場動向に目を配り、必要に応じて更新していかねばなりません。技術ロードマップに対してこれまで「アセンブリ型製品に向いている」「主として連続的なイノベーションの促進策としてはきわめて有効」等の見方をされていましたが、最近では、「いかに広汎な技術分野で技術ロードマップを策定し、活用するか」「いかに融合技術分野において技術ロードマップを策定し、融合の促進を図るか」「非連続的なイノベーションと技術ロードマップはどのような関係があるか」といったことが議論されはじめています。

Section 21

大学の知的財産を産業で活用する道を探る

イノベーションのための産学連携とは

国際競争力確保のために、新価値を創出する産学連携はオープンイノベーションへ向かう。

●産学連携の歴史はどうなっているか

産学連携が本格的に唱えられたのは、1995年に施行された科学技術基本法でした。第1期の科学技術基本計画（96年〜）では、「産学連携」によって、「科学技術」を武器に、「新産業、新市場の創出」を行い、国家と地方の「経済の発展」につなげることを狙いとしました。

第2期の科学技術基本計画（01年〜）では、目指すべき国の姿として、①知の創造と活用により世界に貢献できる国、②国際競争力があり持続的発展ができる国の2点を挙げて、産業競争力の強化のために産学官連携の仕組みの改革が不可欠としています。

第3期の科学技術基本計画（06年〜）では、「知の大競争時代を先導する科学技術戦略」のテーマを「知の時代を先導するイノベーションの創出」として、産学官連携の強化を目指しています。

産学官連携は持続的な発展を目指し、本格的な実行の段階へ向かおうとしています。従来型の共同研究・技術移転に加え、基礎から応用まで一貫して産学が協働で共同研究に取り組む連携を推進しようとしています。

●産学の意識のギャップを埋めるには

基盤研究、個人対応という従来型の産学連携から、包括的な組織対応の産学連携へと移行するには、まだ大学と産業界に意識のギャップがあります。技術の交流に意識が留まらず、ビジネスモデルとセットにして技術を交流することが求められています。

●産学連携の留意点

産学連携により共同研究などをはじめる際には大学、企業双方にメリットがあるように常に意識することが重要です。また、知的財産などの権利関係が発生する場合は、その取り扱い方法を事前に取り決めておくことも前提となります。

産学共同研究をはじめるとき、実務レベルでは、大学と企業をつなぐ双方の窓口担当者が連携を円滑に進めるうえでのポイントとなります。企業は、

科学技術基本法における産学連携の捉え方

1期	新産業、新市場の創出
2期	産業競争力の強化
3期	知の時代を先導するイノベーションの創出

⬇

・科学・技術駆動型のイノベーション
・産業クラスター
・オープンイノベーション

●産学連携の留意点

・大学、企業双方にメリットがあるように常に意識する
・知的財産などの権利関係の取り扱い
・企業は大学に対して、的確にニーズの説明をする
・大学、企業は先を見越した研究内容を提案する
・共同研究開始前から現場の実情を情報共有する

大学に的確にニーズの説明をすると同時に、先を見越した研究内容を提案することも必要です。そのためには、先進的な情報を企業側が持っていなければなりません。企業側に共同研究の良い課題があった場合は、事前の情報交流で実施内容を具体化し、企業の実情を大学側に公開し、情報共有することが重要です。

●産学連携の向かうべき方向

国際競争力確保のために、新価値を創出する「科学・技術駆動型のイノベーション」や、地方活性化のための「産業クラスター」による産学連携という方向性があります。

大学では、知の源泉として社会貢献するための生き残り競争が展開されています。企業では「知」の価値向上のために、企業経営における研究開発の「自前主義」からの脱却、つまり、オープンイノベーションの時代へと変化しようとしています。

COLUMN●2

お客さんの世界に棲み込む
――本質を追求したコンセプトづくり

　潜在的ニーズを汲み取るとき、「お客さんの世界に棲み込む」というアプローチがあります。お客さんが何を悩んでいるのか、何を望んでいるのか、市場がどう変わっていくのかということは、表面的な言葉だけでは語りつくせません。実は、お客さんも何をしたらいいのかをはっきりとわかっている場合は少ないのです。何かを少しだけでも変えたいとか、コストを下げたいとか、サービスの質を安定させたいなど、漠然とはわかってはいるのですが、はっきりと言葉で言い切ることができないことが多いのです。

　そんな状況のとき、お客さんの世界、つまり、お客さんの現場に棲み込むことが対応方法となります。お客さんが気づかないでいることを、お客さんの現場に入り込んで、自ら体験し実感することによって、感覚としてわかるという状態になるということです。お客さんの気づいていないことを探り出す。それを言葉にして、お客さんが共感できるような形を創り上げるのです。

　そのときに必要なことは、そのコンセプトを創り上げる自分たちは何を目指しているのかです。そして、お客さんとどのような関係が欠けているのか、どんな関係を築いていきたいのかを追求していくのです。コンセプトを提案する自分にできることは、何かを見極めることです。お客さんとの関係性からお客さんが気づいていないニーズを探り出し、それを励起するのです。

　将来のビジョンを作成するためには対話が必要です。その仕事に携わっているそれぞれのメンバーが自らの特徴を活かして、活き活きと働くためにはどうすればいいのか。10年後のイメージをお客さんの立場から描くことができるか。そして、そのイメージを実現するためには、今何をすればいいか。そのような将来像を描くのです。

　実は、ビジョンを描くために、お客さんの世界に棲み込むことが役立つのです。このように本質を追求してコンセプトを作り出すことが、技術経営の出発点となります。

第3章 技術獲得戦略

Section 22
技術予測とはどんなことか

Section 23
技術評価とはどんなことか

Section 24
技術ロードマップによる技術獲得の方法

Section 25
技術アライアンス戦略

Section 26
技術提携戦略

Section 27
共同研究

Section 28
ジョイントベンチャー

Section 29
吸収合併（M&A）

Section 30
スピンオフベンチャー

Section 31
共同技術開発投資

Section 32
プロダクト・ポートフォリオ・マネジメント

Section 22

技術経営の羅針盤

技術予測とはどんなことか

長期的な技術の発展動向を多面的に把握することが、経営にとって重要である。

わが国の技術発展の方向を探るため、科学技術分野における技術予測調査を1971年以来、これまでに6回にわたり、約5年間隔で実施してきており、最新の調査として、2000年に実施した第7回調査の結果発表があります。多くの企業がこれを活用しています。

ら把握する必要があります。技術予測は単に「いつごろ実現するか」を予測するだけでなく、技術の重要性、それぞれの技術に関し、企業が世界のどのような位置にあるか、研究開発上の問題は何かなど、多面的な分析を行うもので意義あるものなのです。

● 技術予測調査手法について

デルファイ法によって行っています。デルファイ法は、多数の人に同一のアンケート調査を繰り返し、回答者の意見を収斂させる方法です。2回目以降のアンケート調査では、前回の調査結果を回答者にフィードバックし、回答者は全体の意見の傾向を見ながら、各人が質問課題を再評価することが、普通のアンケート調査と異なる最大の特色です。その手法は米国のシンクタンクのランド・コーポレーションが開発したものです。

● 企業としての技術予測について

企業にとって、長期的な展望に立って技術を予測することは大変重要なことです。全社的な技術開発戦略上、技術予測が重要な位置づけとなります。研究開発部門は基礎的な研究と応用研究先に大別され、前者は7年から10年程度先を見すえ、応用研究は4年から6年程度の長期的な展望に立って技術の動向、科学技術の展望を一般的に行っています。商品開発部門では、具体的な技術予測が必要で、少なくとも3年から5年の詳細な予測に加え、業界

● 文科省が科学技術予測調査を実施

文部科学省では、長期的な視点に立った技術の発展の動向を長期的な視点から把握することが重要な課題であり、このために技術予測は重要な課題であり、このために技術予測は重要な課題であり、企業の発展にとって、あるいは企業の研究開発や商品開発にとって技術予測は重要な課題であり、このためには技術の発展の動向を長期的な視点から

の動向の多方面からの分析が必要です。

技術予測調査

科学技術庁が調査した第6回技術予測の結果概要

1．予測期間
1996年（調査時点）から2025年までの30年間

2．調査対象分野（課題数）

1. 材料・プロセス	(109)	8. 環境	(39)
2. エレクトロニクス	(74)	9. 農林水産	(84)
3. 情報	(79)	10. 生産・機械	(71)
4. ライフサイエンス	(94)	11. 都市・建築・土木	(73)
5. 宇宙	(51)	12. 通信	(81)
6. 海洋・地球	(74)	13. 交通	(60)
7. 資源・エネルギー	(88)	14. 保健・医療・福祉	(68)
		合計	(1072)

3．調査項目
(1) わが国にとっての重要度
(2) 期待される効果
(3) 実現予測時期
(4) 現在第一線にある国等
(5) わが国において政府がとるべき有効な手段
(6) わが国において問題となる可能性のある事項

4．調査の結果（概要）
(1) 重要度が高く評価された分野
    分野ごとの傾向は、環境、エレクトロニクスおよびライフサイエンスの各分野で重要度が高い
(2) 期待される効果の大きな技術の動向
    ①社会経済発展への寄与
    ②地球規模の諸問題の解決
    ③生活者ニーズへの対応
    ④人類の知的資源の拡大
(3) 実現予測時期の傾向
(4) 第一線にある国等
(5) 政府がとるべき有効な手段
(6) 問題となる可能性のある事項
(7) 第1回、第2回技術予測調査結果の評価・分析

出所）科学技術庁

Section 23
研究開発効率、効果を見る要
技術評価とはどんなことか

技術評価は、商品開発や研究開発を行ううえでなくてはならない評価であり、技術経営の重要なステップ。

● 技術評価とは何か

技術評価は、経済産業省が実施するものと、各企業が独自に行うものとがあります。前者は、国レベルの技術評価で、国策として科学技術の将来の方向性を決める重要な指針となります。後者は、企業経営にとっての重要な技術評価で、企業の将来の発展に大きく寄与するものです。

いずれにしても、研究開発について技術評価を実施し、その結果を企画・立案にフィードバックすることにより、研究開発を効率的・効果的に推進することが可能となります。

● 経済産業省が実施する技術評価

日本国としての技術評価は、経済産業省が、学識有識者、大学教授、企業研究者等からなる開発プロジェクトによる技術評価に関する大綱的指針の概要、内容、解説書等に関して見直しを図り、平成17年3月29日に科学技術基本計画に基づき内閣総理大臣が決定しました。すなわち、技術評価に関し法律に規定されているのです。左図は経済産業省の技術評価についての概略を示しています。

● 各企業が実施する技術評価

各企業の実施する技術評価は、全社の技術評価に基づいて、各部門はより詳細できめ細かい技術評価を作成します。

全社統一の技術評価は、企業にとっての研究開発に関する指針であり目標でもあります。その目標を達成し、開発効率を向上するために、企業内で商品開発部門、研究開発部門、信頼性評価部門、品質管理部門、設計開発部門、知財管理部門、設備開発部門等関係部門が集まり、研究開発テーマに対する技術評価を行うものです。ここでは、広範囲な角度から総合的に評価検討しなければなりません。

技術評価を行う際には、国の技術評価を十分参考にすべきです。また、各国の研究機関、企業の研究公表技術論文、学会発表、また特許申請公告等の内容もチェックを怠ることのないようにしなければなりません。

技術評価

経済産業省の技術評価

評価活動の概要	技術評価に関する法律・指針	評価会議開催状況リスト
1. 評価目的と基本理念 2. 評価方法 3. 評価の実施時期 4. 評価結果の取り扱いと活用 5. 評価関係者 6. 評価結果の公開 技術評価に関する法律・指針	1. 技術評価に関する経済産業省の指針（平成14年4月1日公表） 2. 技術評価に関する国の指針 3. 政策の評価に関する法律・基本方針・実施計画	1. 評価小委員会 2. 制度評価 3. プロジェクト評価 4. 分野別評価 5. 追跡評価 6. 機関評価（平成16年の評価）
報告書	**研究開発フォーラム**	**関連機関リンク**
1. 評価報告書一覧（平成9年～平成16年） 2. 委託調査報告書一覧（平成9年～平成16年）		1. 国内 総合技術会議、その他国公共研究機関、学会等6機関 2. National Institute Of Standards and Technology/ATP他

出所）経済産業省

Section 24

技術分野の将来像の見極め

技術ロードマップによる技術獲得の方法

技術ロードマップは、技術経営にとって重要な技術獲得方法であり、将来の方向づけとなる。

● **技術ロードマップの定義**

米国モトローラ社のCEO、ロバート・ガルビン氏は、「技術ロードマップは、特定の分野における集められた知見と最高のイマジネーションといった変化の源から成る技術の拡大された将来像を見せるものである」と定義しています。

● **技術経営にとってますます重要度が増す技術ロードマップ**

第2章で詳述しましたが、技術ロードマップは作成することにより、企業経営者や研究者幹部などに技術の将来ビジョンを提示し、コンセンサスを得るものとなっています。現在、技術が複雑化し、また複合化した技術から商品やサービスが生まれる時代にあって、技術を体系化することは必要不可欠となってきています。また、市場のロードマップとの連携が質の高いものにつながることは明白です。すなわち、市場の変化のトレンドを見極めつつ、技術発展動向とマッチングさせることが重要です。

このところ、商品開発者や研究開発者にとって技術ロードマップの策定が、戦略的にますます重要となってきています。さらに、質の高い技術ロードマップにより、技術開発の投資が適切に行われるようになってきました。技術の体系化を図ることにより、どの技術を開発すべきか、どの技術が最も必要かを分析できるようになり、投資の最適化が容易になってきたのです。

● **技術ロードマップ作成のポイント**

質の高い技術ロードマップを作るために最も重要なポイントは、体系的な設計の専門的知識を有する組織のトップが参画することです。次に、技術ロードマップを作成するマネージャーは非常に重要な役割を持っており、その選定が重要となります。既成の概念にとらわれず新しいパラダイム、イノベーションなどの革新につながる幅広い参加者が必要となります。さらに、技術ロードマップのターゲットを明確にすることも重要です。

技術ロードマップ事例

短期（2〜3年）

複合電子部品
（自動車、IT、光ファイバー）

大型設備機器
（原子力発電用タービン、循環型環境設備）

- IT関連事業
- エレクトロニクス関連事業
- エネルギー関連事業
- マイクロエレクトロニクス関連事業

中期（4〜6年）

長寿命・高エネルギー
工業用各種センサー
モバイル・マルチメディア機器
次世代表面表示機器
WEE等高効率リサイクルシステム
各種環境計測機器

長期（7〜10年）

超伝導省エネシステム
超伝導デバイス
量子デバイス

ナノ技術応用製品
超微細化工
野菜工場（バイオ技術）

- エネルギー・食糧
- 循環型環境保全
- 高度情報化社会

Section 25

技術経営の羅針盤

技術アライアンス戦略

技術アライアンス戦略は商品戦略の要であり、経営の将来の方向性を決める重要な戦略となる。

● **技術アライアンスの必要性**

アライアンス（alliance）は、同盟、協業、提携の意味です。一般的に企業で行われている技術アライアンスとは、技術の補完を行う場合の「技術提携」が多くなります。研究開発や商品開発を行う場合、自社の技術の強み弱みが明確になります。その技術の弱みを補完することが第一ですが、強みの技術があってもさらに他社の技術を補完することで、より強固な技術競争力を発揮することが可能となります。

● **技術アライアンス戦略**

技術アライアンス戦略を考える場合は、企業として当然、次の諸点を十分討議し社内コンセンサスを得て、社長決裁を取り付けることになります。

① **社内プロジェクト体制編成**

戦略的アライアンスを行う場合は、社内プロジェクト体制を編成し、左図に示す一般的な組織体制を組みます。とくにプロジェクトマネージャーの役割と人選には、十分な注意が必要です。

② **商品開発技術予測・評価**

商品開発技術予測は研究開発、設計開発、事業企画、マーケティング、知財管理、その他公的技術予測機関等の予測に従った技術予測を行い、その予測に従って社内技術評価を実施します。

③ **アライアンス対象技術の絞り込み並びにアライアンス先の決定**

社内技術の強みと弱みそれぞれに関してのアライアンス候補を選定し、その理由づけを明確化し、決定します。

実際、アライアンスとしての技術内容をまとめる段階では、総合した内容となり、プロジェクトの関連技術としての提案書がまとめられ、これに基づいてアライアンス先候補を２〜３社選び、交渉することになります。

④ **アライアンス契約**

交渉責任者はプロジェクトマネージャーがベストです。交渉する段階では、商品開発技術予測プロジェクトマネージャーがアライアンス条件を提示して交渉に入ります。交渉においては、すべての条件が相手方に受け入れられることは困難で、優先順位づけが必要です。

64

技術アライアンス戦略

技術アライアンス戦略の進め方

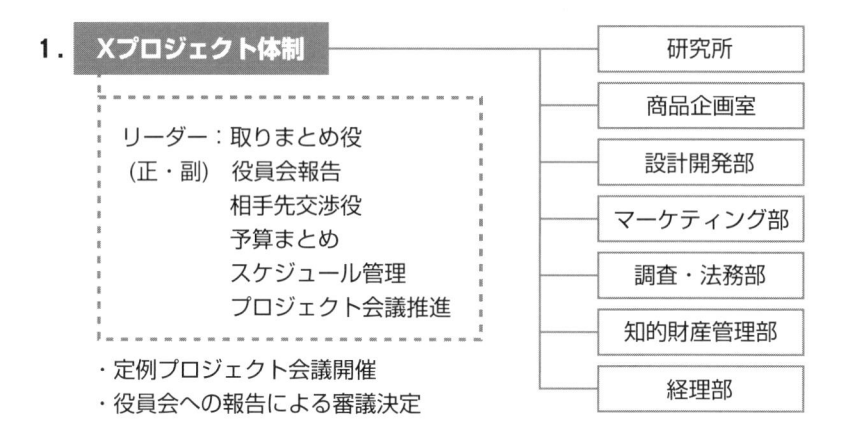

1. **Xプロジェクト体制**

   ─ 研究所
   ─ 商品企画室
   ─ 設計開発部
   ─ マーケティング部
   ─ 調査・法務部
   ─ 知的財産管理部
   ─ 経理部

   リーダー：取りまとめ役
   （正・副）役員会報告
   　　　　　相手先交渉役
   　　　　　予算まとめ
   　　　　　スケジュール管理
   　　　　　プロジェクト会議推進

   ・定例プロジェクト会議開催
   ・役員会への報告による審議決定

2. **技術予測・評価**
   (1) プロジェクトメンバーによる技術予測(3～5年予測)
   (2) 技術予測に対する評価・分析
   　①新技術予測の分析
   　②他社動向の分析
   　③社内技術調査分析
   　④マーケティング調査・分析
   　⑤自社技術の強み、弱み分析
   　⑥アライアンス技術の絞り込み

3. **アライアンス相手先の選定**
   (1) 相手先の会社調査(経営状況、得意技術関係、知財関係、商品マーケット・シェア、会社の社会的評価等々)
   (2) アライアンス提案書の提示
   (3) 交渉お伺い

4. **交渉とアライアンス条件**
   (1) アライアンス内容（守秘義務、提携内容とその対価、特許関係、対象商品とその対象技術範囲、技術協力内容の詳細、瑕疵担保、投資関連、資本参加関連、契約破棄条項、技術交流）
   (2) アライアンス基本契約書の合意

5. **役員会審議決定後、アライアンスに関する基本契約書調印**

Section 26

投資回収の有力な手段

技術提携戦略

国際進出の場合は、技術輸出の対価収入として重要な戦略となる。

●技術提携の目的

技術経営において研究開発技術の事業化に成功し、世界的に優位性のある新技術である場合は、戦略的に新技術の提携先を開拓し、積極的に技術提携を促進しなければなりません。

技術とは、研究から開発、事業化へと至るまでに巨額の投資を行ってなし得たものであり、当然企業としては投資の回収をしなければならないからです。相手先からの技術獲得による新事業拡大に寄与でする技術提携では、自社

●技術提携のフォーメーション

技術提携とは一般的に、自社技術を相手先企業に供与することに使われています。自社であっても国内関連会社、その他、業務委託、委託加工、外注企業等々技術を提供する企業にはすべて、技術提携を行っています。逆に他社から技術の提供を受ける場合も、相手先から技術提携を行うのは、当然のこととなります。

海外進出会社に対し、技術提携を締結しています。また、国内外の企業に対しても事業協力関係（アライアンス企業等）、合弁企業、M&A合併企業、

●技術提携戦略

ここで取り上げる技術提携戦略は、技術経営の観点から自社の技術獲得に関して述べることにします。

技術評価の項で説明しましたが、自社の技術の評価分析で強みと弱みを明確にし、将来の方向づけ、国内他社、世界の同業他社動向を総合的に分析評価して、どのような技術がいつ必要なのかを見極めることが重要となります。この総合的技術評価分析を基に技術獲得手段を考え、その分野で最も優れた企業との技術提携を行うよう企画立案することが必要です。

実際はこの場合の交渉は、ハードネゴシエーションとなることを覚悟しなければならないでしょう。そのためには事前準備が重要で、綿密な交渉プランに基づいて粘り強く交渉し、合意するまであきらめないことです。

きるものとなります。これらが、技術提携の目的であると考えています。

技術提携戦略

1. 技術提携戦略の形態

短期期間提携でリスクが大きい
- 共同研究

短期期間提携でリスクが小さい
- 研究委託

中期期間提携でリスクが中間
- ジョイントベンチャー・吸収合併・ライセンス

長期期間提携でリスクが大きい
- 投資

短期的管理能力で技術的努力が大きい
- 共同研究・研究委託

中期的管理能力で技術的努力が中間
- ジョイントベンチャー・吸収合併・投資

長期的管理能力で技術的努力が中間
- 吸収合併

2. 技術提携の最適戦略

JV：ジョイントベンチャー

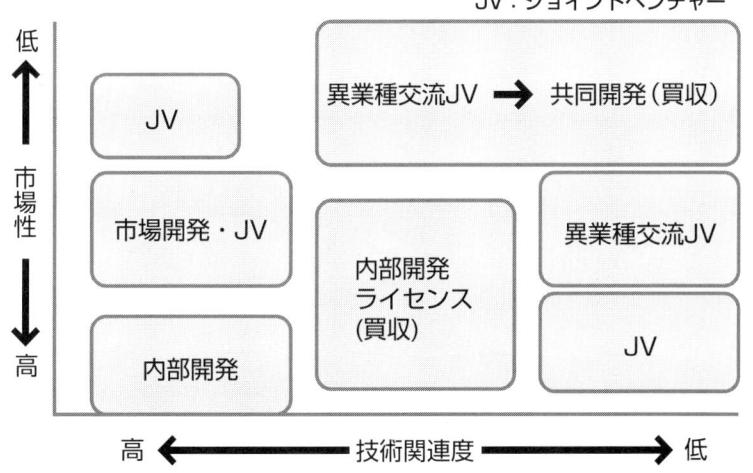

市場性＼技術関連度	高	中	低
低	JV	異業種交流JV → 共同開発（買収）	
中	市場開発・JV	内部開発 ライセンス（買収）	異業種交流JV
高	内部開発		JV

第3章 ● 技術獲得戦略

Section 27

異分野で行うと効果が高い

共同研究

共同研究を成功させるには、プロジェクト体制の充実が重要である。

●共同研究の定義

共同研究とは、ある企業の研究プロジェクトを、企業以外の外部企業組織と共同で行うことと定義しています。

外部の意味に関しては特段の規定はないため、大企業では、研究所と事業部の設計開発、関連会社との共同研究が盛んです。外部技術獲得戦略からしても、社内、関連会社を含めた共同研究のほうが、効果が高いと考えられています。

●共同研究の形態

共同研究の形態としては、大企業は、社内、関連企業間との共同研究が一般的です。

中堅企業では、専門の研究所を擁するまでの資金力が不足しており、取引関係、財閥、系列企業の研究所または独立した研究所との共同研究が行われています。

しかしながら、昨今の経営環境が厳しい状況では、研究投資の削減が要求され、一時期ほどの活況さはありません。

共同研究には、ライバル企業が参加する政府主導型の共同研究は含まれません。

●共同研究のメリット・デメリット

共同研究のメリットの第一は、外部に研究費の一部の負担をしてもらうことになるため、研究所の研究費負担の軽減に大きく寄与することです。

第二のメリットとしては、共同研究で意外な成果が期待できることです。すなわち、研究が事業化に直結しており、研究効率化に貢献しています。

第三は、異なった分野の研究者が共同で研究を行うため、事業化という目標に向け効率的な仕事を心がけることで一致協力的となり、研究者の意識改革に大いに貢献していることなどが挙げられます。

デメリットの第一は、研究の分担が複雑で困難であることです。第二としては、成功した場合の成功報酬の分配が困難であることが挙げられます。第

共同研究

1. 共同研究の実態

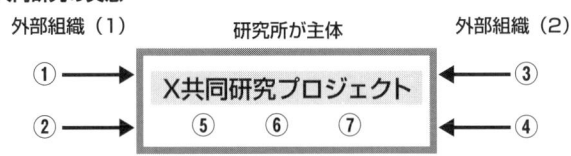

外部組織（1）　　研究所が主体　　外部組織（2）

①→　X共同研究プロジェクト　←③
②→　　⑤　⑥　⑦　　←④

2. 組織編制のステップ
(1) 共同研究プロジェクトの研究開発テーマと開発技術分析
(2) 開発技術分析の結果による詳細開発項目にリストアップ
(3) 社内公募による開発技術の人選（⑤⑥⑦）
(4) 社内の技術開発の弱みの分析による関連企業への派遣協力依頼と人選（①②）
(5) 具体的な技術開発テーマの研究者公募と人選（③④）
(6) 外部研究委託者に対する報酬の契約

3. プロジェクトの推進
(1) プロジェクトリーダー(正、副)を選ぶ
  ・最も重要で、プロジェクトの成否を決定する
  ・開発目標の立案
  ・キックオフ大会を開催
  ・特許戦略の立案
(2) プロジェクト要員の研究開発分担を決める
(3) プロジェクト予算を編成する（投資回収も計画）
(4) 全体のスケジュールと個人別開発スケジュール
(5) 定期的に全体会議を開催（開発進捗状況、問題点と対応）
(6) 定期的に役員会に報告

4. 成果発表会
5. ニュースリリース（マスコミ）

三は、そのような事情から、共同研究を運営管理すること自体が困難なことです。

● **今後の共同研究のあり方について**

研究開発効率を高めることが、企業の重要課題となっています。商品サイクルが早く、技術革新も日進月歩、消費者の購買意識も大きく変化してきている現状では、研究効率を高めなければ、企業経営にとっては、大きな負担となって経営を圧迫しています。

そこで、研究所としての独立性を確保しながら、受益者負担の原則に立って依頼研究を主体にした運営と組織体制の見直しが急務と言われています。今後大きく変貌していくことでしょう。

Section 28

研究開発でのJVは期待薄

ジョイントベンチャー

JVは、大規模プロジェクトでのメリットはあるものの、研究部門では得策とは言えない。

● ジョイントベンチャーの定義

ジョイントベンチャー（JV）とは、二つ以上の企業が研究開発を共同で行うために、共同出資をして新たな組織を創設することです。

● JVのメリットとデメリット

JVのメリットは、お互いに補完的な関係にある場合にはシナジー効果が働くことです。とくに海外に進出する場合は、販売拠点を相手側が、商品技術や製造については進出企業が受け持つ事例が多くあります。一方、デメリットは、共同で会社を作ることになるため、相手先との交渉や契約が煩雑かつ長期間かかるものとなり、投資額も大きくなるため収益を確保することが容易ではありません。さらに、管理面での煩雑さも免れません。したがってJVは、研究段階の技術獲得には十分と言えませんが、異業種の場合は、JVの成功事例があります。

● JVの効果的な推進方法

研究開発や海外への工場進出、あるいは1社では設備投資の負担が大きい、たとえば半導体、プラズマディスプレー、液晶パネル等々のJVの推進に関して、以下に簡単に説明することにしましょう。

① JVプロジェクトチームの発足

双方からJVの目的に合致した要員を確保し、プロジェクトを発足します。

② JV構想の企画立案

プロジェクトメンバーによるJV構想の実現に向けた、詳細な計画を企画立案します。目的や目標を明確に決め、その実現に向けたアクションプランを作成します。

③ フィージビリティスタディの実施

事業計画を立案し収支計画を立て、計画の実現性を検証します。実行可能な見通しが立てば、会社設立計画を立案します。

④ 会社設立のための事前調査

法律関係、労働環境、環境問題、資材調達、資金調達関係、協力整備輸送関係、建設環境、インフラ整備輸送関係、港湾状況等を現地に出向いて調査分析します。

ジョイントベンチャー（JV）

1. ジョイントベンチャー(Joint Venture：JVと略す)の形態

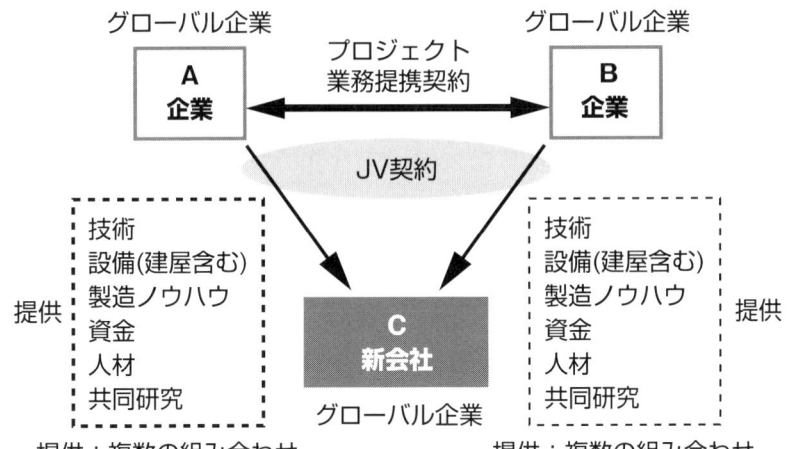

```
グローバル企業                          グローバル企業
  ┌─────┐    プロジェクト    ┌─────┐
  │  A  │ ←──業務提携契約──→ │  B  │
  │ 企業 │                    │ 企業 │
  └─────┘                    └─────┘
           JV契約
              ↓       ↓
  提供    ┌─────┐    提供
  技術    │  C  │    技術
  設備(建屋含む)  新会社    設備(建屋含む)
  製造ノウハウ              製造ノウハウ
  資金    グローバル企業    資金
  人材                      人材
  共同研究                  共同研究

提供：複数の組み合わせ    提供：複数の組み合わせ
企業：法人を含む          企業：法人を含む
```

2. JVの成功のポイント

JVに限らず、企業間の良好な協力関係樹立のためのポイント

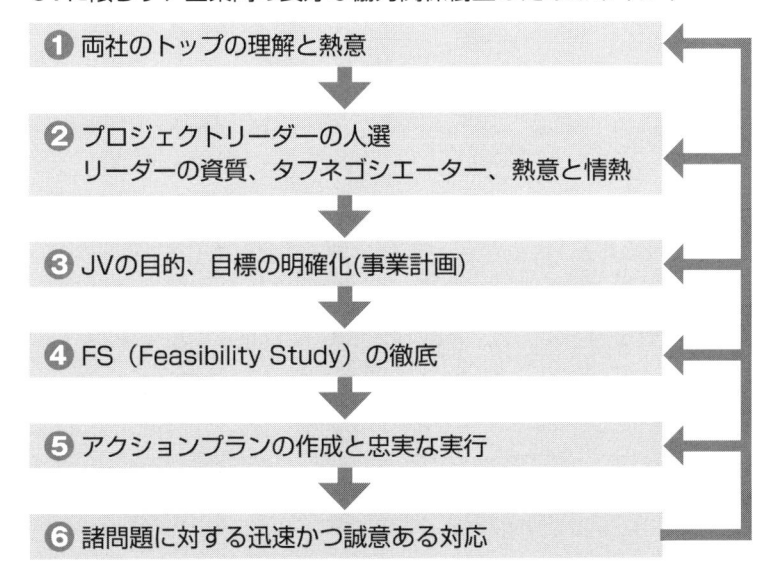

❶ 両社のトップの理解と熱意

❷ プロジェクトリーダーの人選
　リーダーの資質、タフネゴシエーター、熱意と情熱

❸ JVの目的、目標の明確化(事業計画)

❹ FS (Feasibility Study) の徹底

❺ アクションプランの作成と忠実な実行

❻ 諸問題に対する迅速かつ誠意ある対応

Section 29

リスクも多い吸収合併

吸収合併（M&A）

両社のWin-Winの関係構築が、吸収合併における技術獲得のポイントとなる。

● 吸収合併（M&A）とは何か

M&Aとは、M（Merger：合併）とA（Acquisition：買収、吸収）の略で、株式の売却・買収、営業の譲渡・譲受け、合併、資本参加等を指します。日本でも、最近になってIT企業のM&Aが社会問題として取り上げられ、脚光を浴びています。米国ではずっと以前から、M&Aが活発に行われてきました。M&Aは、技術獲得戦略として効果が大きいと言えます。しかし最近では、吸収合併された企業の優秀な技術者がスピンアウトして、残った社員の士気低下を招き、大きな効果が期待しにくくなってきています。株の買い占めによって、ある日突然、従業員のまったく知らない企業が乗り込んでくるわけですから、うまくいかないのも理解できます。しかし、企業買収が非常に多く行われるようになっているのは事実です。

● 吸収合併のメリットとデメリット

吸収合併による技術提携のメリットは、企業全体を買収するため技術力や販売力等の総合力を手中に収められることで、それぞれを個々に購入するよりも、交渉や契約の手間が省けます。デメリットとしては、優秀な技術者や管理者が辞めてしまう可能性が高いこと、一時的な資金が必要となり財政面で苦しくなること、企業全体を購入するため、不要な部門も引き受けなければならないことが挙げられます。技術経営におけるM&Aの課題としては、とくに吸収合併の場合には大きなリスクを伴うことを十分念頭に置いて推進しなければ、自社が経営危機に陥る可能性が高くなることを覚悟しておかなければなりません。吸収合併の相手先の企業分析を、私情を挟まずに総合的に行える優秀な技術者が自社にいるかどうかが、最大のポイントになります。コンサルタント、診断士等の活用も必要になってきますが、最終的な判断は自社が下すことになるため、情報の分析力も重要です。相手先の経営状況の把握も必要です。

吸収合併(M&A)

1. M&Aのスキーム

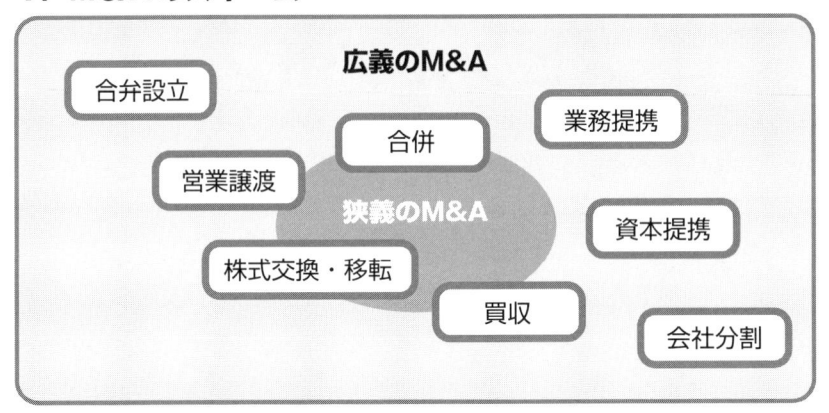

広義のM&A
- 合弁設立
- 営業譲渡
- 合併
- 株式交換・移転
- 買収
- 業務提携
- 資本提携
- 会社分割

狭義のM&A: 合併、営業譲渡、株式交換・移転、買収

2. 吸収合併の図解

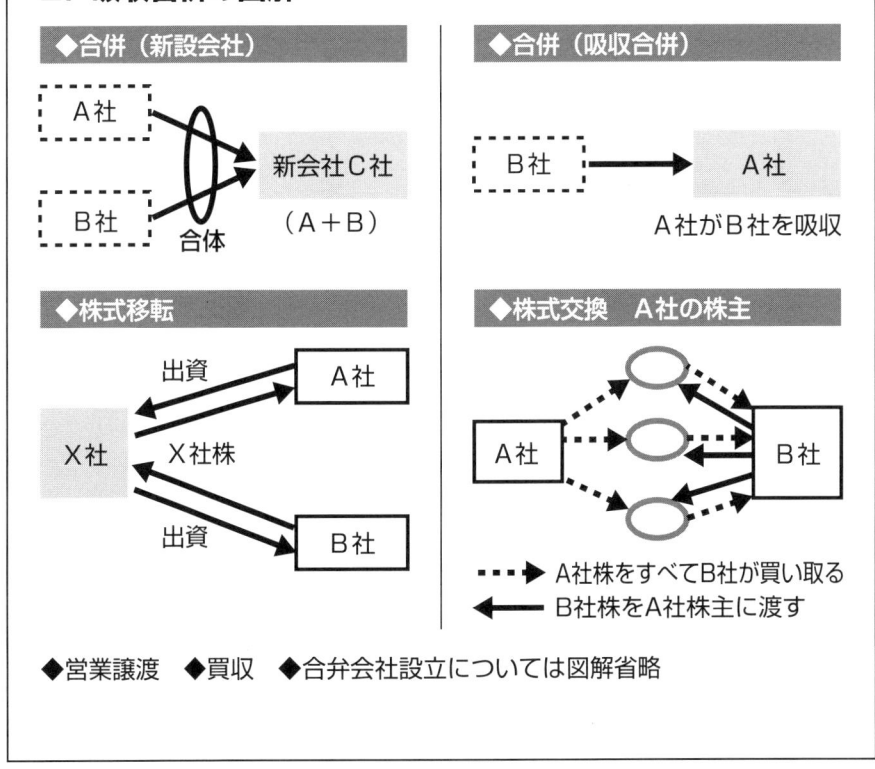

◆合併（新設会社）

A社 + B社 → 合体 → 新会社C社（A+B）

◆合併（吸収合併）

B社 → A社

A社がB社を吸収

◆株式移転

A社 ⇄ X社（出資／X社株）
B社 ⇄ X社（出資／X社株）

◆株式交換　A社の株主

A社 ⇄ B社

- - - ▶ A社株をすべてB社が買い取る
──▶ B社株をA社株主に渡す

◆営業譲渡　◆買収　◆合弁会社設立については図解省略

Section 30

社内死蔵技術の活用と活性化

スピンオフベンチャー

日本では、産学官連携によるベンチャー育成プログラムの制度化が急務となっている。

● スピンオフベンチャーとは何か

日本の大企業の多くが社内ベンチャー制度を設けています。経済産業省の2000年の調査では、上場企業の実に7割が、開発に成功した技術の事業化を断念し、そのほとんどの開発技術を死蔵していると報告されています。

現状の社内ベンチャー制度はおよそ次のようなものとなっています。

社内公募制により、テーマを公募者が提案し、社内技術、自分自身の技術テーマを選定し、事業化のための計画を提案し、社内審査にかけてもらうという仕組みです。

大手企業では、事業化の目処が立つまでの資金（5000万円から1億円）を提供しています。成功すれば、資金の返済が義務づけられています。失敗すれば、返済しなくてもいい代わりに、企業を退職しなければならない場合が多いようです。

つまり、退職金代わりのように扱われているわけです。しかし、どこの企業でも成功した事例は少ないようです。その原因は、ベンチャー企業に対する資金投資環境が整備されていない

ことと、技術支援並びにベンチャーのビジネスモデルを支援する大学や専門機関などとの連携が不足しているためと考えられます。

スピンオフとは、米国企業に見られるように、技術開発に成功したものの事業化されていない死蔵技術を、ベンチャーに提供しようとするものです。親企業から技術的な支援も相当得られ、成功事例も非常に多く、新たな技術分野の事業を支えています。

また米国では、大学も一体となってベンチャーを支援しています。ベンチャーを取り巻く支援システムが日本とはまったく違っているのです。

体制に魂を吹き込むことが日本企業には必要です。技術経営においては今後、ベンチャーの育成こそが社会経済の活性化につながるものと思われます。

● スピンオフベンチャーの活性化への提言

日本経済の発展は、中小企業の育成

スピンオフベンチャー

1. スピンオフ＆スピンイン・モデルスキーム

2. 企業内ベンチャー活性化のモデル

ベンチャーの活性化支援が急務です。そのため、ベンチャーにかかっています。

そのためには、大企業が巨額の研究費をつぎ込んだにもかかわらず、事業化されなかった多くの技術をベンチャーのテーマとして取り上げ、資金面や技術面の支援も含めて、事業化サポート体制を確立することが企業に求められます。

ベンチャー育成を企業の使命と認識し、資金の予算化や技術支援体制の組織化に取り組んでほしいものです。国の政策としても、ベンチャー支援企業への税制面での優遇政策を法制化してほしいものです。

金融機関には、ベンチャーへの資金投資規制の緩和を提案します。少子高齢化の時代に対応した専門技術を持つ人々がベンチャーを立ち上げることによって、新たな産業の開拓に寄与できるはずです。

Section 31

国際競争力強化の有力な手段

共同技術開発投資

技術開発投資の分担による投資効率の改善と競争力の強化が最重要ポイントとなっている。

● 共同技術開発投資はなぜ必要か

共同技術開発分野においては一段とグローバル化が進み、日本を除いたほとんどの国が強力な政府援助(人・物・金)をバックに、技術競争を挑んでいます。

たとえば韓国企業は、豊富な資金の下で巨大化し、世界企業を相手にシェアの拡大に躍起となっています。一方、日本の大企業は、自国の大企業同士の熾烈な開発競争のみならず、外国企業との競争にもさらされ、並々ならぬ努力をしています。こうした競争の激化に伴って、研究開発投資と事業化投資はもはや、一企業で行うには経営上大変困難となってきています。

そのため最近では、国際競争力を確保するために、敵対同業他社と戦略的共同技術開発投資を行うようになってきました。一例として、半導体では日立製作所と三菱電機が共同でLSI分野での新会社(ルネサステクノロジ)を設立し、共同技術開発投資を行っています。その他半導体分野、プラズマディスプレー、大型液晶ディスプレー等でも、共同技術開発投資が盛んになってきています。その成否は、数年経過しないと判断は困難ですが、投資資金の負担額が少なくなった点は、間違いないようです。

● 共同技術開発投資のメリットとデメリット

最大のメリットは、1社当たりの設備投資金額が激減することです。また、双方の技術の強みがわかり、相乗効果が得られることも挙げられます。新会社では経営意識が向上し、まとまりがよくなるというメリットもあります。

デメリットとしては、双方の企業文化が融合するまでかなりの時間がかかり、経営上マイナスに働くことが考えられます。

また、前段階の交渉と契約に長い時間と費用がかかる場合は、各社の経営を圧迫することもあります。

しかし、ビジネスのグローバル化によって、企業の総合化とともに、共同開発による専門企業化の両方向に向かうことは確かなことでしょう。

共同技術開発投資

1. 共同技術開発投資のパターン

パターン(1):共同技術開発プロジェクト(A社、B社)

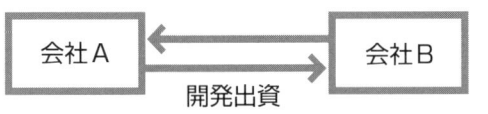

```
会社A ←→ 会社B
    開発出資
```

パターン(2):研究機関との共同技術開発プロジェクト

```
会社A → 研究機関
   開発出資
```

パターン(3):複数の企業と研究機関の共同技術開発プロジェクト

```
会社A → 研究機関 ← 会社B
   開発出資
```

パターン(4):共同出資による合弁会社設立(共同技術開発投資を含む)

```
会社A       →  新会社  ←    会社B
(業種a)    出資          (業種a)
```

2. パターン別経営効果

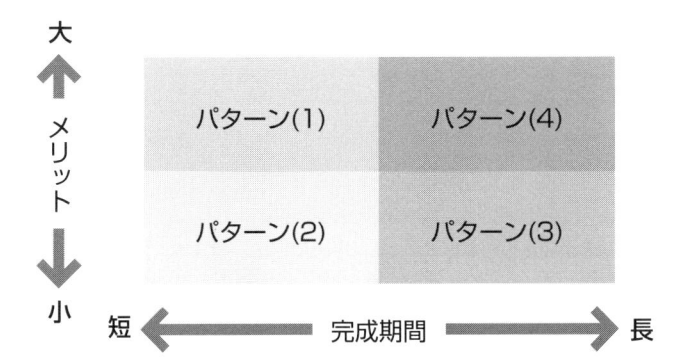

	短 ←完成期間→ 長
メリット 大	パターン(1) / パターン(4)
メリット 小	パターン(2) / パターン(3)

第3章●技術獲得戦略

Section 32
事業活性化の分析手法
プロダクト・ポートフォリオ・マネジメント

市場成長率と市場シェアが、製品分析の大きな柱となる。

● プロダクト・ポートフォリオ・マネジメントとは何か

製品や事業に対してどのように経営資源を配分するかは、経営戦略・技術戦略において非常に重要な問題です。

このような製品・事業の分析手法として有名なのが、ボストン・コンサルティング・グループが考案した手法です。これは、左図のように縦軸に市場成長率、横軸に市場シェアを置き、製品を四つのカテゴリーに分類したものです。

① 主力成長製品分類の製品は、市場成長率が高く、シェアも高い。成長が期待できるが、投資も大きい。

② 安定高収益製品（金のなる木）分類の製品は、シェアが高いが成長率は低い。

③ 問題製品分類の製品は、成長分野だがシェアは低い。

④ 撤退製品（負け犬）分類の製品は、成長、シェアとも低い。撤退分野と見るべきである。

製品分野を四つのカテゴリーに分類することで、たとえば問題製品を主力成長製品に育てるための対策を検討し、主力成長製品を金のなる木にシフトするための対策も立てることができるわけです。

● プロダクト・ポートフォリオ・マネジメントのポイント

・主力成長製品事業は、高成長事業であるため、大きな投資が必要となる。シェアが高く、利益も大きい事業なので、将来に向けた対応が必要である。

・安定高収益製品（金のなる木）事業は、市場シェアが高く利益も高い。成長率は低く、大きな投資を要しない。将来衰退するため、主力成長製品事業の安定高収益製品化が必要である。

・問題製品事業は将来、主力成長事業に変えるために、競合他社より高い事業成長とシェアを伸ばすことが最大のポイントとなる。

・撤退製品（負け犬）事業は、将来的にも収益が上がらず、撤退すべきである。

プロダクト・ポートフォリオ・マネジメント

1．製品・事業の分析

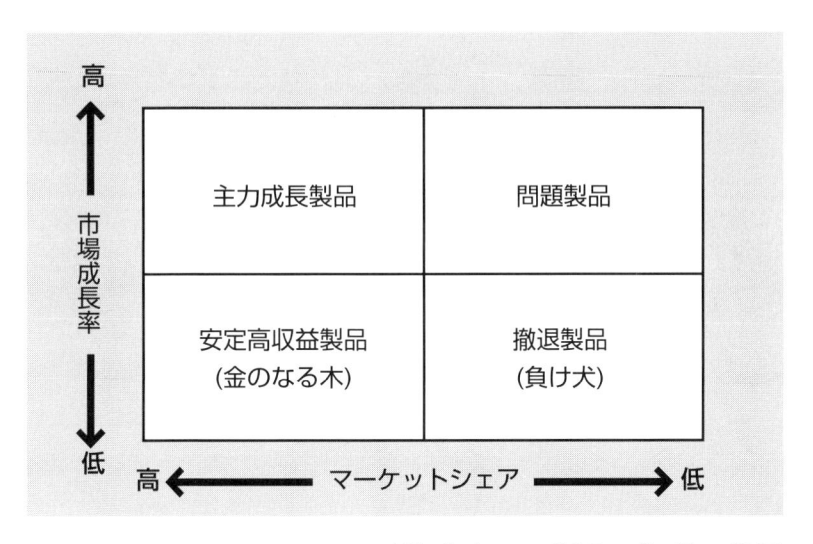

	マーケットシェア 高	マーケットシェア 低
市場成長率 高	主力成長製品	問題製品
市場成長率 低	安定高収益製品 （金のなる木）	撤退製品 （負け犬）

出所）ボストン・コンサルティング・グループ(BCG)

2．分析結果への対応策

（1）プロブレム・チャイルド(問題製品) → 主力成長製品
　・製品の構造転換を図る(製品開発、広告宣伝、販売ルート等)
　・設備投資を必要最小限に留め、成長分野の製品開発投資に向ける
　・マーケティング戦略を実施
　・プロジェクト体制で社内を挙げた活動展開を図る

（2）主力成長製品 → 安定高収益製品(金のなる木)
　・シェア戦略の総合見直し
　・徹底した他社差別化対策を図る
　・ブランド力戦略の徹底
　・販売力の強化

COLUMN●3

日本のバイオ技術における技術獲得戦略

　バイオテクノロジー分野は、最近急激に進歩を遂げてきています。今後、バイオテクノロジーによる研究開発は、医学分野において予防医療、予測医療に向けて飛躍的な進化をもたらすことでしょう。したがって、バイオ技術における技術獲得戦略は、第3章で取り上げた総合的なアプローチが最も重要となっています。

　バイオテクノロジーの開発は、今までの医薬品の開発を大きく変えてきています。1953年のDNAの二重らせんの発見、73年のコーエン＝ボイヤーの遺伝子組み換え技術の開発など、バイオテクノロジーが医薬品開発に導入されました。

　さらに90年代に入り、ゲノム解析やコンピュータ技術、ロボット技術なども導入され、現在ではゲノム創薬の時代を迎えています。特定の疾病に関する遺伝子の解析が、合理的な医薬品の開発につながっています。

　バイオテクノロジーは、大学や公的な研究機関などの基礎研究での最先端の領域が、産業に結びつくという特徴があります。また、医薬品産業は研究開発から臨床試験を経て市場に出るまで、10年以上はかかると言われています。

　バイオ企業は、アーンスト・アンド・ヤング（Ernst & Young）レポートによれば全世界で約4200社あり、うち米国とEUで全体の72%を占めています。日本は約50社と非常に少ないのですが、今後の発展が期待されています。

　日本での課題は、研究開発人材の不足と資金調達が困難なこととされています。したがって、1社の企業だけで開発するには無理があり、この分野における得意技術を保有している企業とのアライアンスによる開発が、大きな成果を生み出すことになります。

　さらに、日本のバイオテクノロジーの発展には、技術獲得のための知財戦略を綿密に立て、優秀な人材確保とベンチャーキャピタル（VC）の制度拡充が必要不可欠と言えます。

第4章 知財戦略

Section 33
知財の創造とは何か

Section 34
知財の保護とはどんなことか

Section 35
知財を活用するためにどうすればよいか

Section 36
知財流動化の課題

Section 37
知財の証券化による新しいビジネスの潮流

Section 38
企業の特許戦略の要点

Section 39
クロスライセンスの基本

Section 40
ライセンシングの課題

Section 41
経営戦略と知財戦略との関係

Section 42
知財のグローバル化のために、どのように対応すべきか

Section 43
経営法務と技術経営

Section 33

技術経営の利益獲得の源泉

知財の創造とは何か

個人の知識、業務経験、専門技術等の蓄積によって、暗黙知から表出されるイノベーション。

● 知財の定義

「知財」とは知的財産の略です。知的財産の定義についてサリバンは、「利益に変換することのできる知識」を知的資本（Intellectual Capital）と定義し、知的資産（Intellectual Assets）から生み出され、知的資産のうち法的な権利の対象となったものを知財と定義しています。知財とは資産的価値を持つ知識、情報、能力、社会的関係などの総称です。

● 知財の創造とは何か

個人が持っている暗黙知を研究開発的財産へと表出化し、権利化された知財を市場や生産に連結化して、新たな商品やサービスを生み出し、それらの業務経験を通じて蓄積された知識を、知的財産管理のノウハウとして内面化していく——この一連のサイクルを繰り返すことによって、新たな知財の創造を促していくものなのです。

このことが、知財の創造としてのプロセスを形成していきます。すなわち、深い関係を形成していきます。すなわち、イノベーションのプロセスの中で、知財の創造がより磨かれていくものと考えられます。

● 知的財産権の体系について

左図では、知的財産権の保護対象と関連法令を示しています。

1967年に設立された国連の専門機関WIPO（World Intellectual Property Organization）による定義には、図中のすべての保護対象に関する権利が含まれています。75年、日本もWIPOに加盟し、図に示した法令によって権利が保護されています。知的財産権のうち、特許（Patent）、実用新案（Utility Model）、意匠（Design）、および商標（Trademark）に関する四つを総称して、産業財産権（Industrial Property）と言っています。

技術経営にとってとくに重要な意味を持つのは、技術的な発明に関する権利を保護する特許権です。特許権の中で、特定の技術分野の基本に関わる特許を基本特許と称しています。

知財の創造とは何か

1．知的資本とその主な構成要素

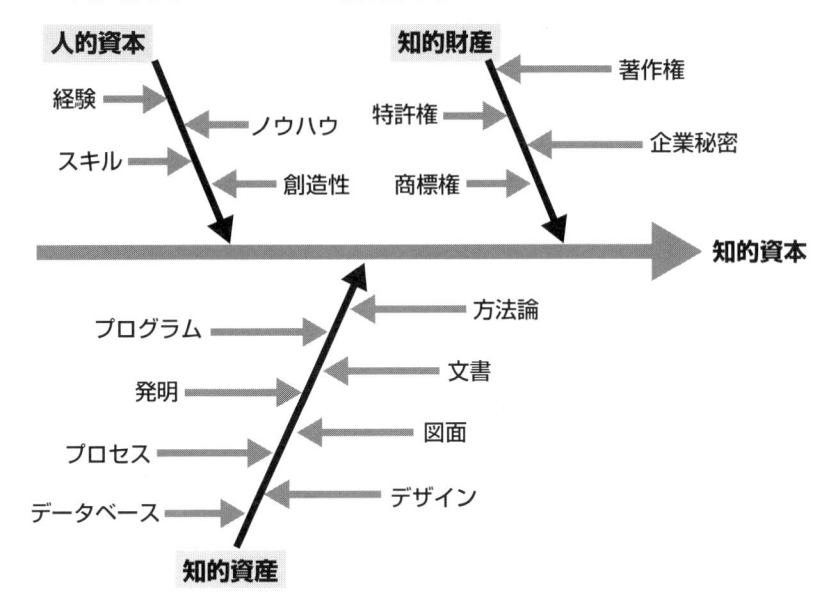

人的資本
- 経験
- スキル
- ノウハウ
- 創造性

知的財産
- 特許権
- 商標権
- 著作権
- 企業秘密

知的資産
- プログラム
- 発明
- プロセス
- データベース
- 方法論
- 文書
- 図面
- デザイン

→ 知的資本

2．知的財産権の体系

知的財産	保護対象	関連法令
知的創造物	発明	特許法
	考案	実用新案法
	デザイン・意匠	意匠法・不当競争防止法
	営業秘密	不当競争防止法
	半導体集積回路配置	半導体集積回路配置法
	植物新品種	種苗法
	著作権	著作権法
営業上の標識	商号	商法
	商標・サービスマーク	商標法・不当競争防止法
	地理的表示	不当競争防止法等

Section 34

知財を保護し、ビジネス展開することが必要

知財の保護とはどんなことか

知財の有効活用こそ、技術経営の重要な柱となり、新技術の開発を促進する。

●知財の保護の重要性と課題

知財の保護については前項でも述べましたが、法律によって知財権として保護されています。個人が発明したものを他人が許可なく使用し、それによって利益を得ることがないように法的に保護しているわけです。

企業のグローバル化が一段と進む中で、知財の保護は一個人、一企業のみならず、国益にもつながるものです。もっとも、法律が整備されていない国も多く、実際の知財の保護は、非常に困難な状況にあることも事実です。とくにアジア地域では、模倣製品の氾濫、ブランド・商標の無断使用が横行しています。これによって日本の企業は、莫大な損失を被っています。知財の保護は、現実的には難しい課題が山積しています。しかし、進出先の国の知財権をいち早く取得することを心掛ける必要があります。

技術経営での知財の保護は、企業経営の要であり、総合的見地から知財の戦略を立てなければ、厳しい競争に打ち勝つことが困難だからです。

●知財の保護は、今後どうあるべきか

知財の保護に関して、狭義と広義の解釈があります。今後は、知財の有効活用を広く求め、競争・協調の立場から、技術の閉鎖性より開放性に向けたビジネス展開が良いと考えられるようになっています。すなわち、知財の保護とビジネス展開を両立させた戦略が必要と考えられています。

昨今のように技術革新のスピードが速く、技術分野の構造変化が著しい環境の中にあって、企業を発展させていくには、自社内の技術の強みと弱みを認識し、他企業とのアライアンスによって共に業容拡大が図れるような知財の有効活用が望まれます。

過去の日本の企業は、技術面における閉鎖性が強く、狭義の保護にとらわれすぎました。知財の権利保護はもちろん必要ですが、その有効活用は、利益を共有し、技術の高度な発展を促し、新しい商品となって市場に還元されます。

84

知財の保護とはどんなことか

1. 企業における知財の保護体制

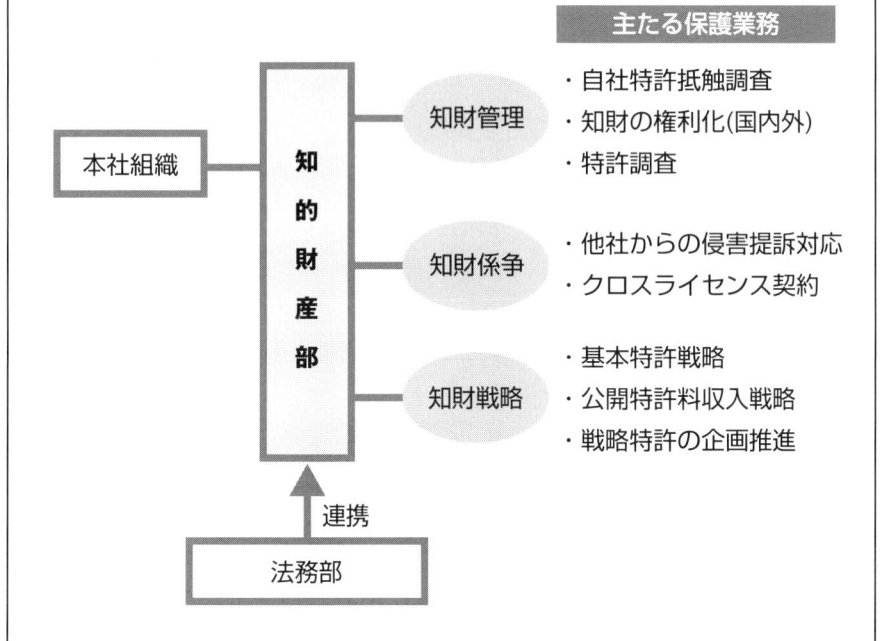

本社組織 → 知的財産部

主たる保護業務

- 知財管理
  - ・自社特許抵触調査
  - ・知財の権利化(国内外)
  - ・特許調査

- 知財係争
  - ・他社からの侵害提訴対応
  - ・クロスライセンス契約

- 知財戦略
  - ・基本特許戦略
  - ・公開特許料収入戦略
  - ・戦略特許の企画推進

連携 ← 法務部

2. 知財保護の課題とその対応

- ・知財流出(自社社員、外部による企業スパイ活動、自社特許に抵触他)
  防止策 ➡ 社員教育・幹部教育の徹底、ソフト面での流出防止
- ・ネットによる情報流出(ウイルス等) 防止策
  ➡ 社員教育・幹部教育の徹底、ソフト面での流出防止
- ・発明者へのリターンの評価・表彰諸規則の不備
  ➡ 青色発光ダイオード発明者への企業ペイバック規定策定
- ・知財の有効活用への意識改革(研究者、開発者)
  ➡ 知財をビジネスとして捉えた活動の展開を組織的に実行

Section 35

知財を活用するためにどうすればよいか

知財を活用した資金調達の利用

中小企業活性化のための効果的な資金調達として活用すること。

●知財活用のためのツール

知財を活用するためには、それなりの工夫が必要となります。

最近、企業経営における知財の重要性が注目されています。研究開発の成果を事業に展開して収益を得るためには、企業活動のさまざまな段階において「知的財産のマネジメント」に取り組んでいかねばなりません。左図は、企業にとって価値の高い知財を創造し、それを効果的かつ迅速に保護（権利化）し、得られた権利を最大限に活用して収益を得、事業を成功に結びつけていくマネジメントの流れを示したものです。知財マネジメントを推進するにあたり、いずれの段階でも必要とする知財情報の収集、分析に用いられる強力なツールとして「知財（特許）マップ」が大変効果的であり有用です。

「特許マップ」とは、膨大な特許情報の中から、目的に合った切り口で情報を収集、分析、加工を行い、図面、チャート、グラフ、表などでビジュアル化して、分析結果を表したものです。これを作成することにより、特許の有効活用が可能となります。

●知財を活用した資金調達

今までの金融機関の融資における担保は不動産でしたが、バブル崩壊後は、不動産による担保価値は低くなってきました。それに代わって知財、なかでも特許・技術等の知財を担保とすることが徐々に増えつつあります。メガバンクや政府系金融機関が、知財を担保とした融資スキームを開発しはじめています。政策投資銀行は「知的財産担保融資制度」を、ベンチャー企業を支援する目的で創設し、かなりの実績を上げています。

企業側にとっても、開発に多額の資金が必要ですし、さらにその研究・開発効率を高めるためにも、知的担保による銀行融資の導入によって新たなビジネスの創出が可能となり、研究開発の事業化がより推進、加速されることが期待されます。新事業創出の活性化を図るためには、ベンチャーキャピタル制度のさらなる充実が必要です。

知財を活用するためにはどうすればよいか

1. 知財マネジメント

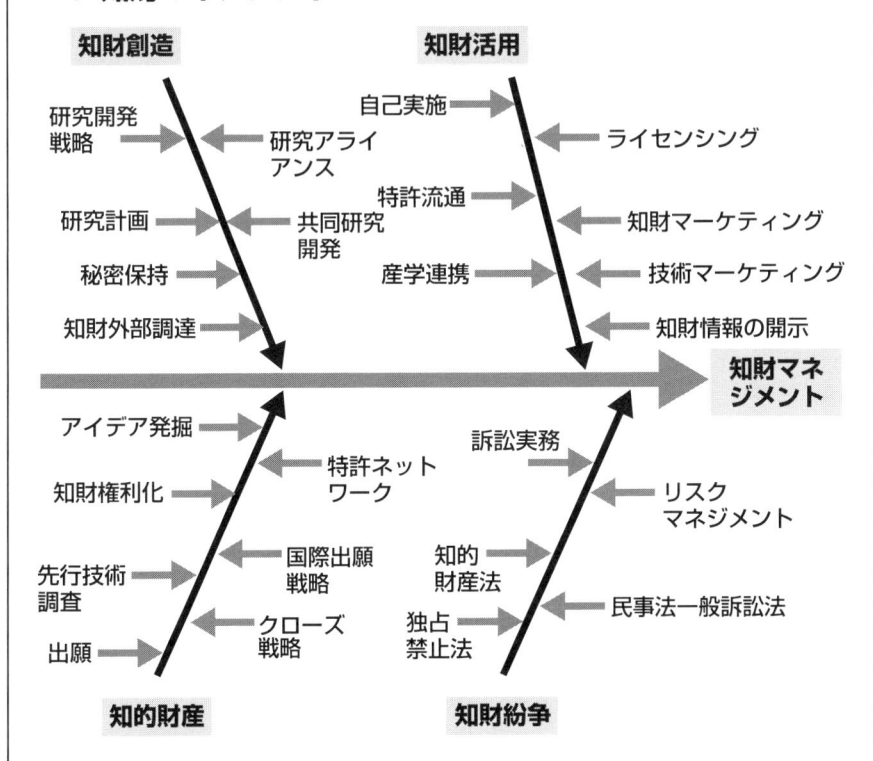

知財創造
- 研究開発戦略
- 研究アライアンス
- 研究計画
- 共同研究開発
- 秘密保持
- 知財外部調達

知財活用
- 自己実施
- ライセンシング
- 特許流通
- 知財マーケティング
- 産学連携
- 技術マーケティング
- 知財情報の開示

→ **知財マネジメント**

知的財産
- アイデア発掘
- 知財権利化
- 特許ネットワーク
- 先行技術調査
- 国際出願戦略
- クローズ戦略
- 出願

知財紛争
- 訴訟実務
- リスクマネジメント
- 知的財産法
- 独占禁止法
- 民事法一般訴訟法

2. 知的財産の担保化　2004年9月以降

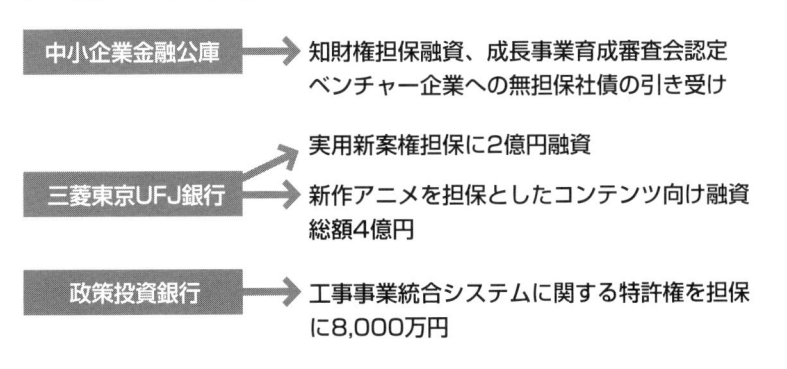

中小企業金融公庫	→ 知財権担保融資、成長事業育成審査会認定ベンチャー企業への無担保社債の引き受け
三菱東京UFJ銀行	→ 実用新案権担保に2億円融資 → 新作アニメを担保としたコンテンツ向け融資総額4億円
政策投資銀行	→ 工事事業統合システムに関する特許権を担保に8,000万円

第4章●知財戦略

Section 36 知財の評価が課題

知財流動化の課題

知財の流動化によって、特許の事業化の資金調達が容易となった。

●知財の流動化について

知的財産の流動化とは、企業等が保有する特定の知財を、新たに設立した知財保有のための特別目的事業体（SPV：Special Purpose Vehicle）に譲渡し、そのSPVを通じて、当該知財からのキャッシュフローを裏づけとして資金を調達することです。

日本での知財流動化は、1993年の特定債権法（特定債権等に係る事業の規制に関する法律）の成立とともに本格的に幕を開けました。知財流動化証券の発行額は、2000年の知財流動化法改正による対象知財の制限解除など、対象知財の順次拡大を通じて大きく伸びてきています。02年度には約4兆6000億円となり、株式の発行額を上回るまでに伸張しています。

有望な基本特許を保有している中小企業にとって、その事業化のための資金調達が可能となり、事業発展に大きく寄与することになりました。

●知財流動化の課題

知財流動化により資金調達が可能になってきましたが、その場合の知財の経済的評価が最大の課題と言えます。

このような場面での知的財産の経済的な評価は、基本的には将来のキャッシュフローに加えて、利払い（あるいは配当）、および返済（あるいは償還）のタイミングを考慮したうえで、資金提供者が求める利回りを考慮して算出されます。

知的財産担保融資は、実態としては、金融機関などが「知的財産権自体に価値を見出して資金を提供している」のではなく、「その企業に対する信用で資金を提供したうえで、事業に重要な資産である知的財産権をいちおうの担保財産として扱う」というケースが多いと思われます。

今後、特定債権法の整備によって知財の担保融資が主流になってくると思われますが、金融機関としては、知財の価値を評価する専門家の育成に力を注ぐことになるでしょう。また、外部コンサルタントが評価する仕組みも強化されることを期待したいものです。

知財流動化の課題

1. 利益相反課題

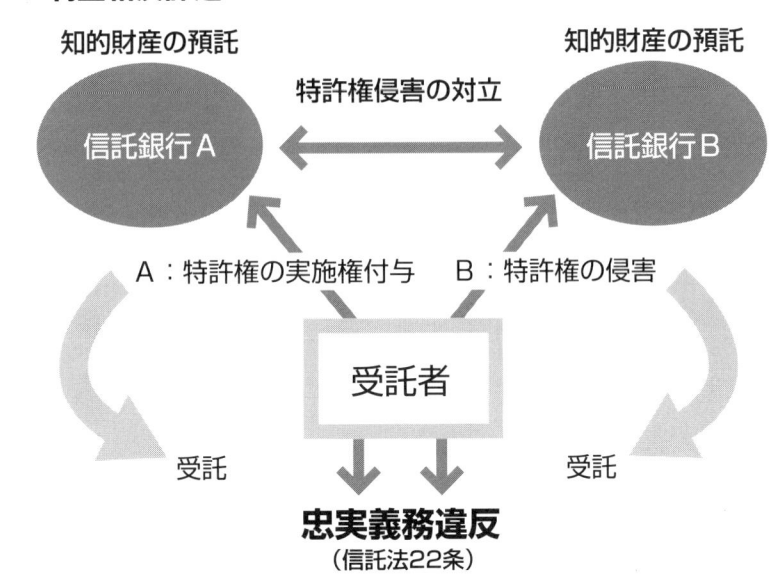

```
知的財産の預託                        知的財産の預託
  信託銀行A  ←特許権侵害の対立→  信託銀行B
       ↑                                ↑
   A：特許権の実施権付与    B：特許権の侵害
                  受託者
   受託            ↓  ↓            受託
              
              忠実義務違反
              （信託法22条）
```

2. オリジネーターの関与不可欠

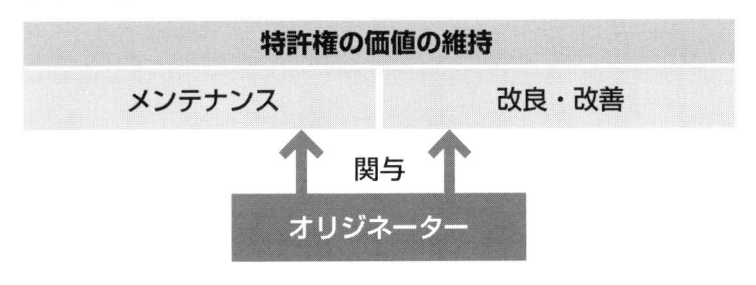

特許権の価値の維持	
メンテナンス	改良・改善

↑ 関与 ↑

オリジネーター

3. 権利の安定性→不安定

特許審査→特許権付与→異議申し立て→特許権無効がありうる
　　　　　　　　　　　　　　　（管理により防止できる）

4. 知的財産権の価値評価

客観的評価が困難である→訴訟問題が頻発している

Section 37

知財の証券化による新しいビジネスの潮流

知財の証券化は、起業化の活性化

知財の証券化による資金調達は、中小企業のビジネス展開に貢献する。

●証券化等による資金調達

現在、著作権等の知的財産については、特別目的会社や組合等を通じて証券化が行われています。この知的財産の証券化はすでに完成した知的財産だけでなく、制作途中の知的財産に基づいた資金調達も行われており、物的担保等を持たないベンチャー企業には重要な資金調達手段となっています。今後、信託が活用できることになれば、知的財産の証券化による資金調達がより活発になり、企業の資金調達方法が多様化することが考えられます。

ただし、信託が可能となっても証券化を行う場合には、知的財産の価値評価をどのように行うべきか、定まっていないのが現実です。また、知的財産固有のリスクなどについても、十分な検討が必要です。

●証券化による新しいビジネスの潮流

知財の証券化によって資金が調達できれば、知財のビジネス化が容易となり、研究開発の事業化効率が飛躍的に向上するものと期待されています。とくに中小企業は、いかに優れた技術を持っていても、資金がないため、その事業化を実現できないことが多かったのですが、知財の証券化による資金調達が可能となれば、事業化の可能性が高くなり、ビジネスチャンスを得られやすくなります。

大学が保有している多くの特許や、個人が権利化した特許を事業化し、起業化する場合は、この証券化による資金調達によって可能性が出てくることになります。

銀行からの資金調達のほとんどは、不動産の担保による融資というのが現実です。知財の事業化を促進できる仕組みの確立が急務となっています。

今後、知財の活用によるビジネスの可能性はますます向上していくものと考えられます。そして、社会の仕組みが整うことによって、起業家の夢は現実のものとなることでしょう。企業においても、優秀な技術者が起業して、新しい商品技術の創出に寄与できることでしょう。

知財の証券化による新しいビジネスの潮流

1. 証券化のサービス

　信託業法が約80年ぶりに改正され、2004年12月から施行された。これにより従来、信託業法で制限されていた信託財産に知的財産を含めること、および一般事業会社の信託業への参入が可能となった。知財価値評価算定基準の策定が重要。

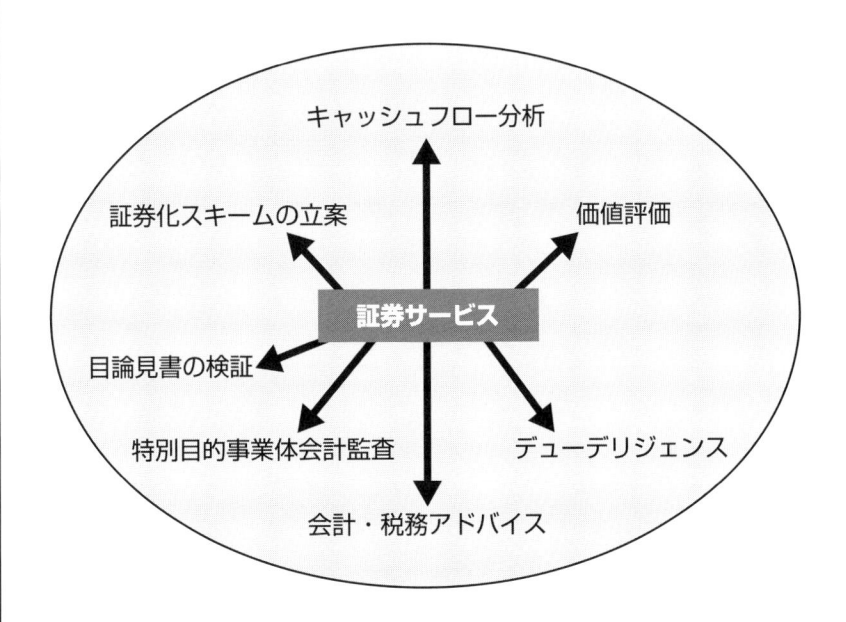

```
             キャッシュフロー分析
                    ↑
  証券化スキームの立案      価値評価
         ↖         ↗
           [証券サービス]
         ↙    ↓    ↘
   目論見書の検証         デューデリジェンス
   特別目的事業体会計監査
                    ↓
             会計・税務アドバイス
```

2. 知財の証券化によるビジネスの活性化

（1）　中小企業の活性化
（2）　起業化の活性化
（3）　産学連携による事業化の活性化
（4）　知財事業の活性化
（5）　知財の質的向上
（6）　技術のグローバル化促進

Section 38

技術経営の重要な戦略

企業の特許戦略の要点

特許価値を高める戦略の要諦は、特許申請段階にあることを認識すべし。

●ライセンスポリシー

(1)特許を他社に開放し、その対価としてロイヤリティーを取得する方法をオープンライセンスポリシーと言っています。

契約形態としては、個別特許ごとに契約する方法と特許ポートフォリオ単位で考え、包括的なライセンス契約を締結する方法があります。大企業では包括クロスライセンスを結ぶことが多いようです。

(2)特許権が、本来的に有している独占排他権を訴訟という法的手段によって行使し、マーケットシェアを独占することによって経済的利益を追求する戦略をマーケットシェアポリシーと言います。これは、ライセンス契約を結ばないで、法的プロセスで争うことを意味しています。将来的に市場規模が大きくなる場合は、この手法が取られることになります。

●特許戦略を成功させる特許マネジメント

特許の権利化には長期間、およそ3〜5年はかかります。現在のマーケットに合わせて特許出願を行っても、権利化される3年後にはマーケットが変化し、マーケッタビリティを失っている場合があります。したがって、3年先を見すえてマーケッタビリティを評価する必要があります。また逆に、特許権利化時点でのマーケッタビリティが大きく成長している場合もあります。このように特許申請時には、将来の技術動向、マーケッタビリティ、特許範囲、内容等を総合的に検討しておく必要があります。さらに、特許の権利化時点で特許価値のないものは、権利を放棄することも必要です。多くの特許を出願している大企業や中堅企業では、特許権取得並びにメンテナンスコストが膨大となって、経営に悪影響を及ぼすからです。このように特許戦略としてきめ細かいマネジメントが必要です。

研究開発段階での特許申請についての事前準備の良し悪しが、権利化時点での特許価値を左右します。

企業の特許戦略の要点

1. ライセンスポリシーを左右する要因

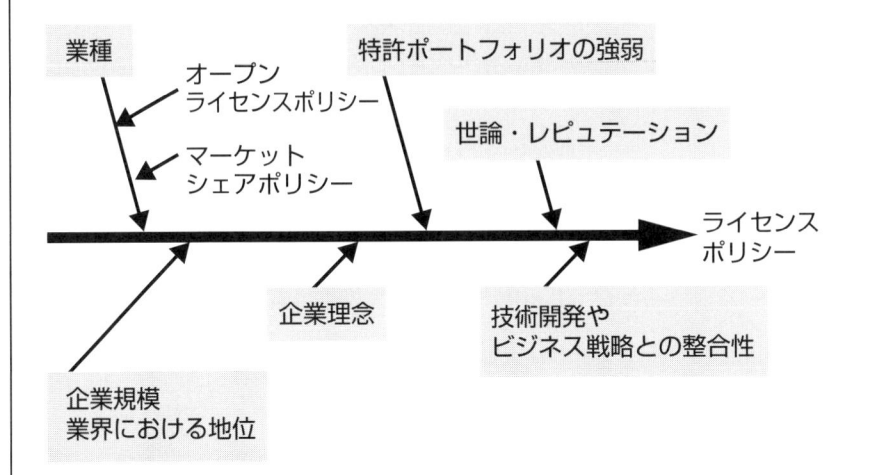

- 業種
- オープンライセンスポリシー
- マーケットシェアポリシー
- 特許ポートフォリオの強弱
- 世論・レピュテーション
- 企業理念
- 技術開発やビジネス戦略との整合性
- 企業規模　業界における地位

→ ライセンスポリシー

2. 価値の高い特許

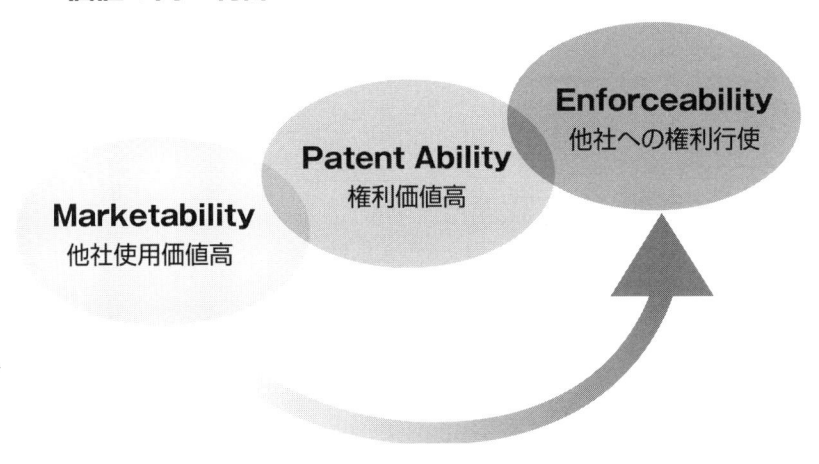

- **Marketability** 他社使用価値高
- **Patent Ability** 権利価値高
- **Enforceability** 他社への権利行使

クロスライセンスの基本

特許公開による相互利用が重要

特許を公開し、クロスライセンスで相乗効果を飛躍的に向上させることが得策である。

●クロスライセンスの定義

クロスライセンスとは、特許の権利者同士がそれぞれの所有する権利に関して、相互（クロス）に実施権を許諾（ライセンス）することです。特許を保有するそれぞれの権利者がクロスライセンス（相互に実施権を許諾）することで権利関係の制約が緩和され、製品が製造しやすくなるわけです。

他人の基本特許発明を利用して発明（利用発明、改良発明）をした特許権者は、基本発明の特許権者からライセンスを受けなければ、利用発明を実施できません。基本特許の権利者がライセンスに応じない場合には、特許庁長官の裁定を請求することができます。

この場合、基本特許の権利者からも同時に利用特許についてのライセンスを求められるようにしています。これをクロスライセンス制度と言っています（特許法第92条）。

互いに実施権を許諾し合うことによって、円滑な解決が図れるようにしたものです。

●クロスライセンスの基本

電気・機械の業種では、一つの製品を完成させるためには、多くの特許を必要とするため、すべての特許を保有することは不可能です。そこで、自社の特許を公開し（オープンライセンスポリシー）、その製品の研究開発を進めることによって優位性のある特許を取得し、他社に対してクロスライセンスを仕掛けることが、自社の利益向上につながります。お互いの企業にとって相乗効果が大きくなるわけで、本来のクロスライセンスの基本ともいうべきものです。

最近では、日本の大手電機メーカーと外国電機メーカーとのクロスライセンス事案が多くなりました。1社ですべての特許をカバーすることは困難で、かつ経費的にも巨額となって、仮に商品化されても、そのマーケッタビリティや商品サイクルのスピードアップ、研究開発の効率性等を総合的に考え合わせると、クロスライセンス化が有利となってきているのです。

クロスライセンスの基本

1. オープンライセンスポリシーに沿ったクロスライセンス

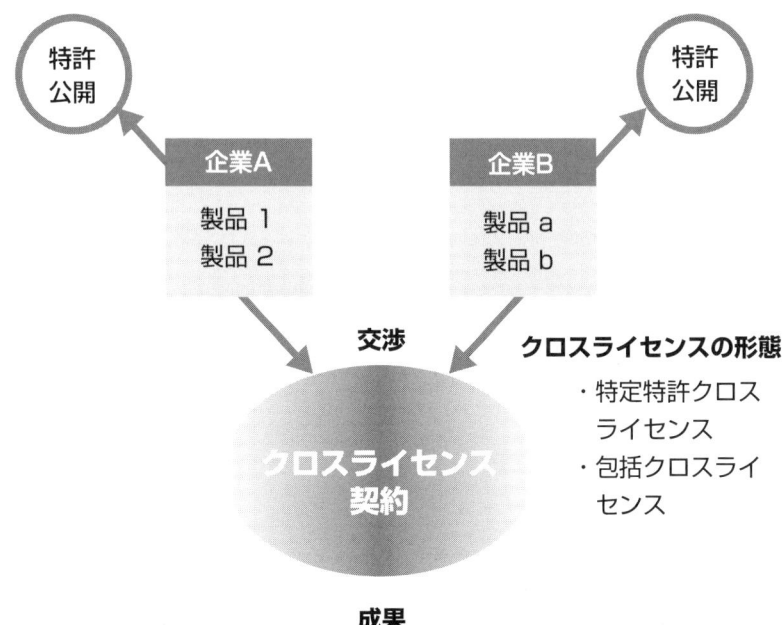

特許公開 ← 企業A
製品1
製品2

企業B → 特許公開
製品a
製品b

交渉

クロスライセンス契約

クロスライセンスの形態
・特定特許クロスライセンス
・包括クロスライセンス

成果
❶ ロイヤリティー(特許価値の差額)
❷ 双方の特許の使用権許諾
❸ 発明改良・改善特許の使用権許諾
❹ 分野全体の特許使用権許諾

2. クロスライセンスの課題

(1) クロスライセンスの契約内容の不備による特許係争
(2) 市場独占による特許係争(国際競争企業間)
(3) 発明改良・改善特許の使用権許諾に関わる特許係争
(4) 契約範囲内での特許使用権許諾に関わる特許係争

Section 40 特許の戦略化が重要

ライセンシングの課題

特許の戦略化が、ライセンシングの促進と活性化を促す。

● ライセンシングの課題

日本企業の多くは従来、防衛特許を目的として出願していました。そのため、特許の過半数は死蔵となっています。特許の活用面に関しても、クロスライセンスのように、企業間で特許の制限を相殺するような方法が中心でした。一方、死蔵となっている特許を維持管理するために経費がかさみ、この回収が困難な状況となっていました。米国は戦略的特許政策を取っているため、ライセンシングによる特許収益、特許の有効活用、クロスライセンスに

よる有利な契約条件等を経営戦略の中心に位置づけています。

以下、ライセンシングの課題について考えてみます。

① 特許戦略を立案する組織体制と特許公開が不備

日本企業の場合、大企業を除いて、特許戦略を立案する組織体制が充分にできていない企業が多く、製品の基本特許、周辺特許を総合的に検討することが困難です。専門的に特許戦略を検討する組織の設置が望まれます。ライセンシングする場合は、他社にとって

有利な特許としての価値を評価することが重要となります。また、特許公開が遅れていることが、ライセンシングの大きな課題となっています。

② 特許の将来性についての技術評価が不充分

特許を申請し権利化するまでには、3〜5年はかかります。他社優位な特許とするためには、少なくとも3年先の技術評価が必要となります。

③ 特許が経営の中核として位置づけられていない

現在では、大企業の特許戦略は経営戦略の一部として組み込まれていますが、中堅以下の企業になると、経営戦略としての位置づけは低く、基本特許がなかなか生まれない状況となっています。

④ 特許の証券化による資金調達に活用されていない

特許の証券化による資金調達は依然、難しい状態です。

ライセンシングの課題

1. 主要課題

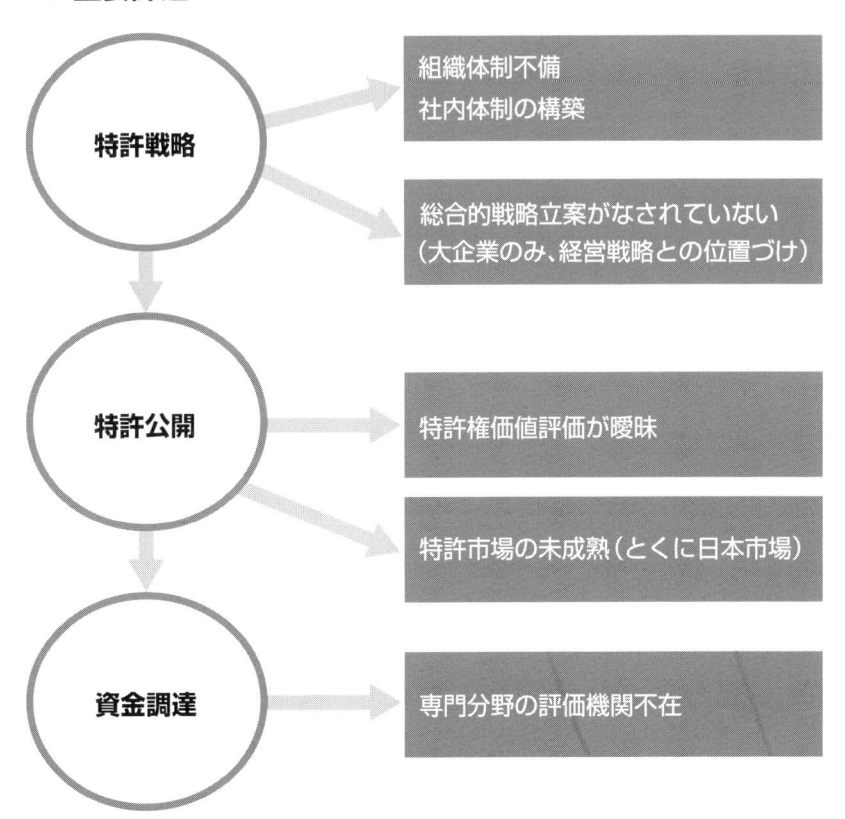

- **特許戦略**
  - 組織体制不備／社内体制の構築
  - 総合的戦略立案がなされていない（大企業のみ、経営戦略との位置づけ）

- **特許公開**
  - 特許権価値評価が曖昧
  - 特許市場の未成熟（とくに日本市場）

- **資金調達**
  - 専門分野の評価機関不在

2. 特許マネジメントの主要要因

1) マーケットの活性化
   現状 → 3〜5年先のマーケット→長期の技術動向とマーケット
2) 他社優位の特許の奨励(特許のクラス分け)
3) 特許による成果配分(特許発明者への還元)
4) 経営との位置づけを明確化、予算化

Section 41 ともに経営を左右する重要な戦略

経営戦略と知財戦略との関係

経営戦略も知財戦略も共通していることは、ともに企業収益を生み出すこと。

● 経営戦略と知財戦略との関係

経営戦略を、ハーバード大学のM・E・ポーター教授は以下のように定義しています。

① 企業活動により、独自の価値あるポジションを確立すること。

② 競争におけるトレードオフ（複数の要素が関連を持ち、一つの要素を改善すると、他の要素が悪化するような状態を指す）を選択すること。経営戦略の本質は、何をしてはならないのかを決定すること（日本企業の戦略の特徴として、撤退という経営・技術戦略が不足していると言える）。

③ 企業の活動を統合すること。

知財戦略とは、企業の特許をはじめとする知財から企業利益を生み出すことを総称しています。すなわち、価値ある無形資産を作り出し、これを企業価値の向上に収益化することです。

経営戦略も知財戦略も共通していることは、ともに企業収益を生み出すことです。前者の場合は、企業活動のすべてにわたり選択と集中によって収益を追求し、後者は、知財分野における選択と集中によって、企業収益を追求します。したがって、経営戦略の中に知財戦略が位置づけられています。

技術経営における経営は、技術戦略が重要であり、経営戦略と同様に、企業が進む技術的な方向を示す羅針盤の役割を果たします。この方向を定めるには、自社の能力・経営資源（人・モノ・金・情報等）や、企業を取り巻く環境の現状と将来像を的確に把握する必要があります。

技術戦略と知財戦略の関係は、左図によって理解していただけるものと考えます。このように、経営戦略・技術戦略・知財戦略は、経営理念に基づき、ビジョンに到達するまでの道筋や手段を示すものであり、企業の競争優位性を確保するための基本的な枠組みを示すものです。知財戦略が最近、韓国・台湾・中国などの台頭によって競争力が低下し、価格維持のためコストあるいは製品市場をコントロールできるツールとして、注目されています。

経営戦略と知財戦略との関係

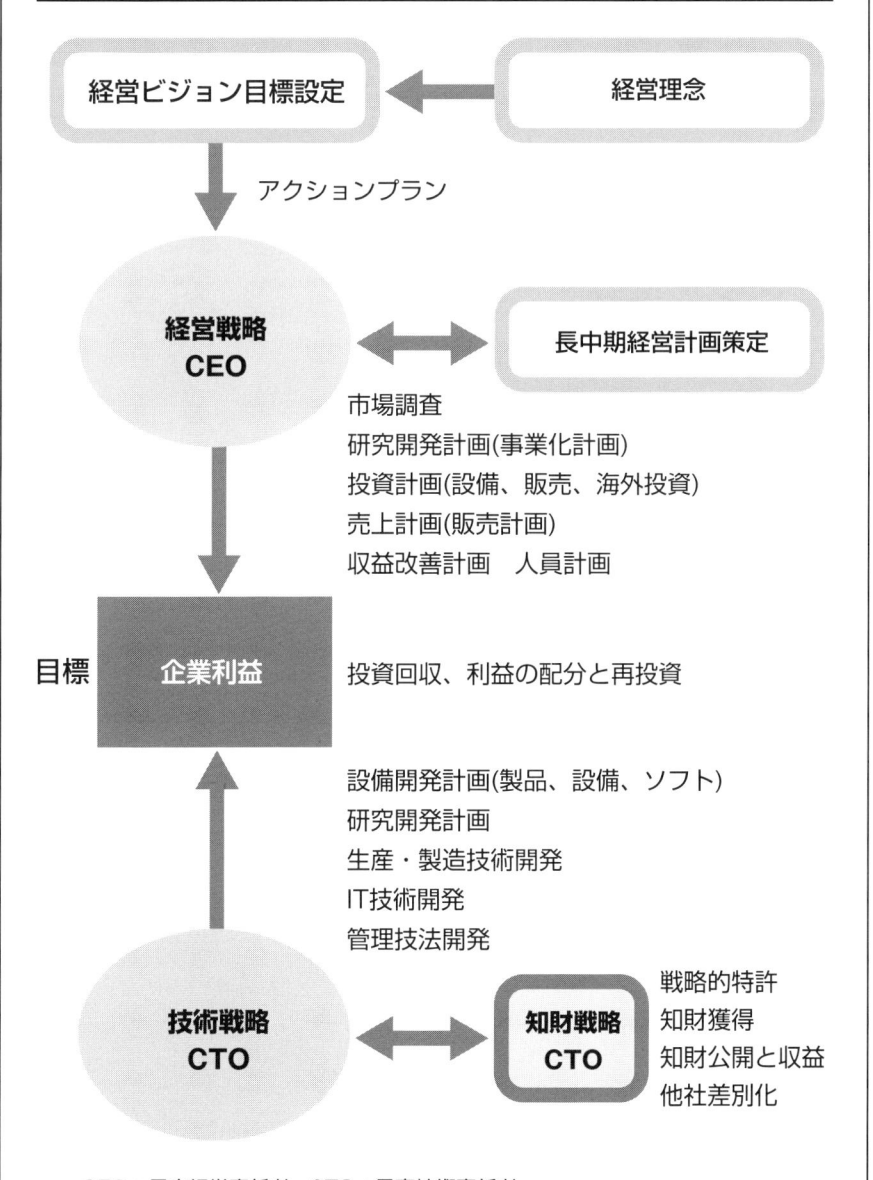

経営理念 → 経営ビジョン目標設定

↓ アクションプラン

経営戦略 CEO ⇔ 長中期経営計画策定

- 市場調査
- 研究開発計画(事業化計画)
- 投資計画(設備、販売、海外投資)
- 売上計画(販売計画)
- 収益改善計画　人員計画

↓

目標　**企業利益**　投資回収、利益の配分と再投資

↑

- 設備開発計画(製品、設備、ソフト)
- 研究開発計画
- 生産・製造技術開発
- IT技術開発
- 管理技法開発

技術戦略 CTO ⇔ **知財戦略 CTO**

- 戦略的特許
- 知財獲得
- 知財公開と収益
- 他社差別化

CEO：最高経営責任者　CTO：最高技術責任者

Section 42

知財のグローバル化のために、どのように対応すべきか

グローバル化による競争力の強化

積極的に知財を公開し、活用を図って、知財収益を向上すること。

●知財のグローバル化とは

20世紀には自動車・家電品・半導体などの輸出により、日本は一時期、世界から羨ましがられる技術立国・経済大国になりました。今後は、物の生産面では発展途上国に対して優位性を維持することはますます困難になると考えられます。

21世紀に技術立国日本を復活させるには、日本発の知恵に基づく知的財産のグローバル化を強く推し進める必要があります。

企業のグローバル化によって製品輸出、技術輸出、日本式経営の輸出等グローバル化が急ピッチで進んでいます。とくに知財の輸出に関しては、多くの問題が山積しています。

●知財のグローバル化への対応

日本の企業は知財のグローバル化を避けて通れないが問題も多く、その対応が急がれます。以下、知財のグローバル化の問題点について説明します。

①製品の輸出国または将来輸出を考えている国に対して、知財の権利化のための申請を早期にすること。しかし、アジアにおいては知財のコピーがすぐ出回り、甚大な被害を被っています。輸出国に対して、政府機関を通じ解決してもらうことが必要です。

②経営を大きく左右する戦略的技術の輸出に関しては、基本特許に類する知財の輸出は避けるべきと考えます。

③知財の輸出に対する対価を獲得することは非常に困難です。時間をかけた交渉による説得が必要となります。ロイヤリティ、ノウハウ、ブランド料等を契約に明記し、収入確保に努力しなければなりません。技術提携契約により送金できるような対応が必要です。

④特許を公開して、使用権の許諾による収入を得るように交渉することが必要です。現地の製品に使用している特許を調査し、訴訟を起こすことも必要です。クロスライセンスも有効な技術獲得の手段となります。

100

知財のグローバル化のためにどのように対応すべきか

1. 知財のグローバル化の問題点

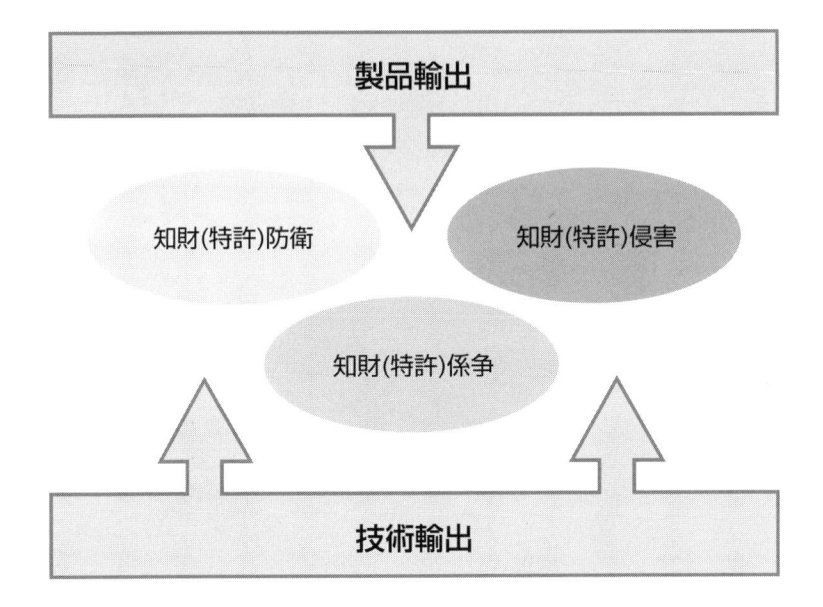

```
         製品輸出
            ↓
  知財(特許)防衛    知財(特許)侵害

       知財(特許)係争
            ↑
         技術輸出
```

2. 知財のグローバル化への対応

(1) 知財(特許)防衛
- 輸出国への特許の権利化
- 輸出国での同種製品のマーケット情報調査と特許内容範囲領域の変更

(2) 知財(特許)侵害
- 輸出国での製品技術の特許侵害調査
- 輸出国での同種製品の他社技術動向侵害調査
- 知財(特許)侵害が事実と認められれば、輸出国の裁判所への訴訟

(3) 知財(特許)係争
- クロスライセンスの締結
- 訴訟対応
- 共同研究開発

Section 43 企業内の技術的問題対応力が共通課題

経営法務と技術経営

技術経営における経営法務の役割は、国内外の知財(とくに特許)の係争問題に法律的に対応し、企業防衛を行うこと。

●経営法務の役割と重要性

前項でも述べましたが、企業のグローバル化が進み、知財の輸出入も自由となって、国際間の知財権に関する係争、侵害、防衛にわたる広範囲の新たな問題が頻繁に発生しています。従来、日本企業は、主として日本国内中心に企業防衛に関してのみ、知財の管理を行ってきましたが、複雑化する国際間貿易によって生じる各種の摩擦、技術問題の対応が非常に重要となっています。このような企業のグローバル化に基づく複雑な問題解決を図るため、法務部門の体制強化が進められています。

経営法務の役割として重要なことは、製品の安全性、技術の防衛・侵害・係争等国際間にまたがる諸問題に法律的に対応することが求められています。この種の問題解決には専門知識や経験が必要であり、弁護士(国際法)・弁理士(外国特許)と企業内の技術者とのチームワークの整備が望まれます。

●経営法務と技術経営

近年、とくに半導体、通信等ハイテク産業の研究開発投資は膨大となってきています。したがって、今後国際競争の激化に伴って、研究開発投資の有効性と効率化に敏感なトップマネジメントのより深い関与が求められています。新製品の開発においては研究部門が、その方向性をほとんど決めてしまうため、生産やマーケティングにおいてトップマネジメントが、他社との競争戦略に関して取り得る手段は限られています。技術経営においては、CTO(Chief Technology Officer)を置いて、技術の最高責任者としての役割を果たさせています。研究開発投資と生産設備投資の調整をCTOにしてもらっているわけです。

CTOは、経営上重要な知財の獲得に関しても重要な役割を担っています。したがって、当然ながら経営法務との関連が強く、連携して技術問題の解決に向け、戦略的な対応を図ることが今後ますます増えるものと思われます。

102

経営法務と技術経営

1．CTO(Chief Technology Officer)の役割

(1) 技術戦略と経営戦略との整合性の確保
(2) 戦略的技術資産の管理(知財マネジメント)
(3) 評価指標の策定
(4) 研究開発プロセスの管理
(5) R&Dビジョンの構築
(6) R&D組織風土の構築
(7) 変革の推進

2．経営法務と技術経営

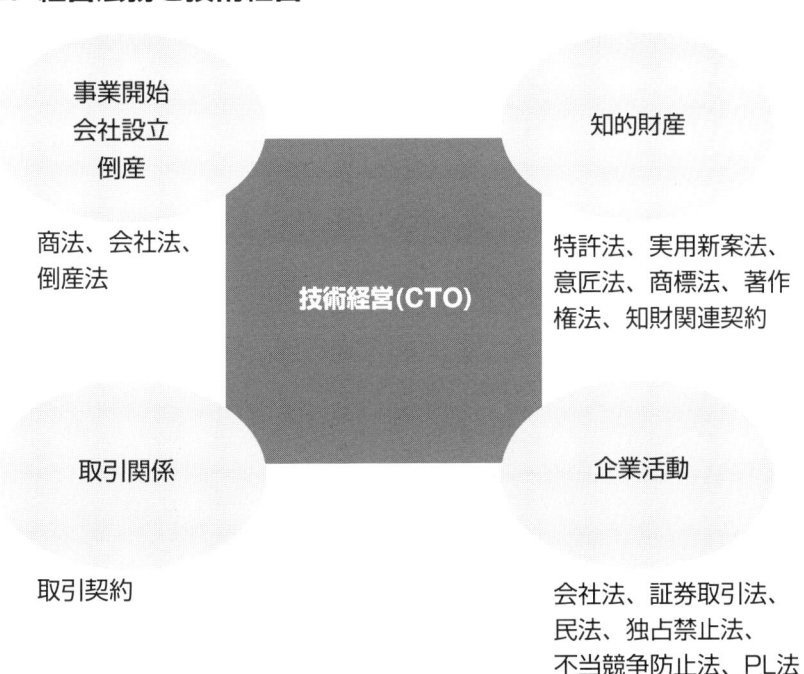

事業開始
会社設立
倒産

商法、会社法、
倒産法

知的財産

特許法、実用新案法、意匠法、商標法、著作権法、知財関連契約

技術経営(CTO)

取引関係

取引契約

企業活動

会社法、証券取引法、民法、独占禁止法、不当競争防止法、PL法

COLUMN 4
青色発光ダイオード発明対価の支払訴訟判決について

　2004年1月30日、世紀の発明と言われる「青色発光ダイオード（LED）」の特許権を譲り受けた日亜化学工業が、発明者に支払うべき正当な対価をめぐって争われた訴訟の判決が東京地裁であった。三村裁判長は、発明の対価を604億円と算定したうえで、発明者である中村修一・米カリフォルニア大学教授が発明対価の一部として、勤務していた会社に請求していた200億円を全額認めて、同社に支払いを命じました。

　この発明は、20世紀中には無理と言われていたほどの大発明ですが、対価の604億円という巨額の算定に、産業界をはじめ、お茶の間をも震撼させる大事件となりました。結局、2005年1月の東京高裁段階の和解では、8億4400万円に減額されて決着しました。

　この200億円の「発明対価」にあたるものが、知的財産権の「特許権」です。会社としては、この発明による利益は莫大な額で企業経営に大きな貢献をもたらしましたが、発明者の中村氏にはわずかな報酬しか支払われていないため、中村氏がそれを不服として争われたものです。

　そもそもの原因は、発明対価に対する企業側のルールが整備されていないことだとされています。この「職務発明」対価に対する問題は、今後も新たに発生してくるものと思われます。まず訴訟があいついで出てくるでしょうし、その対応として企業サイドは、「防衛」手段を講ずることになるでしょう。

　さらには、優秀な技術者が企業を離れ、頭脳流出となる懸念があります。こうした動きを契機として、特許法の改正と、企業における発明対価のルール整備が加速されることでしょう。

　知財権の保護に向けた対策に取り組む企業が多くなっていることを考えれば、企業経営に関わる特許戦略の抜本的な見直しも必要となってくるでしょう。

　日本企業は、優秀な技術者を確保することがグローバル企業競争に打ち勝つ唯一の方法であるという認識を、ますます強く持つようになってきています。

第5章 事業化戦略

Section 44
研究開発の事業化計画

Section 45
コーポレートベンチャーによる事業化の活性化

Section 46
研究開発と商品化部門の連携ブリッジによる開発ベンチャー

Section 47
商品化投資計画とは

Section 48
LLPとは何か

Section 49
大学発ベンチャーとは

Section 50
カーブアウトベンチャーの意義

Section 51
事業化のための資金調達方法

Section 52
事業化を推進する人材像

Section 53
事業化段階での企業内マネジメントの要点

Section 44

CTOによる総合事業化計画の推進が成功のポイント

研究開発の事業化計画

研究開発投資の回収効率の向上に、最大の努力を傾注すること。

● 研究開発の事業化計画

製品化の研究開発には、長期間を要します。そのための研究開発投資は膨大なものとなりますが、資金的に恵まれている大企業では、独立した研究所で研究開発が行われています。しかし中小企業においては、研究開発に多くの資金を投じることは至難です。近年、中小企業支援政策として、経産省の補助金制度が整備され、多くの研究開発の事業化に成功しています。

このように、研究開発事業化の最大課題である資金に関しては、かなり解決されてきています。最近の課題は、研究開発から製品までのすべてのプロセスが有機的に組織化され、全社的に統一フォローアップされているかが重要なポイントとなっています。前章でCTOの役割について詳論しましたが、事業化にCTO、すなわち最高技術責任者が、詳細計画の経営実行責任者として関わっていくことが成功の秘訣であると考えられます。

事業化の具体的な方法に関しては、研究開発計画を策定し、これに基づき事業化計画を作成します。研究開発計画では、開発製品の生産計画を詳細立案します。具体的には、生産計画、画、製品の生産計画、発売時期、販売価格の決定、生産人員計画、発売時期の明確化、生産スケジュール、資材調達計画、他社差別化計画等々、会社のすべての部門にわたる役割分担を決め、最終的には事業収益の確保を行うことになります。従来から研究開発効率を高めることが最重要となっています。製品によっては、社内ベンチャーによる起業化とか共同研究の促進、知財のクロスライセンス化、業務のアウトソーシング等を総合した事業化計画が望まれています。

画では、研究開発人員、研究開発スケジュール、研究開発予算、試作開発時期の明確化、研究開発レビュー、知財戦略、技術獲得計画、マーケティング戦略、販売戦略を詳細立案し、それぞれについてアクションプランとフォローアップ計画を立てます。事業化計画

研究開発の事業化計画

1. 事業化のための組織体制

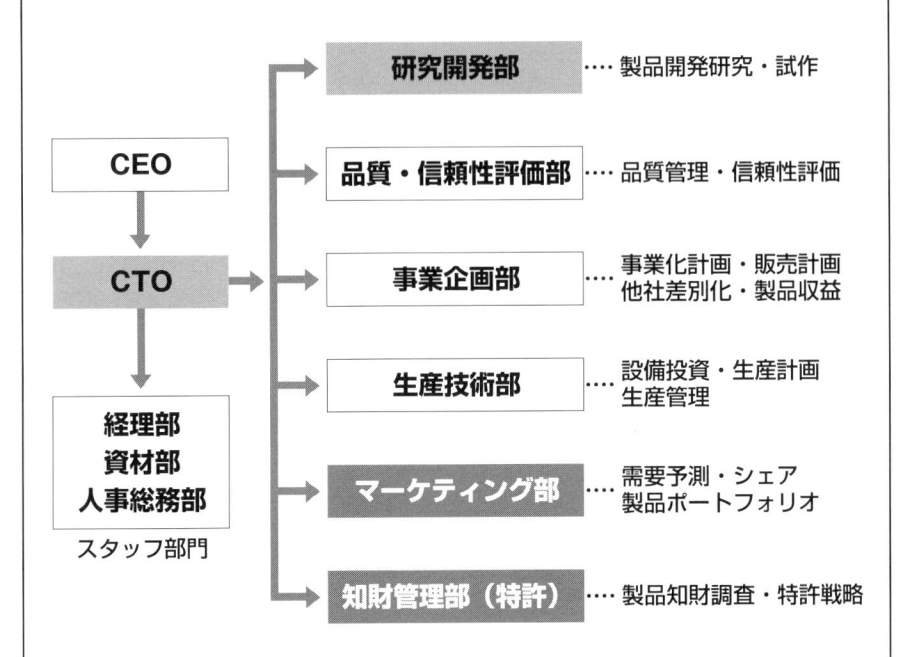

```
CEO
 ↓
CTO  →  研究開発部           … 製品開発研究・試作
     →  品質・信頼性評価部   … 品質管理・信頼性評価
     →  事業企画部           … 事業化計画・販売計画
                               他社差別化・製品収益
     →  生産技術部           … 設備投資・生産計画
                               生産管理
     →  マーケティング部     … 需要予測・シェア
                               製品ポートフォリオ
     →  知財管理部（特許）   … 製品知財調査・特許戦略
 ↓
経理部
資材部
人事総務部
（スタッフ部門）
```

2. 事業化の課題と対応

[1] 中小企業の事業化のための資金調達→中小企業助成制度の活用
[2] 大学の埋もれた特許の事業化→特許事業化のための助成金制度活用（産学連携によるコンソーシアムを組んで事業化）
[3] 研究開発投資の回収→社内起業化制度の充実による事業化促進、情報公開による特許収入の確保
[4] 研究開発投資の効率化→共同研究・クロスライセンスの締結、研究開発期間の短縮
[5] コアコンピタンス技術の確保→特許戦略

Section 45

人材の活性化と新規事業の創出

コーポレートベンチャーによる事業化の活性化

従業員の活性化と、起業家への意識の高揚が重要である。

●コーポレートベンチャーによる事業化の活性化

人材の活性化と新規事業の創出により、社内ベンチャー制度を導入する企業が増えています。コーポレートベンチャー制度は、企業にとっては従業員の活性化や起業家意識の高い従業員を起業家として独立させ、リストラを進めることができます。また、起業家を目指す野心ある新入社員が入社することも期待されるなど、メリットが多くあります。

社会経済にとっても、優秀な人材がベンチャーの世界に流入し、ベンチャー企業がよりいっそう発展することで、就労構造の変化や労働力の吸収などの効果が期待できると考えられます。

しかしながら現状では、企業としては、ベンチャー企業が軌道に乗るまでの間は不採算事業となるため、思い切った制度の推進に躊躇しがちです。また、このようなベンチャー企業も親会社の支援に頼った形の経営に陥りやすくなります。このため成功事例は、まだ少ないものの、今後の展開に期待したいところです。

●コーポレートベンチャーの課題

コーポレートベンチャーのメリットは多く挙げられ、大企業中心に社内ベンチャー制度を導入している企業も増加しています。しかしながら、社内ベンチャー制度による事業化の活性化は、決して進んでいるとは思えません。

その主たる原因は、制度が先行し、起業家教育が遅れていることや、起業後のフォロー体制が整備されていないこと、さらに社会の起業家に対する資金融資環境が整っていないことから事業の失敗が許されず、進んで挑戦する意欲が希薄になっているものと考えられます。米国ではスタンフォード大学のように、起業家養成プログラムが事例研究として体系化されている例もあり、学生時代に起業家を目指す学生が多く、ベンチャー投資家制度も完備されています。日本では、今後、ベンチャー制度の体制が整備されることでしょう。

コーポレートベンチャーによる事業化の活性化

1．ベンチャーの必要条件

[1] イノベーション（不連続で革新的な技術や組織・システム）を継続して持っていること
[2] 経営者やリーダーが起業家精神を持ち続けていること
[3] 伸びるマーケットでの事業展開であること

2．コーポレートベンチャーとは

[1] あくまで企業主導の企業内起業、新事業研究開発、社内革新プロジェクトなどの組織
[2] コーポレートベンチャーは2通りある
　①社内ベンチャー： 社内組織(多くの大手企業が採用)、社内資本金、新規事業プロジェクト、M&A会社の社内事業への取り込み
　②社外ベンチャー： 独立法人(中堅・中小企業)、100%子会社、ジョイントベンチャー(51%以上の関連会社)など

3．コーポレートベンチャーの成功ポイント

[1] 経営者・CTOの全面的な支援体制の構築
[2] 企業のベンチャー環境の整備充実（教育・組織体制・支援）
[3] 独立企業化への支援体制強化（人・物〈技術〉・金）
[4] ベンチャー企業のレビュー強化（総合的なベンチャー企業評価の充実）

Section 46

研究開発効率向上のための商品部門との連携が必要

研究開発と商品化部門の連携 ブリッジによる開発ベンチャー

企業内より、開発ベンチャーによる各種障壁を乗り越えて開発効率を向上させる。

● 研究開発の生産性の低下

今まで再三にわたり、日本の研究開発投資の投資効率が低いことを述べてきました。言い換えると、生産性がきわめて低く、製品化に結びついていないことを意味します。それは、基礎研究（発明）とイノベーション（ニュービジネス）との間に「死の谷」が存在しており、その後事業化に至るまでの間に「ダーウィンの海」があるからと言われています。すなわち、研究成果が実用化され、使える技術として確立するまでにそのほとんどの技術が死蔵する（2000年の経産省の調査によると、製造業において約8割が眠っている）となって、「死の谷」に埋没してしまうからです。その後、「死の谷」を無事通過しても事業化に行き着くまでに「ダーウィンの海」が横たわり、商品化のための技術的困難や事業化リスクにも耐えて生き抜いたもののみが、進化してビジネスにつながるわけです。製品が技術的に優れているかどうかだけで生き残れるものではありません。技術が確立しても、販売網の構築や製造設備の整備など、多くの壁を

乗り越えて、事業として成功する確率は小さいものとなるわけです。

● 研究開発と商品部門の連携ブリッジによる開発ベンチャー

「死の谷」や「ダーウィンの海」をいかに乗り越えて、研究開発効率を高め製品技術の事業化に結びつけるかが、重要です。そのためには、技術イノベーションによる研究開発では、技術イノベーションの加速化や事業化等の対応では限界があり、積極的に技術提携、産学官連携、選択と集中等のR&Dマネジメントによる展開が必要となります。さらに、社内ベンチャー、スピンオフベンチャー、異業種との提携等によって、「死の谷」にある休眠研究成果のすばやい事業化が望まれます。

具体的には、研究開発から事業化に至るすべての責任者としてCTOの活用が重要です。また、研究開発段階から事業化（商品化）推進部門に参画してもらうことが重要です。

110

研究開発と商品化部門の連携ブリッジによる開発ベンチャー

各ステージ間の障壁を乗り越えるための連携ブリッジ

研究 — 開発 — 事業化 — 商品化

障壁1　障壁2　障壁3　障壁4　障壁5

- 研究効率改善　**研究所** → 障壁1
- プロジェクト推進　**開発プロジェクト** → 障壁2
- ベンチャー制度による活性化　**社内ベンチャー** → 障壁3
- 企業家による事業化　収益重視　**JV　独立会社** → 障壁4
  - JV：ジョイントベンチャー
- **MBO** → 障壁5
  - MBO：経営陣による買収

障壁の説明

- **障壁1**：魔の川を越えるために
- **障壁2**：死の谷を越える準備
- **障壁3**：確実に死の谷を越えるために
- **障壁4**：ダーウィンの海を越えるために
- **障壁5**：事業化から商品化のために

Section 47

商品化投資計画が、資金調達の成否を左右する

商品化投資計画とは

ベンチャーキャピタルの投資評価は、商品化の事業計画によって決まることが定着化しつつある。

● 商品化投資計画とは

研究開発で技術製品開発が成功し、それの商品化に対して、とくにハイテク産業の商品化のためには、膨大な資金が必要となります。その主な投資は、商品開発、設備、販売等に関わる投資です。さらに、グローバルな競争に勝ち抜くためには、1社で投資を負担することは、経営を圧迫して競争力の弱体化を招きかねません。そこで、他社とのアライアンスを行い、1社以上の共同投資による競争力強化を図っています。すなわち、商品化の棲み分け、共同事業化によって投資効率を高める必要に迫られているわけです。

一方、中堅規模以上の企業で、社内公募制度による起業家の社内ベンチャー、スピンアウト、スピンインのベンチャー等の中小企業に対して資金調達することは、米国と比較すれば困難と言えます。その一番の理由は、ベンチャーへの投資制度が整備されていないことです。

しかし最近では、中小企業のベンチャー投資制度も徐々に整備されつつあります。具体的には、商品化する場合の、初期投資の資金調達が、ベンチャーキャピタルのアーリーステージで可能となっています。すなわち、商品化事業計画の審査によって投資するベンチャーキャピタルが増えてきています。この場合、ベンチャーキャピタルは当然、株式上場を前提として投資を考えています。

中小企業のアーリーステージの投資に関しては、都道府県の中小企業支援として小規模の融資相談を行っています。政府の融資としては、経産省の中小企業支援が3000万円まで、無償で融資を受けられるほか、都市銀行でも、中小企業に対する、事業計画を基にした融資を受け付けるようになってきていることは、商品化計画を進めるうえで非常に期待の持てることです。

重要なことは、むしろ中小企業の商品化のための事業計画の中身が、融資元の評価に充分堪えることができるかということです。

商品化投資計画とは

1．商品化投資計画の事例

[1] 商品化開発投資→製品開発設計、製品化試作、信頼性評価、品質管理等、商品化開発計画に基づく投資
[2] 設備投資→生産設備計画、品質・信頼性評価設備計画、生産管理計画等、製品化のための設備投資
[3] 販売投資→販促ツール、販売ルート・チャンネル構築、販売店計画等に基づく投資
[4] 海外投資→海外進出の投資、海外企業への資本投資等

2．ベンチャー企業と大企業での商品化投資計画のポイント

項目	ベンチャー企業	大企業
商品化開発	1．特定商品に特化し、開発スピードが速い 2．情報収集力に欠ける	1．大組織のため、商品化開発スピードが遅い 2．情報収集力がある
販売	1．ブランド力が弱く、商品の話題性と市場性が重要 2．販社と提携	1．ブランド力があり、既存の販売チャンネル等で販売可能
事業性と企業リスク	ヒットにより高収益確保ハイリスクである	ローリスクである
資金力	アーリーステージでの融資活用	資金力は問題ない
企業の活性化	高い	変わらない

Section 48
知的資産、人的資産に適した会社形態

LLPとは何か

個人や企業がもっと簡便に会社を起こすことができる「新しい会社制度」である。

● LLPとは何か

LLP（Limited Liability Partnership）とは、有限責任で「人的資産」が中心の法人格を持たない組織のことを言います。

米国では、1977年に米国版LLC（Limited Liability Company）の法制度がスタートし、その後大きな改正を経て、87年にLLP制度が導入され、非常に多くの企業が誕生しています。米国の株式会社制度は、株主重視のあまり、さまざまな不正やトラブルを生んできました。その反省として生まれたのが、米国版LLCです。

LLPとLLCの違いは、前者は法人格を持たず、後者は法人格を持っていることですが、いずれも有限責任で「人的資産」が中心の組織で、新しい会社制度という共通点があります。

一方、日本版LLP／LLCは、個人や企業が今までより、もっと簡便に会社を起こすことができる「新しい会社制度」です。最近、商法改正によって1円でも会社を設立することができるようになりましたが、会社を運営するためには、最低限の資金や設備を準備しないと難しいでしょう。従来は、ものづくりを主体にした会社の場合は設備、資金、場所等が必要でした。しかし世の中が大きく変わり、「アイデア」や「ノウハウ」を持っている人が増え、この「ヒト（人的資産）」をベースにした組合と「モノ（資金・設備等）」をベースにした株式会社の「いいとこどり組織」が、日本版LLP／LLCと言えます。これらはまさしく、ベンチャー新事業・起業に適したものと言えます。

日本では、中小企業や個人一人ひとりの活性化が経済活動の源泉となることで、不況からの真の脱出につながることになり、日本版LLP／LLCの活用が非常に重要となってきています。

日本版LLP／LLCの利用は、大企業のベンチャー、弁護士、会計士等の高度サービス業、ソフトウエア・コンテンツビジネス、ファンドによる金融サービス等が主体となっています。

LLPとは何か

1．LLPの設立手続き

[1] LLPを構成する組合員によってLLP契約（有限責任事業組合契約）を締結する
[2] LLP契約の契約書に組合員全員が署名または実印による記名押印を行う
[3] 組合員全員が契約書に記載した出資金の払い込みを行う。出資金を払い込んだ段階で、LLP契約は当事者間では有効になる

2．LLPの特徴

有限責任	出資者は、出資額までしか事業上の責任を負わない

内部自治	・出資者が自ら経営を行うため、組織内部の取り決めは自由に決めることができる ・最低資本金規制や監視機関(取締役会、監査役など)設置が強制されない

構成員 （出資者） 課税	・LLPには課税されず、その出資者に直接課税される ・LLP設立段階で課税され、そのうえで出資者への配当に課税される

LLPは、個人事業主の集まりのような組織

①さまざまな事業へチャレンジしやすい、②二重課税回避、③他の所得と通算可能

Section 49
埋もれた大学の特許の事業化によるベンチャーの活性化

大学発ベンチャーとは

政府助成金制度の活用による産学連携ベンチャーが、新しい事業化の促進に寄与している。

● 大学発ベンチャーとは何か

大学発ベンチャーとは、大学の教官、学生、または公的試験研究所の研究成果を技術シーズとして事業化・創業を行う事業主体のことを言います。

大学、公的試験研究機関等の研究者、学生等が兼業等により事業活動を行い創業する、または、大学等の研究成果を技術移転して創業する場合などがあります。

大学発と企業発の大きな違いは、ベンチャーのスタートが研究の展開かの違いからか、開発ステージでの展開かの違いによるものです。

大学発ベンチャーにおいて、大学側出身者と企業側出身者の共同事業の場合には、真剣になればなるほど、会社内部でも対立が起こりやすいと言えます。あらかじめきちんと役割分担と最高経営責任者（CEO）を決めておき、議論がすんだ後は、必ずCEOの指示に従うべきです。共同での最終決定というのはないからです。

この点での、大学の教員側の意識改革が大切です。教員は研究成果の実践の場と捉えますが、会社側は売れることが第一と考え、ベクトルは異なるのが普通です。

大学や国立研究所の研究成果が短期間のうちに、企業の新事業や新製品につながることは稀なケースと考えたほうがよいでしょう。なぜならば、開発ステージの製品を作るところまでやっていない場合が多いからです。

● 大学の知的財産の活用

最近、大学と企業がコンソーシアムを組んで、大学に埋もれている特許等知的財産の事業化に対し、経産省が助成金を出す制度が活発化しています。毎年、経産省が助成金制度の募集を実施しており、東大をはじめとする国立大学の特許の事業化がますます増加していくものと期待されています。事業化に関しては、いろいろなフォーメーションが考えられますが、大企業の総合技術の補完を伴った事業化が比較的多いものと思われます。

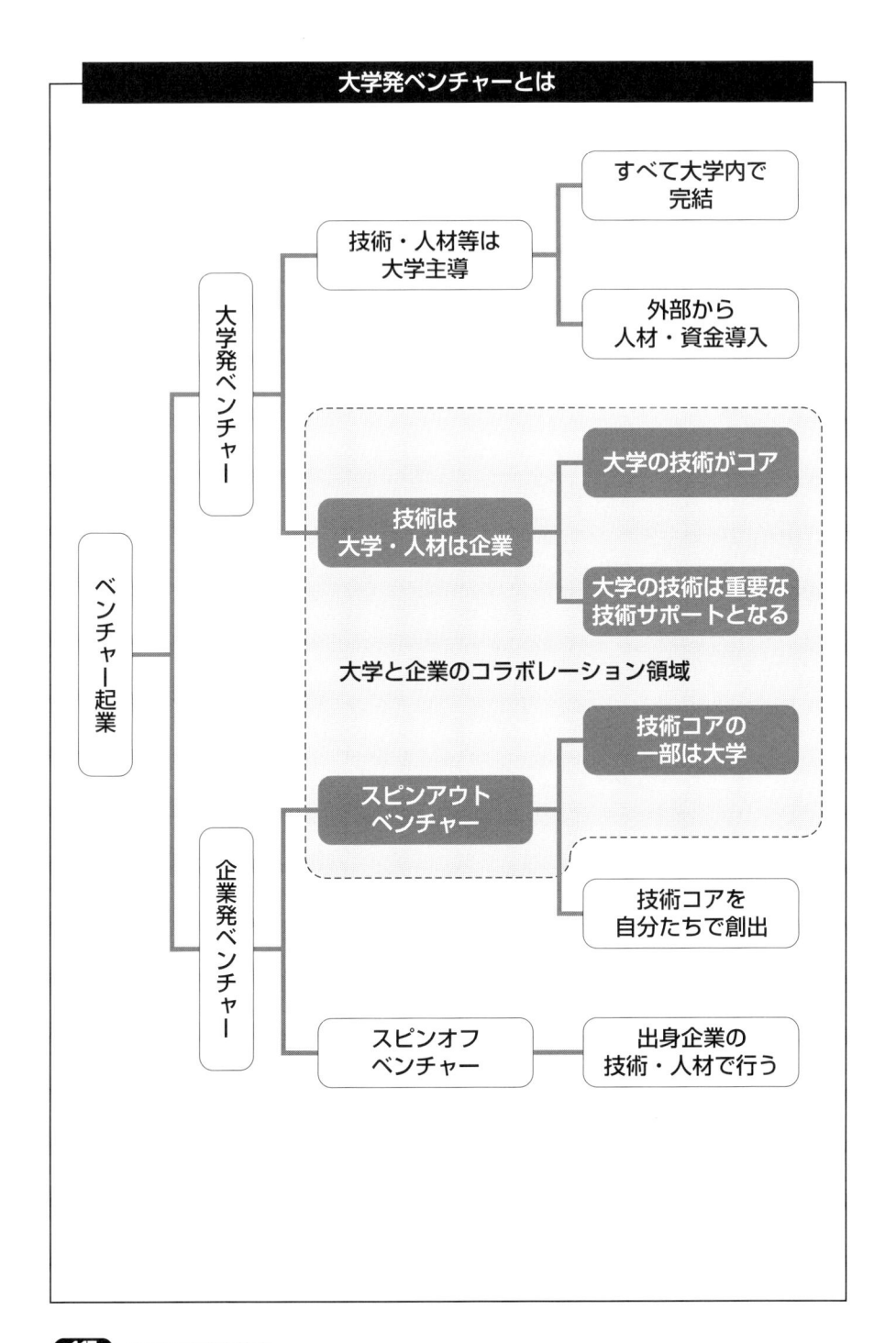

大学発ベンチャーとは

- ベンチャー起業
  - 大学発ベンチャー
    - 技術・人材等は大学主導
      - すべて大学内で完結
      - 外部から人材・資金導入
    - 技術は大学・人材は企業
      - 大学の技術がコア
      - 大学の技術は重要な技術サポートとなる
  - 企業発ベンチャー
    - スピンアウトベンチャー
      - 技術コアの一部は大学
      - 技術コアを自分たちで創出
    - スピンオフベンチャー
      - 出身企業の技術・人材で行う

大学と企業のコラボレーション領域

Section 50
大企業に存在する技術人材の活用
カーブアウトベンチャーの意義

大企業・中堅企業にある有望な新技術・エンジニアを切り離し、外部の経営資源を最大限活用する。

●カーブアウトベンチャーの意義

カーブアウトとは、戦略的に企業から事業等を切り出して(Carve Out)、第三者の評価、投資参画によりその成長を加速化させることを狙った、大企業ベンチャーの一形態であり、カーブアウト元企業から一定の出資等の支援・連携を受けつつ切り出す点が、特長となります。

日本では多くの優秀な技術、人材が大企業等に存在していますが、カーブアウトはこの技術、人材を活用して事業化を行うのに最も適した方法と考えられています。

日本では、すでに多くのベンチャーキャピタルが設立され、ベンチャー支援がなされていますが、世界でもトップクラスの技術を持つ会社を作り、日本を支える新産業創造を成し遂げるには、大企業・中堅企業にある有望な新技術・エンジニアを切り離し、外部の経営資源を最大限活用するような「カーブアウトベンチャー」の育成が必須と考えられています。

また、日本の電機、機械、IT分野では、複数の企業から事業を切り離した技術に対して、外部の資本や経営から事業等を切り出して一緒にすると、技術的に揺るぎない地位を世界で獲得することができる事業が数多くあります。

「選択と集中」と言われている時代において、企業内の優れた技術がすべて事業化に結びつくとは限りません。ただし、そうした中でも、社内事情により事業化が進まない有望技術の存在は、企業における機会損失の発生だけに留まらず、それらを手がけるエンジニアたちのモチベーションの低下にもつながりかねません。

・自社での経験、ノウハウ、販路がなく、市場におけるポジション確保が難しい。
・ビジネスの規模が企業の基準に達しない。
・主力事業と競合関係にある。
・主力事業ではないために、振り向けられる経営資源が限られる。

カーブアウトでは、戦略的に切り出

カーブアウトベンチャーの意義

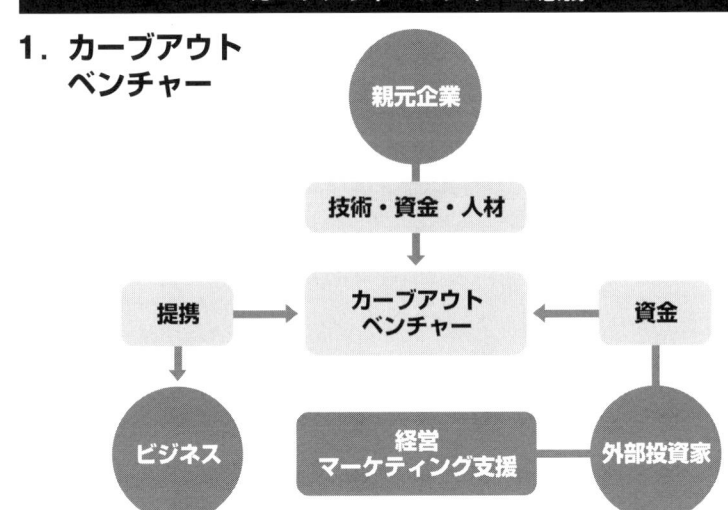

1. カーブアウトベンチャー

親元企業 → 技術・資金・人材 → カーブアウトベンチャー

提携 → カーブアウトベンチャー ← 資金

ビジネス — 経営マーケティング支援 — 外部投資家

2. カーブアウトベンチャーの課題とその対応

[1] 企業内のベンチャー意識の欠如→幹部の意識改革が必要
[2] 企業内ベンチャー体制の整備→ベンチャー成功のための体制確立
[3] 資金支援体制の整備→外部資金の活用
[4] カーブアウト戦略の企画立案→中長期事業計画の策定の具体化
[5] 提携企業の評価→「ヒト」「モノ」の評価基準の確立

資源を取り込むことで、事業の独立性を高めます。

これにより、新規事業で問題となる社内のさまざまなしがらみを断ち切ることができます。

また、カーブアウトを積極的なアライアンス戦略と位置づけることで、協業関係にある親元企業、カーブアウトベンチャー、パートナー企業がそれぞれに持つ「強み」をフルに発揮し、スピード感のある新規事業の展開が期待できます。

カーブアウトのスキームしだいでは、成功したカーブアウトベンチャーを親元企業が買い戻す権利を持つことができるため、自社の中長期的な成長戦略の一環として、カーブアウトの活用が検討されはじめています。

Section 51

ベンチャーの資金調達はビジネスプランが決め手

事業化のための資金調達方法

日本では、ベンチャーキャピタルの支援が起業家の金字塔となる。

●事業化のための資金調達について

事業化のための資金調達は、大企業においてはあまり問題とはならず、むしろベンチャー企業にとっては、死活問題となります。ここでは主として、ベンチャー企業について述べます。

ベンチャー企業が事業化（ビジネスプラン）を実行するためには、十分な企画・計画が必要です。なぜならば、ビジネスプランのでき具合によっては、資金の集まり方が違ってくるからです。

① ベンチャー企業のビジネスプランのポイント

ベンチャーに出資する人は、どちらかというと"夢を買う人"です。ダメならダメとあきらめるのが、本来のベンチャーキャピタルです。このために全体のトーンは、「いかにうまくいくか、うまくいったらどうなるか」というビジョンを示すことが重要です。

② 大企業の新規事業展開のビジネスプランのポイント

既存の大企業の新規事業展開は、会社にとって重要だとわかってはいても、現実的には、「失敗したらどうしよう」「本業にまで悪影響が出ないだろうか」と考えます。このためビジネスプラン作成のポイントは、「守りのビジネスプランとして悲観論ベース（いかにリスクが少ないか）」を基本とします。

●日本のベンチャーキャピタルの投資の意思決定

ベンチャーキャピタルは、資金を投資してくれる組織・人で、エンジェルのようなイメージがあります。

しかし、多くのベンチャーキャピタルはファンドとして、政府、銀行、証券、民間、個人から資金を集め、その運用益を求めるビジネスです。このため、それぞれの資金の性質、生い立ち、人材、組織、風土などによって、業務や投資の方法にかなりの差があります。

銀行、証券系のベンチャーキャピタルにおいて、投資を決定するには、時間や説明文書等が必要となり、リスクの少ない方法論が採られ、良識的な結論となります。

事業化のための資金調達

1．資金調達方法

[1] 融資
　→ 身内借入れ、公的融資、プロパー融資など
[2] 補助金・助成金
　→ 経済産業省系、厚生労働省系など
[3] 法律の承認
　→ 中小企業新事業活動促進法など
[4] 投資
　→ ベンチャーキャピタル、投資育成株式会社など
[5] 社債
　→ 少人数私募債、特定社債制度など

2．事業化段階における資金調達環境の不整備

背景

・ベンチャー企業の育成が不十分
・産学官のベンチャー企業の取り組みが行われていなかった
・ベンチャーキャピタル体制の不備
・中小企業への銀行支援が不動産担保のみに限られていた
・中小企業・ベンチャー企業に対する経営の目利き・価値評価する人材が銀行やベンチャーキャピタルサイドに不足している

事業化段階での企業リスク

・製品開発のリスク
・顧客リスク
・資金調達リスク
・競合企業へのリスク

今後、資金融資環境の整備が急務である

Section 52

集団帰属意識が企業家精神の高揚を阻害

事業化を推進する人材像

技術経営プロフェッショナルと経営幹部の意識改革が重要となる。

経営人材による新事業への挑戦が最も効果的であることは、1990年代の米国を見れば明らかです。

グローバル競争に打ち勝つために、確固たる価値観を備えて、そのうえで技術経営（事業化推進）を実践することが必要となります。

日本においては、左図に示した集団帰属性が、企業家精神の高揚を阻害していると言えます。また、日本で最も不足しているのが、起業家を含む技術経営人材です。日本企業が現在、最も必要としているのは、集団帰属性の高い模範社員ではなく、図に定義するような技術経営人材、すなわち技術経営プロフェッショナルです。

事業化推進を実践する人材像としては、技術経営実務経験に加えてリスクマネジメント力、新事業企画力、市場環境分析力、技術評価力、経済性評価力、自社技術資源活用力、プロジェクトマネジメント力が求められます。

● 事業化推進の人材に期待する戦略的業務

現在、日本のすべての企業にとっての急務は、技術革新による新製品開発とその事業の立ち上げです。企業にとっての新技術開発、新製品開発、新事業推進業務は、まさに企業の将来を決定づける戦略的業務です。事業を推進する人材は、その戦略的業務を担う中核的人材と位置づけられています。

事業を推進する人材は、大企業においては社内起業家として活躍し、スピンオフベンチャーの経営者となります。また、事業個人（SOHO）としてベンチャーを創業し、経営することが期待されています。

● 技術経営の人材に要求される能力

グローバル競争の激化により大企業の国内雇用力が低下している現在、技術立国・日本の再生には、有能な技術トマネジメント力が求められます。そが期待されています。

事業化を推進する人材像

1．労働価値意識の変革と課題

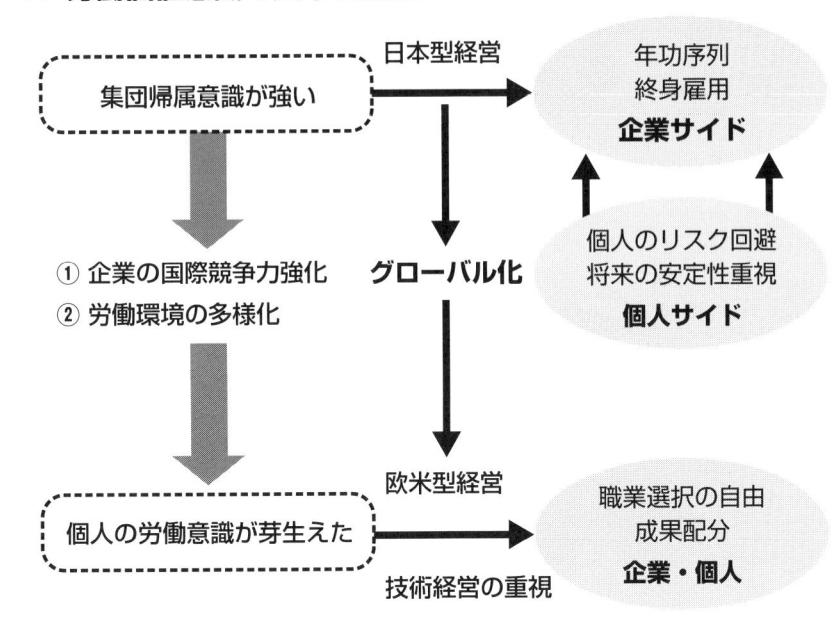

```
                    日本型経営         年功序列
  ┌ ─ ─ ─ ─ ─ ─ ─ ┐ ───────→      終身雇用
  │ 集団帰属意識が強い │              企業サイド
  └ ─ ─ ─ ─ ─ ─ ─ ┘                 ↑    ↑
         │                      個人のリスク回避
         │         グローバル化     将来の安定性重視
  ① 企業の国際競争力強化              個人サイド
  ② 労働環境の多様化
         │
         ↓         欧米型経営      職業選択の自由
  ┌ ─ ─ ─ ─ ─ ─ ─ ┐ ───────→     成果配分
  │個人の労働意識が芽生えた│           企業・個人
  └ ─ ─ ─ ─ ─ ─ ─ ┘
              技術経営の重視
```

課題 政府のフリーター、ニート対策
大学・企業の技術経営教育の充実

2．技術経営に携わる人材像

[1] 大学等技術経営知識習得ならびに企業での専門教育受講者
[2] 戦略製品開発プロジェクトの経験を有する者
[3] 専門企業にスカウトされる市場価値を備えている者
[4] 自己啓発と向上・創造意欲の強い者
[5] 起業による自己実現を重視する者
[6] 外部環境の変化に敏感でその対応が可能な者
[7] 第三者に対して自己表現が明確にできる者
[8] 失敗を成功に転化でき、逆境に強い者
[9] 自己責任意識が強く、自己犠牲をいとわない者

Section 53

プロジェクト全体の最適化がマネジメント

事業化段階での企業内マネジメントの要点

リーダーの選別と組織体制、プロジェクト戦略がポイントとなる。

● 事業化段階での管理とマネジメントの違い

管理とは、すべての生産プロセスの最適化を図ることです。すなわち、均一で高品質の製品を大量に安く作る場合、必要なプロセスイノベーションには、厳しいルールや明確な数値などの管理指標を厳守することが不可欠で、例外を極端に嫌います。

一方、マネジメントの本質は、統一的、均一的に管理をするのではなく、個々それぞれに対応していくことと言えます。マネジメントとは、現場においてこそ必要な概念です。言い換えれば、「何を作るか」というプロダクトイノベーションのような場合に適した不確実なマネジメントの方法論と言えます。

● 事業化段階のマネジメントの要点

事業化を推進する場合はプロジェクトによるところがほとんどで、このマネジメントをプロジェクトマネジメントと呼んでいます。

プロジェクトマネジメントは、個別の能力や適性を十分に把握・活用したうえで、全体の最適化を図ることです。

そのためには、プロジェクトリーダーには、共通の理念や目的の共有化などをメンバーに示すことが求められます。すなわち、リーダーの役割、資質、能力、専門知識、実務経験等がきわめて重要となるわけです。

また、プロジェクトメンバーは専門知識、実務経験、分析能力、市場分析力等に優れた者を選ぶべきです。

プロジェクトの目的を達成するためには、商品企画が最も重要となります。商品事業化の基本プランが商品企画です。技術の将来性、市場・需要予測、販売戦略、事業計画、収益計画等、正しく事業化の基本を計画し、それぞれの段階で最適化を図っていくことが、マネジメントに課せられたタスクなのです。

また、プロジェクト推進上、フレキシブルで、フラット型の組織が良いとされています。今後、充分検討する必要があります。

事業化段階でのマネジメントの要点

1. 管理とマネジメントの違い

	管理	マネジメント
組織	ピラミットタイプ レスポンス鈍い	フラットタイプ フレキシブル
指揮命令	トップダウン	ボトムアップ
業務効率	よくない	よい
体制	縦割り 他の部署との連携が少ない	縦・横併用 関連部署との連携がよい

2. プロジェクト・マネジメントの推進要点

- 製品開発・商品開発は、事業化部門の参画によるプロジェクト
- プロジェクト・マネージャーの役割が重要
- プロジェクト・マネージャーは、工程表（スケジュール）管理と調整が重要
- プロジェクトメンバーは、マネージャーの立場を理解し、他のメンバーと協力して目的を達成することに努力する

COLUMN・5

新商品事業化の
リスクマネジメント

　ベンチャー企業や中小企業にとって新商品の事業化は、企業の存続を賭けた必死の戦いです。ここで事業化のための事業性やリスクをどのように評価したらよいのか、検討してみます。

　事業性評価手法の一つにDCF法（Discounted Cash Flow Analysis）、すなわち収益還元法と呼ばれるものがあります。DCF法は、新商品を事業化したときの収益モデル（売上げ、コスト）をベースに将来のキャッシュフローを算出し、現在価値に割り引いたものの総和として、事業価値を求めるものです。

　しかし、現在世の中にない商品の場合、将来のキャッシュフローを算出しようにも、市場規模や価格設定による売上見込みがよくわからないため、事業化においては不確実な要因が多数存在し、その算出が困難となります。したがって、新商品の事業化を検討するうえでリスクが伴うことになります。

　次に、リスクの評価について検討します。事業の収益モデルに不確実な要素が含まれている場合は、不確実な値を確率分布に従って求めることで、不確実性をモデル化することができます。このモデルを用いてモンテカルロ・シミュレーションを行うことによって、事業価値全体がどの程度変化するのかを把握することが可能です。

　企業が安定的かつ持続的に成長していくには、リスクの低い商品と、リスクは大きいが先行者利益の高い商品とに、資源をバランスよく効率的に配分することが必要になります。こうすることで、リスク分散が可能となります。

　ステージゲート・プロセス手法によって、新商品開発のプロセスをいくつかのステージに分けて、ステージごとの目標達成度を検証しながら次のステップに進めば、投資効率が向上することになります。

　ポートフォリオ・マネジメントによる価値最大化と投資の適正なバランス化を図ることによって、最終的に選択された開発ポートフォリオが全社戦略、あるいは事業戦略と整合性が取れているのか確認する必要があります。

第6章 シナリオ・プランニングによるビジネスモデルの設計と評価

Section 54
シナリオ・プランニングとは何か

Section 55
産業バリューチェーンでビジネス全体を鳥瞰する

Section 56
外部環境分析の要点

Section 57
事業環境の不確実性を解明する

Section 58
シナリオドライバーをどのように抽出するか

Section 59
シナリオの構築方法は

Section 60
静的ビジネスモデルの作り方

Section 61
動的ビジネスモデルとは

Section 62
ビジネスモデルはどのように評価して再設計すればよいのか

Section 54

シナリオ・プランニングとは何か

予想される事業環境に応じて、異なった未来像を予測する

事業環境の変化を生む不確定要素を認識することにより、危機管理と同時に事業機会を創出する。

● シナリオ・プランニングとは何か

シナリオ・プランニングは、未来が不確実であることを受け入れ、複数の未来シナリオのどれが実現しても対応できるような準備をしておくという意思決定を行うための手法です。十分に起こる可能性のある複数の未来像を想定したうえで、構造が異なる複数の未来像を描き出します。

たとえば、開発すべき製品やサービスについて、複数のシナリオを想定して、限られた機会を活かす戦略を策定して分析を行い、事業化計画を立てるときに有用な手法です。

● 自社の行動と事業環境との区別

シナリオには、自社では直接コントロールができない、市場や競合企業の動向などの不確実な事業環境が含まれます。将来をピンポイントで予測して、精度の高い計画をするという手法ではなく、複数の「シナリオ」に対応した実性は企業を策定することが特徴です。不確実性は企業にとって脅威であるとともに、新たな成長の機会でもあります。不確実性による自社のリスクを低減し、限られた機会を活かす戦略を策定することができます。

シナリオ・プランニングでは、事業環境と自社の行動とを区分して扱います。自社の意思で実施する場合は自社でコントロールできますが、事業環境は外部要因であるため、自社でコントロールできないからです。ここで問題になるのが、自社の行動によって事業環境が変化するという、相互作用の取り扱いです。寡占市場では自社の行動が事業環境と関連することもあります。

● シナリオ・プランニングの作成手順

シナリオ・プランニングを実践的に活用する手順は、まず、(1)ビジネスを取り巻く外部環境分析のために、産業バリューチェーンをマクロとミクロの視点から分析します。次に、(2)シナリオを複数作成するために、シナリオドライバーを絞り込み、シナリオの骨子を固めます。そして、(3)シナリオごとに静的ビジネスモデルと動的ビジネスモデルを策定します。

シナリオ・プランニングの手順

（1）ビジネスを取り巻く外部環境分析

- 産業バリューチェーン分析
  ↓
- マクロ環境分析（PEST分析）
  ↓
- ミクロ環境分析（5つの力分析）

↓

（2）シナリオの作成

- シナリオドライバーの抽出
  ↓
- シナリオ骨子の作成

↓

（3）シナリオごとにビジネスモデルを策定

- 静的ビジネスモデル作成
  ↓
- 動的ビジネスモデル作成

※ただし、この順序で一度だけ実施すればよいというものではなく、内容を高度化しながら繰り返し策定する

Section 55

産業バリューチェーンで
ビジネス全体を鳥瞰する

ビジネスモデルの検討対象となる範囲を定める

対象とするビジネスが成り立つように、上流の原材料から下流のサービスまでを関連づけて流れを示す。

●産業バリューチェーンの定義

産業バリューチェーンは、対象とする産業の付加価値の源泉や、主要成功要因を分析するために有効なフレームです。検討対象の事業における素材・部品の調達、開発、生産、マーケティング、販売、物流、サービスという価値を顧客に提供するまでのつながり、つまり、バリューチェーンの流れを示します。

●産業バリューチェーンの範囲

対象事業や産業の川上と川下に拡張して、産業バリューチェーンを作成します。原則として川上とは、主要な原材料が一次品として調達される段階で、川下とは最終消費者に販売されるまでの範囲を対象とします。産業連関の川上や川下における変化が事業環境に大きな影響を与えることがあるため、それらを認識して分析します。

●産業バリューチェーンの分析

分析では、プロセス間のヒト・モノ・カネ・情報の連鎖を認識して、各プロセスの特徴やそれぞれのプロセスを左図に示しています。不動産管理機能を左図に示しています。不動産管理ASP事業は不動産の運用と管理で付加価値を生んでおり、これらのサービスを低価格で提供することが特長とし

て考えることにします。事例として、複数の不動産の運用効率向上を図るための各種運用・管理ツール、ASP（アプリケーション・サービス・プロバイダー）を取り上げます。施設の企画から施工、運用、管理までの一連の機能を左図に示しています。不動産管理ASP事業は不動産の運用と管理で付加価値を生んでおり、これらのサービスを低価格で提供することが特長です。

●不動産管理ASP事業の事例

産業バリューチェーンの事例を通して考えることにします。事例として、複数の不動産の運用効率向上を図るための各種運用・管理ツール、ASP（アプリケーション・サービス・プロバイダー）を取り上げます。施設の企画から施工、運用、管理までの一連の機能を左図に示しています。不動産管理ASP事業は不動産の運用と管理で付加価値を生んでおり、これらのサービスを低価格で提供することが特長です。

検討対象の新事業や新製品を念頭に置いて、価値を生み出すプロセスや成功要因を洗い出し、自社がメインとなるプロセスの中で、自社がメインとなるプロセスや他社とアライアンスを組むべきプロセスを識別します。

す。どの部分で付加価値が生み出されているのか、どの部分に強み・弱みがあるのかを調査、分析します。

産業バリューチェーン

素材・部品調達 → 開発 → 生産 → マーケティング → 販売 → 物流 → サービス

ヒト・モノ・カネ・情報の連鎖(チェーン)

↓

| どの部分(機能)で、付加価値が生み出されているか | どの部分に強み、弱みがあるか | 〈分析・調査〉 |

↓

- 対象会社の付加価値のつき方
- 主要成功要因
- 自社の強み、弱み
- コアコンピタンス

〈発見・確認〉

不動産管理ASPの事例

施設企画
- 施設企画 → 施設設計 → 施設施工 → 施設の不動産としての流通 → 施設運用 → 施設管理 → 施設利用者

成功要因
- 施設企画：事業価値の絞り込み、ライフサイクル収益計画
- 施設設計：快適性、利便性の向上
- 施設施工：施工費用の削減、工期の短縮
- 施設の不動産としての流通：不動産の適正な評価、投資家への情報公開
- 施設運用：省エネ対策、施設運用費用の削減
- 施設管理：施設運用情報の蓄積・分析
- 施設利用者：施設利用者の利便性向上

Section 56

事業環境に影響を与えるマクロ的要因を把握する

外部環境分析の要点

政治的、経済的、社会的、技術的な四つの外部要因の英語の頭文字を組み合わせて"PEST"と表現する。

● 環境変化要因とは何か

マクロ的な環境変化要因を抽出するために、"PEST"というフレームワークがあります。

● マクロ環境に影響を及ぼすもの

産業バリューチェーンで対象となる分野の上流から下流までの全体像を把握したところで、次は、それに影響を与えるマクロ的な環境変化要因を洗い出します。マクロ的な環境変化は産業バリューチェーンに影響を与え、各機能の主要な成功要因さえも変化させる力があります。

①政治的環境変化要因（P：Political）

政治的な環境変化要因として、国際政治動向の変化やマクロ経済政策の変更、産業規制の変化、税制の変更、または各種規制の緩和や強化などがあります。企業活動がグローバルになり、各国の市場が密接に関連しているため、国際的な政治動向は大きな環境変化要因となります。米国との貿易摩擦や中国からの輸入品の規制問題などが産業バリューチェーンに影響を与えます。

②経済的環境変化要因（E：Economic）

経済的な環境変化要因として、各国の経済成長、特定産業における市場規模や範囲の変化、為替相場や金利の変動、エネルギーや素材の価格変動、特定の大規模プロジェクトの動向など、原材料の調達や社会インフラに関わる要素が環境変化要因となります

③社会的環境変化要因（S：Sociological）

社会的な環境変化要因として、人口動態の変化、環境保全など、社会的意識や世論の変化、大規模災害や重大な疫病の発生などを挙げることができます。これらの要因は市場や顧客を介して産業バリューチェーンに影響を与える要因です。

④技術的環境変化要因（T：Technological）

技術革新は関連する業界に変化をもたらし、それが画期的なものであれば周囲に与える影響が大きくなります。たとえば、インターネットなどの情報技術の革新は、ほとんどすべての産業

外部環境分析（不動産管理ASP事業の事例）

P（政治的な環境変化要因）

- 改正SPC（特別目的会社）法および改正投資信託法などの法整備
- 自治体レベルでのストックマネジメント対応施策の推進
- 施設へのエネルギーである電気・ガスなどの供給自由化

E（経済的な環境変化要因）

- 不動産投資ファンド、企業資産の証券化進展
- ROA（総資産利益率）向上のための不動産オフバランスの推進
- 不動産運用、施設管理のアウトソーシング化
- 減損会計の導入を背景に、一般企業においてもキャッシュフローに立脚した資産評価手法を活用

S（社会的な環境変化要因）

- 投資家などへの的確な情報開示
- オフィスの過剰供給
- エネルギー節約への関心の高まり

T（技術的な環境変化要因）

- ブロードバンドネットワーク環境
- 情報セキュリティ技術の高度化
- ASP（アプリケーション・サービス・プロバイダー）技術の進展

●不動産管理ASP事業の事例

上図は不動産管理ASP事業の外部環境要因を洗い出したものです。「改正SPC法や投資信託法などの法整備により不動産の流動化の進展」という環境変化が起きています。また、「電気・ガスのエネルギー供給元が自由化」されることは政治的環境変化要因と言えます。

経済的な環境変化としては、企業会計から不動産を切り離して固定資産を減少させる「不動産のオフバランス化」や「減損会計が導入され、キャッシュフローを基にした資産評価が重要視」される傾向にあります。

社会的環境変化では、「投資対象不動産の情報開示」、技術的環境変化は、「情報セキュリティ技術の高度化」がシステム評価の重要ポイントとなってきています。

事業環境の不確実性を解明する

市場や競合などのミクロ的な外部環境を分析する

新規参入の脅威、既存企業との競合、代替品の脅威、顧客の交渉力、供給業者の交渉力という五つの視点から市場の競争環境を分析する。

●五つの力

ミクロ的な外部環境分析の手法として「五つの力」を紹介します。マイケル・ポーターが業界の収益構造を分析するためのツールとして提唱しているものです。産業における五つの力の現状と将来の変化に着目し、事業環境変化を予見します。

①新規参入の脅威

対象とする事業分野への新規参入する際、その難易度は参入障壁の高さによって決まります。参入障壁の高さは、産業における利益率を決める最大の要因の一つと言われています。

参入障壁は、優位な生産オペレーション、消費者が他社製品に切り替えるときのコスト、政府規制などの要因で高くなります。

②既存企業との競合

競合他社の力が強く数が多ければ、その市場は競争が激しく、魅力度は低下します。逆に、競合他社の力が弱ければ、企業は商品やサービスの価格を上げて、より大きな利益を得ることができます。

既存企業との競合の度合は、産業の競争構造、需要の条件、市場などによって決定されます。競合が激しい場合でも、景気や需要の増大などの環境変化で売上げが上昇することもありますが、不景気で需要が減少する際には、競合は商品やサービスの価格を下げ、競合をさらに激しくします。

③代替品の脅威

競争は現存している製品だけでなく、代替品があるとその市場で利益を継続的に上げることが難しくなります。産業レベルの代替商品の例として、映画産業に対するレンタルビデオ産業があります。

④顧客の交渉力

購買者にとって仕入先の選択肢が広ければ、価格や品質に対して厳しい要求を出すことができます。自動車産業では購買者のパワーで、自動車部品業界に対して強い交渉力を持っています。

⑤供給業者の交渉力

供給業者の製品やサービスが他のも

事業環境の不確定性（不動産ASPの事例）

```
                    新規参入者
                       │
                   新規参入の脅威
                       ↓
供給者 ─売り手の交渉力→  競合        ←買い手の交渉力─ 顧客
                   競合関係の強さ
                       ↑
                   代替品・サービスの脅威
                       │
                    代替品
```

新規参入の脅威
- 不動産業務への外資系企業の参入
- 関連企業がキャッシュフロー向上のコンサルビジネスに参入

供給者の競争力
- 情報セキュリティ機能
- ネットワークによる情報の一元化

既存競合企業同士の競争
- 不動産資産のコンサル会社設立、またはシステム販売
- 不動産管理システムの低価格化

顧客の交渉力
- システムのサポート体制の充実
- 複数の不動産資産を持つ顧客への対応力

代替品・サービスの脅威
- 専門家として不動産の運用管理を実践するアセットマネージャーやプロパティマネージャーの登場

●不動産管理ASP事業の事例

不動産管理ASP事業の既存競合企業は、「不動産資産のコンサル会社の設立やシステム販売」をはじめており、「不動産管理システム自体も低価格化」での競争となっています。新規参入として、「外資系企業の参入」という脅威があります。顧客の交渉力としては、「顧客はシステムのサポート体制の充実」を要求しており、これらの要求に応えることが重要なポイントとして認識されています。供給業者との交渉力は、「システムインテグレーターやデータセンターなどの情報セキュリティ機能」が要点となります。

このようにして外部競争環境を分析するとき、五つの視点で整理できます。

のと代替することが難しいとき、供給業者の力が強くなります。マイクロソフトやインテルなどの市場占有率が高い商品を購入するときに、売り手の交渉力を意識しなければなりません。

第6章●シナリオ・プランニングによるビジネスモデルの設計と評価

Section 58

シナリオドライバーをどのように抽出するか

不確実で事業に与える影響が大きな要素をシナリオの軸に据える

将来のビジネスを駆動する重要な要素を、シナリオドライバーとして絞り込む。

シナリオ作成のフェーズでは、シナリオドライバーを抽出して絞り込みから、複数のシナリオ骨子を作成します。

●シナリオドライバーとは何か

シナリオドライバーとは事業環境への影響度が大きく、かつ事業環境変化要因の不確実性が大きな要因です。外部環境分析により導かれた複数の要因を基にして検討します。

●不確実性とは

不確実性には二つの異なる性質があります。一つは要因自体が発生するか否かという不確実性です。もう一つは、環境変化要因の発生後に状態変化が起こるか否かという不確実性です。シナリオで想定する期間を5年間と設定した場合、これら2種類の不確実性を認識して、自社への影響度が高い要因をシナリオドライバーとして抽出します。

●シナリオドライバーはどのように絞り込むのか

外部環境変化の要因は多くあるため、各要素相互の関係を見極めてグルーピングします。たとえば、原因と結果の関係になっている項目や同類のものを一つに括って主要因を選抜するなどして、最終的にはシナリオドライバーを二つに絞り込みます。

不確定要因の捉え方は、事業に取り組む立場によって異なります。そのため、立場の異なる複数の関係者が寄り集まって多様な視点から議論して、不確定要素の大小や自社への影響度について、相互の考え方を確認します。社会現象や人間の行動変化などの兆候を読み取るセンス、広範な人的ネットワーク、先見性などさまざまな要素から新しい法則を発見する洞察力が必要となります。

●不動産管理ASP事業の事例

不確実性が高く、自社への影響度が大きい要因を抽出しました。「キャッシュフローに対する意識の高まり」と「自治体レベルでのストックマネジメントに対応した施策の推進」とは因果関係があるので、最終的には一つにまとめました。

シナリオドライバーの抽出（不動産管理ASPの事例）

自社への影響度：大 ↕ 小
環境変化要因の持つ不確実性：小 ↔ 大

シナリオの脅威要因（影響度：大、不確実性：小）
- 関連企業がキャシュフロー向上、コンサルビジネスに参入
- 不動産管理システムの低価格化
- 既存競合企業が不動産資産コンサル会社設立、またはシステム販売

シナリオドライバー（影響度：大、不確実性：大）
- 不動産業務への外資系企業の参入
- キャシュフローに対する意識の高まり
- 自治体レベルでのストックマネジメントに対応した施策の推進

無視していい要因（影響度：小、不確実性：小）
- 企業資産の証券化進展
- 情報セキュリティ機能
- ネットワークによる情報の一元化
- 施設へのエネルギーである電気・ガスなどの供給自由化

動向を注視すべき要因（影響度：小、不確実性：大）
- 専門家として不動産の運用管理を実践するアセットマネージャーやプロパティマネージャーの登場
- 公共施設管理や企業施設管理が新規建設からストック管理へ
- ASP技術の進展
- 企業資産の運用管理業務のアウトソーシング化

Section 59

シナリオの構築方法は

絞り込まれたシナリオドライバーによるシナリオ創り

事業環境変化の分析から絞り込まれたシナリオドライバーを基軸として、複数のシナリオを描き出す。

●シナリオドライバーの取り得る状態を想定する

事業環境に継続的な変化をもたらすシナリオドライバーは5年程度の期間で、ある出来事が発生するのか、発生しないのかという二者択一として取り扱うのが適当です。この例としては、規制緩和、競合他社の戦略の変更、新規参入者の動向、技術革新の影響の有無などが挙げられます。

●ケースごとにシナリオを構築する

シナリオドライバーの絞り込みで抽出された二つの要因を使用して、それぞれのシナリオの内容を物語のように文章化しておきます。

シナリオは、将来の事業環境について箇条書きにまとめたものです。シナリオドライバーの将来の姿、その影響や発生時期、顧客や利害関係者の動向などを簡潔にまとめます。

シナリオの構築には、現状の事業環境と一線を画して、5年程度の期間を設定して、その期間内での事業環境を展望して、現在からその状態に至るまでの過程を検討します。

●不動産管理ASP事業の事例

シナリオドライバーとして抽出された「キャッシュフローに対する意識の高まり」と「不動産管理への外資企業の参入」の二つの軸でマトリックスを作成しました。これらの組み合わせで以下の四つのシナリオを想定しました。

Ⅰ　事業拡大‥キャッシュフローに対する意識が高まり、不動産管理と企業会計との関係が注目される。大口顧客との関係が深まる。

Ⅱ　競争激化‥強力なライバルを意識して、既存顧客を維持する。

Ⅲ　迷走‥市場が縮小し、競合が参入する。関連する新市場を模索する。

Ⅳ　ニッチ‥市場規模の伸びは期待できないが、ニッチな市場で独自のサービスを展開している。

138

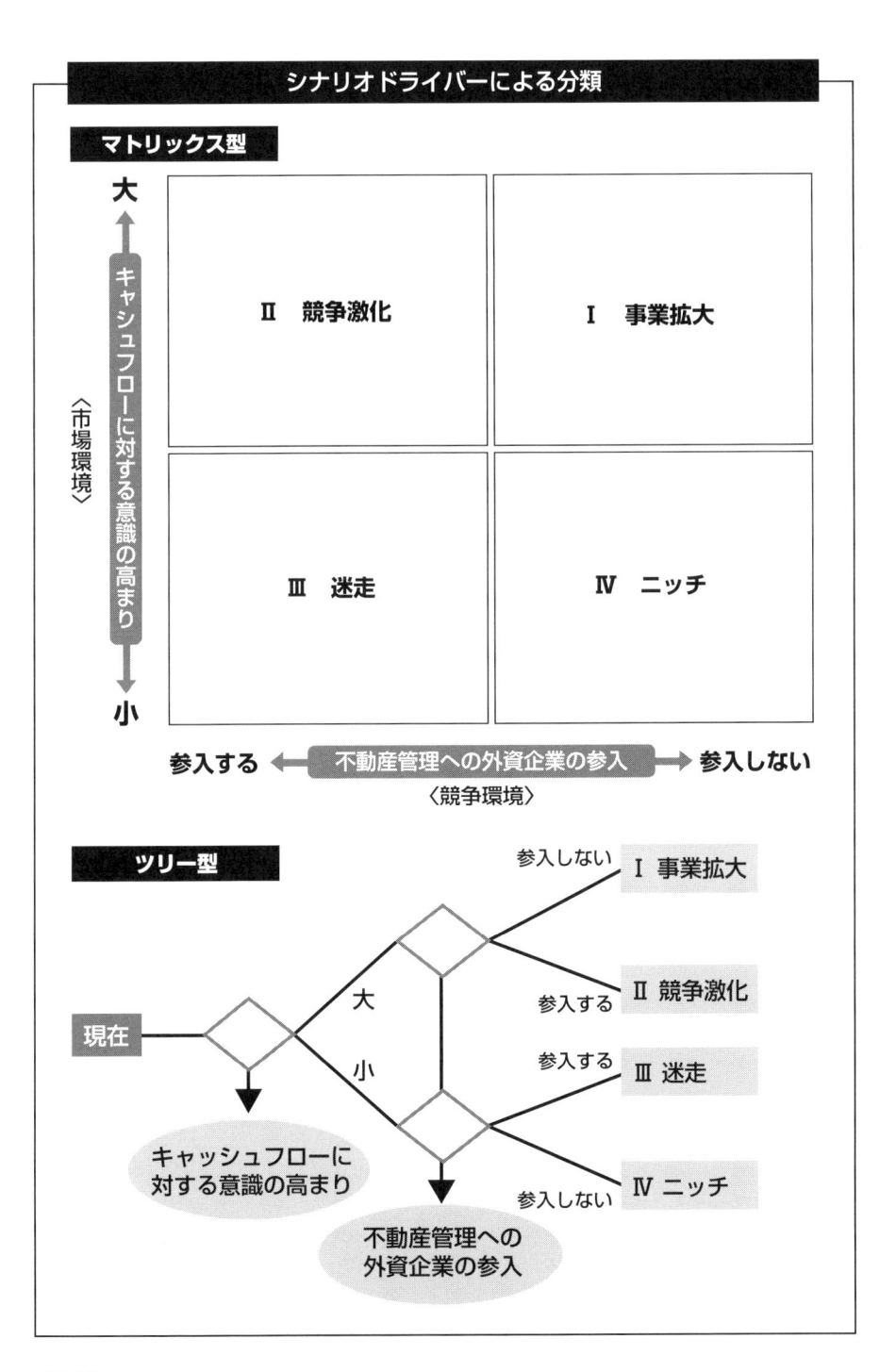

シナリオドライバーによる分類

マトリックス型

〈市場環境〉キャッシュフローに対する意識の高まり（大 ↔ 小）

	参入する	参入しない
大	Ⅱ 競争激化	Ⅰ 事業拡大
小	Ⅲ 迷走	Ⅳ ニッチ

← 参入する　不動産管理への外資企業の参入　参入しない →
〈競争環境〉

ツリー型

現在 →
- 大
  - 参入しない → Ⅰ 事業拡大
  - 参入する → Ⅱ 競争激化
- 小
  - 参入する → Ⅲ 迷走
  - 参入しない → Ⅳ ニッチ

キャッシュフローに対する意識の高まり
不動産管理への外資企業の参入

Section 60 そもそもビジネスモデルとは何を表しているのか

静的ビジネスモデルの作り方

だれに、何をどのように提供するのかを具体的に考える。

ビジネスモデルの構築のフェーズでは、シナリオごとに静的ビジネスモデルと動的ビジネスモデル（インフルエンス・ダイヤグラム）を作成します。

● **静的ビジネスモデルとは何か**

静的ビジネスモデルとは、ビジネスを行う仕組みそのものであり、現時点における事業の仕組みのスナップショットと言うことができます。技術者や実務家がビジネスの青写真を描こうとするとき、ビジネスのイメージをより具体化し、写真でビジネス全体を鳥瞰するような感覚で検討を深めていくためのツールとして使いこなすものです。

● **静的ビジネスモデルで取り扱う項目**

静的ビジネスモデルは、だれが、何をどのように提供するのかという項目で構成されます。モデルとしては現実に即しており、理解しやすいモデルです。「だれに」は事業の対象となるドメインで顧客の範囲や顧客特性、顧客と提供価値との関係などを具体的に表現したものです。「何を」は、提供価値のメインで顧客に表に提供する製品、サービス、その両方を結合した顧客価値をオリジナリティや価格で差別化したものです。「どのように提供するか」という価値を顧客に届けるビジネスプロセスの設計を、活用技術、チャネル、資源調達、資源配分、コアコンピタンスなどの項目から検討します。

● **静的ビジネスモデルのまとめ方**

静的ビジネスモデルは、表形式で複数の案をわかりやすく比較できます。縦軸に静的ビジネスモデル各構成要素を並べ、縦軸の要素に従って説明します。シナリオの構築で導かれた各シナリオを横に並べます。ビジネスモデルの各構成要素の変化がシナリオごとに比較できるため、シナリオの特徴を把握する際のチェックリストとしての役割を果たします。

ビジネスモデルのレビュー作業もこのマトリックスを使用して行うことができるため、シナリオ・プランニングに携わる全員が、各々の立場から議論に加わることができます。そうするこ

シナリオ別の静的ビジネスモデル（不動産管理ASP事業の事例）

		シナリオ			
		Ⅰ 事業拡大	Ⅱ 競争激化	Ⅲ 迷走	Ⅳ ニッチ
ターゲット顧客		・顧客の顧客 ・地方自治体	・ターゲット顧客の選択と集中	・新規顧客の探索	・ターゲット業種の絞り込み
提供価値		・中長期維持管理計画	・低価格サービス	・メニューの絞り込み	・金融や保険との融合
価値提供方法	ビジネスプロセス	・インターネットによるダイレクトな情報流通	・同左	・同左	・同左
	活用技術	・ASP ・セキュリティ ・データセンター	・同左	・同左	・同左
	チャネル	・サービス専門会社	・親会社での竣工施設サービス網	・サービス専門会社	・顧客の囲い込み
	資源調達	・自治体施設管理での外部連携	・集中と選択	・集中と選択	・自治体施設管理での外部連携
	資源配分	・サポート体制 ・データセンターの充実	・同左	・同左	・同左
	コアコンピタンス	・システムインテグレーション	・親企業と連携した営業体制	・カスタマイズ	・カスタマイズ

とにより、さまざまな角度から検討が可能になります。各自の持っている個人的な認識の違いに気づくことにより、より客観的なビジネスモデルの理解につながります。

ビジネスモデルの構成要素は、最初は網羅的に挙げて議論し、各自の発想を促すものですが、最終的に整理する際には、違いのある項目でビジネスモデルの特徴を説明します。

● **不動産管理ASP事業の事例**

不動産管理ASP事業のシナリオとして、Ⅰ事業拡大、Ⅱ競争激化、Ⅲ迷走、Ⅳニッチの四つについて静的ビジネスモデルの各要素を並べて比較しました。ターゲット顧客と提供価値はシナリオごとに変化しています。価値提供方法については各シナリオで共通のものがあり、このケースでは「ビジネスプロセス」、「活用技術」、「資源配分」は共通なので無視しても差し支えない項目と考えられます。

Section 61

動的ビジネスモデルとは

事業化価値を基にしてビジネス要素を好循環させる

収益を投資に循環させる流れとして、事業目的、コア技術、活動、判断などの連関を表現する。

●動的ビジネスモデルとは何か

動的ビジネスモデルはビジネスのさまざまな要素が好循環で結ばれる、循環型のモデルです。多くのビジネスモデルは、ビジネスを実行するにつれて、その競争的な優位性が強化される仕組みになっています。この好循環が「先行者利益」と呼ばれる競争優位の源になっています。そして、この好循環関係の表示には、インフルエンス・ダイヤグラムを用いると便利です。

●インフルエンス・ダイヤグラムの作成方法

インフルエンス・ダイヤグラムを作成するには、最初にビジネスモデルの事業化価値を定義します。「事業化価値」を出発点として、シナリオ構築で検討した産業バリューチェーンの成功要因や事業環境分析で抽出した要因、さらには静的ビジネスモデルで六つの価値提供として検討したビジネスプロセス、活用技術、チャネル、資源調達、資源配分、コアコンピタンスを変動要素として連携させます。人・モノ・金などの経営資源に関する意思決定が必要な局面には「意思決定要素」を配置して、好循環が維持できるような流れを作ります。

●循環の継続と終焉

インフルエンス・ダイヤグラムはシナリオごとに作成して検討します。インフルエンス・ダイヤグラムを各シナリオと照らし合わせて、将来ともこの好循環を継続するためにはどうすればよいかを検討します。

●不動産管理ASP事業の事例

不動産管理ASP事業の動的ビジネスモデルは「利益の継続的拡大」という事業化価値を基点として、収益を「サポート・教育体制充実」や「不動産業務としての人材育成」に投資します。外部との連携も考慮して「ソフトの魅力」と「新商品開発力強化」を増すことがコアコンピタンスです。これらにより、「契約を増加」して、「利益の継続的拡大」に貢献する好循環を維持する姿を描いています。

インフルエンス・ダイヤグラム（不動産管理ASP事業の事例）

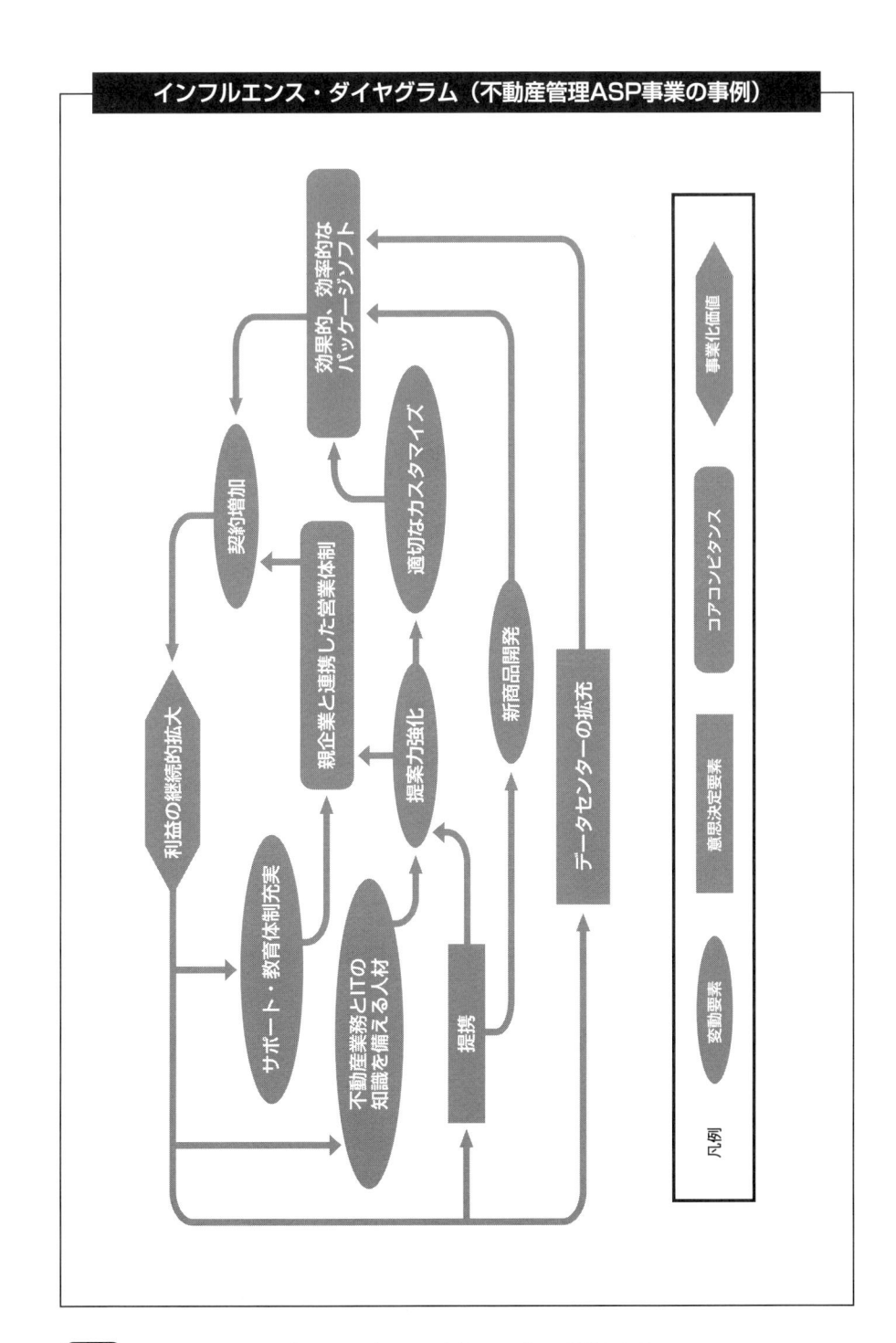

凡例
- 事業化価値
- コアコンピタンス
- 意思決定要素
- 変動要素

図中の要素：
- 効果的、効率的なパッケージソフト
- 契約増加
- 適切なカスタマイズ
- 利益の継続的拡大
- 親企業と連携した営業体制
- 提案力強化
- 新商品開発
- データセンターの拡充
- サポート・教育体制充実
- 不動産業務とITの知識を備える人材
- 提携

第6章●シナリオ・プランニングによるビジネスモデルの設計と評価

Section 62 ビジネスモデルを評価して再設計する

ビジネスモデルはどのように評価して再設計すればよいのか

ビジネスモデルの評価には、外部環境分析、コンセプト、技術競争力分析、モデリング、収益分析などがあり、その評価結果からビジネスモデルを再設計する。

● ビジネスモデルの評価はどのように行うか

ビジネスモデルを評価するときに考慮すべき項目には、外部環境分析の度合、事業コンセプト、技術競争力分析状況、モデリングの状態、収益分析などがあります。シナリオドライバーを抽出したプロセス、静的ビジネスモデルや動的ビジネスモデルの策定プロセスなどで、検討状況が評価項目になります。コンセプトにはミッションとビジョンの整合性や価値創造の熟成度が問われます。技術競争力の評価には、技術の革新性や知的財産の市場性などが含まれます。収益分析は第7章でも取り上げるテーマですが、利益のパターン、利益の源泉についての実現性の度合を評価します。

これらの各評価項目について、レベルを評価し、その結果をレーダーチャートで表現すれば、強みと弱みを視覚的に浮き彫りにできます。

● ビジネスモデルの再構築

事業コンセプト、技術・製品を所与条件として、ビジネスモデリング、市場性、収益性のパラメーターを変化させて収益を最大化するようなモデルや、収益を変動させる主要因を評価、検討します。ビジネスモデルの評価には三つのステップがあります。

① 第一ステップ

モデリング、市場性、収益は相互に関連しています。これらの関連性に留意して検討し、再構築します。

② 第二ステップ

第一ステップの範囲では収益性の確保が難しい場合は、左図の②のループで、技術・製品競争力に立ち返り、製品仕様やその実現可能性等を検討し直し、再構築します。

③ 第三ステップ

さらに、ビジネスモデルの基本から見直す場合には③のループに従い、ビジネスコンセプトに立ち返って見直します。

このような評価ループを回すことによって、ビジネスモデルの内容と質を確実に向上させることができます。

ビジネスモデルの評価フロー

ビジネスモデル総合評価

外部環境分析

産業バリューチェーン分析（①機能、②成功要因）、PEST分析（③政治的、④経済的、⑤社会的、⑥技術的）、5つの力分析（⑦新規参入の脅威、⑧既存競合企業同士の競争、⑨代替品・サービスの脅威、⑩顧客の交渉力、⑪供給者の交渉力）、⑫環境リスク分析

コンセプト

①ミッション・ビジョンとの整合、②価値創造（社会価値など）があるか、③差別度、④優位度、⑤本質熟成度、⑥納得度

技術競争力分析

①技術の革新性、②知的資産/特許、技術の市場性（③売上ポテンシャル、④売上高の持続性、⑤外部不確実性）、技術のコスト（⑥事業化コスト、⑦開発コスト、⑧内的不確実性）

モデリング

①シナリオドライバーの絞り込み、②シナリオ構築、③静的ビジネスモデル、④動的ビジネスモデル、⑤競合他社の分析

コンセプト

①利益ゾーンの把握、②利益パターンの把握、③利益源泉図、④利益構造図、⑤収益シミュレーションの作成・実行（ベースケース）、⑥シミュレーションによる事業評価（感度分析、リスク分析、ベストテン仮説…）

外部環境分析
↕
コンセプト ←┄┄┄┄┄┐
↓   ③
技術競争力分析 ←┄┄┐
↓   ②
モデリング
↙   ↘
市場性 ⇔ 収益分析
①

COLUMN●6

シナリオ・プランニングの生い立ち

　シナリオ・プランニングは第二次世界大戦後の米空軍の戦略策定からはじまったと言われています。その後、民間でもシナリオ・プランニングが研究されるようになり、1960年代後半には事業環境を予測するための手法として洗練されていきました。

　その中で、ロイヤル・ダッチ・シェルによって作成された、石油輸出国機構（OPEC）による石油危機が有名です。これは、将来の不確実な事業環境についてシナリオを策定したものでした。つまり、石油価格が安定するのか、それとも石油危機が起こるのかというシナリオ別に、それぞれのビジネスモデルを事前に検討しておいたのです。

　1973年に第一次石油危機が起こる以前に、すでにシナリオに基づいて石油危機に対する準備ができていたということです。そのため、石油危機が実際にはじまっても動じることなく、迅速に対応できました。すべてが、事前に「想定した範囲内」で推移したようです。

　その後、シェルでは、シナリオ・プランニングは将来の予測ばかりでなく、意思決定のスキル向上という組織的な学習にも重点が置かれるようになりました。将来起こり得る事業環境を事前に想定しておき、対処方法を準備しておくということです。

　ビジネスモデルに潜む不確実性を見通す先見性は、経営者にとっては最も大切な資質の一つです。事例で示した不動産管理ASP事業では、その後、不確実性に対して順調に対応できたようです。

　外資系企業の不動産管理ソフトへの参入は、単体のソフトでは仕掛けられたものの、ASPというネットワークを利用した形態での参入は、これまではないようです。そして、不動産のオフバランス化による不動産の証券化が急激に加速したことを背景として、不動産管理に対する透明性が要求されるようになりました。そのために、ASPによる不動産管理の需要はますます高まりました。

　不確実性が、不動産管理ASP事業にとってプラスに作用して、業績も伸びているようです。

第7章 企業価値の創造と評価のために

Section 63
DCF法とは何か

Section 64
リアルオプション法で事業価値を評価する

Section 65
STAR法とは何か

Section 66
新事業評価法とは何か

Section 67
ステージゲート法とは何か

Section 68
22種類の利益モデルとはどんなものか

Section 69
利益モデルの活用の要点は何か

Section 70
利益の源泉分析とは何か

Section 71
ビジネスモデルと利益モデルはどのように関係しているか

Section 72
コーポレート・ベンチャー・キャピタルとは何か

Section 63

事業価値を金融面から評価するための手法

DCF法とは何か

将来、獲得すると期待される収益を現在価値に修正することによって、事業価値を算定する。

●DCF法の考え方

DCF法は、事業価値や不動産価値の評価方法の一つです。評価対象となる事業や不動産を保有することによって得られる、将来にわたる収入と将来の売却価値を、ある一定の割引率で割り引いて現在価値に変換して合算することにより算出されます。割引率には企業の資金調達コストや、組織が定める目標の割引率が設定されます。将来のある時点で得られる収益は、その期間の金利などを考慮して割り引くと現在の価値に変換することができます。つまりDCF法は、対象となる事業や不動産により得られる全収益を複数年の期間の見込み収入と将来の売却価

値から算出し、ある一定の割引率を乗じて現在価値に変換して合計します。

●DCF法の留意点

DCF法は、将来の収益力を反映した評価を算定しやすいという長所があると考えられていますが、将来、キャッシュフローの不確実性の問題や、予測期間最終年度以降の価値をどう見るかによって算定結果が大きく相違するために、利用にあたっては留意が必要です。キャッシュフローの見積りと、現在価値に引き直す際に用いる割引率をどのように決定するかが重要なポイントになります。

●DCF法の活用はどうなっているか

DCF法は、事業価値や不動産価値の評価、不動産投資や企業買収、事業プロジェクトの採算性判断などに活用されます。キャッシュフローの正確な変動を予測したり、将来の価格を的確に予測することが求められるケースに用いられます。

●DCF法の歴史はどうなっているか

DCF（Discounted Cash Flow）法の歴史は、1970年に米国でDCF法モデルがラクトリフとシュワップの共同論文によって紹介されたことに端を発しています。そして、80年にマンハッタンのパンナムビルが売買されるときにDCF法が適用されたことを契機に、米国の投資家や鑑定人の間で認知されるようになりました。

148

DCF法による事業価値評価

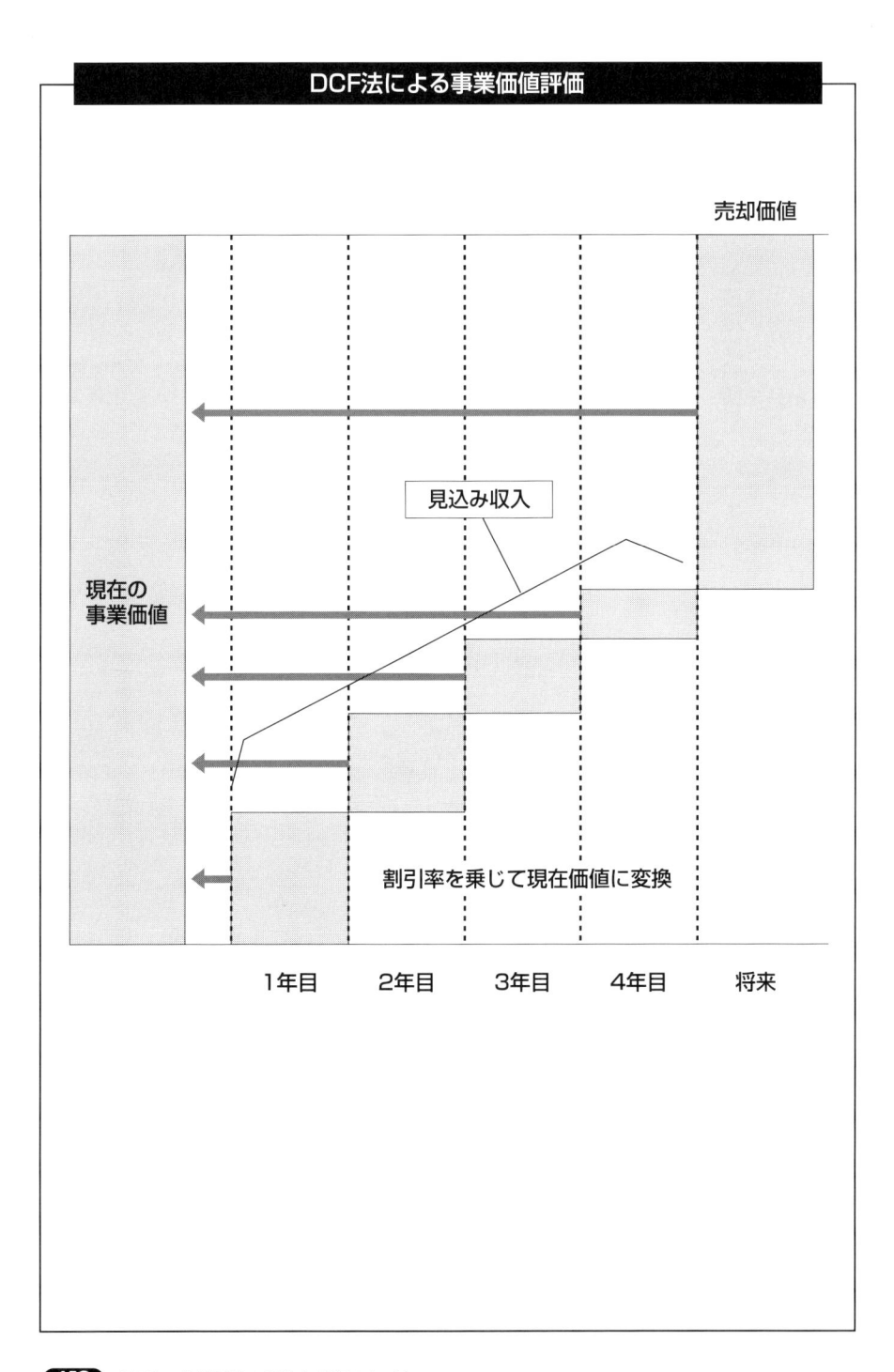

売却価値

見込み収入

現在の
事業価値

割引率を乗じて現在価値に変換

1年目　2年目　3年目　4年目　将来

Section 64

リアルオプション法は、不確実性の高い事業の評価手法

リアルオプション法で事業価値を評価する

リアルオプション法は、不確実な中で後戻りできない意思決定を行うとき、意思決定を先延ばしにできる自由度の価値を生む。

●リアルオプション法誕生の背景

事業を実施する際、不確実性の低い事業はDCF法などを使って事業価値を評価できます。しかし、それだけで事業への投資判断をしていると、不確実性の高い事業への投資を正当化することができず、企業として冒険することができなくなってしまいます。そこで、単純に計算すると投資価値がない事業の潜在的な価値を洗い出し、不確実性の高い事業の評価手法として、リアルオプション法が用いられるようになりました。

●リアルオプションとは何か

開発の直前や商品化の直前であっても、確度の高い予測は難しくなってきています。そこで、不確実性を伴う状況下において、企業の意思決定を合理的に行う手法として普及したのがリアルオプション法です。

オプション（Option）とは、元々「選択肢」を意味する言葉で、「将来、ある行為をする権利」と解釈されます。現在、金融の世界で使われているオプションは「将来の事業価格の変動リスクを減らす効果のある保険のような性質の金融商品」を指し、非常に限定された意味で使われています。オプションは必ず実行しなければならない先物契約とは違い、自らが不利な状況になったときは権利を放棄することもできます。

●リアルオプションの価値

将来が不確実なのに、後戻りできない意思決定をしなければならないとき、これを先延ばしにできればずいぶん助かります。なぜなら、決定を遅らせることで、より多くの情報を得て、より適切な意思決定ができると期待されるからです。リアルオプションの価値は、不確実な中で後戻りできない意思決定を行うとき、意思決定を先延ばしにできる自由度の価値ということができます。

●リアルオプションの作成手順

①シナリオ作成：ブレーンストーミングなどによって、研究開発プロセスやビジネスモデルを精査し、不確実性が

ディジジョン・ツリーの例

R&D投資	R&D	発生確率	事業化投資	事業化	発生確率	期待利益
20億円 R&Dの実施	大成功	30%	30億円	成功	70%	100億円
				失敗	30%	20億円
	成功	50%	30億円	成功	60%	80億円
				失敗	40%	20億円
	失敗	20%	30億円	成功	10%	60億円
				失敗	90%	20億円

リアルオプションの種類

オプションの種類	特徴	適用例
延期オプション	将来の市価がわかるまで待つことができる	不動産開発
学習オプション	投資の段階ステージごとの投資を通じて、情報確度を高められる	R&D投資
撤退オプション	悪い情報を入手したら撤退・放棄する	施設産業
柔軟オプション	需要量などの変化に応じて切り替えられる	複数の供給源確保
成長オプション	将来の成長機会への足場を築く	インフラ型事業

あり、かつ意思決定が必要となるポイントを抽出して、意思決定分岐を伴うシナリオを作成します。

② **オプション構造決定**：ディジション・ツリー図の時系列構造は、(1)どのようなオプションが存在するのか、(2)どのようなオプションを採用（意思決定）するのか、(3)それぞれの条件が発生する確率はどの程度か、により決まります。

③ **数値評価**：分岐の特性に数値が入ったディジション・ツリー図から、最終的なビジネス価値を計算・評価します。それぞれの分岐端末の各状態の価値についてはDCF法などを併用することができます。

● **リアルオプションの種類**

リアルオプションの種類には、延期オプション、学習オプション、撤退オプション、柔軟オプション、成長オプションなどがあります。

第7章●企業価値の創造と評価のために

Section 65
事業化の可能性を研究開発段階で評価する

STAR法とは何か

事業化コスト、開発コストや累積売上高から技術の価値を評価する。

● STAR法とは何か

技術評価手法であるSTAR法（Strategic Technology Assessment Review）は、ペンシルバニア大学のマクミラン教授によって開発されました。この手法は、研究開発テーマの選択段階から事業戦略を練り、研究開発の効率を高めることが狙いです。不確実性が高く、定量分析があまり意味を持たない研究初期の技術を評価することを目的としています。

開発着手前、または開発中に事業化を想定して技術の有望性を検討するためのチェックリストで、不確実性の高い段階から直感的に技術を評価できることが特長です。開発計画を策定し、事業化リスクを洗い出すことができます。複数のテーマを不確実性の度合で分類し総合的に管理することもできます。

● 評価の方法

左図は本評価手法の評価体系を示しています。STAR法の調査表は21種類の質問シートで構成され、プロジェクトの事業特性を把握したうえで、開発戦略を構築するための評価を行います。技術の価値は累積売上高と事業化コストと開発コストに影響を受け、その累積売上高は売上規模と売上持続期間から算出することができます。それらの要素に影響を与える要因として、内的不確実性と外的不確実性を考慮します。

● STAR法の特徴

STAR法は、外的確実性と内的確実性の診断から開発時期を判断でき、開発対象テーマの選択、開発優先順位の決定が短時間でできます。また、強化すべき強みと克服すべき弱点を見つけ、意見の違いや認識の違いを明示化し、効果的に検討することができます。

● STAR法の適用時期はいつか

企業における技術開発からビジネス創出までのプロセスには、研究の事前評価からはじまり、研究、開発、商品化、事後評価という流れになります。STAR法はこの流れの初期段階である、研究の事前評価段階で有効に機能します。

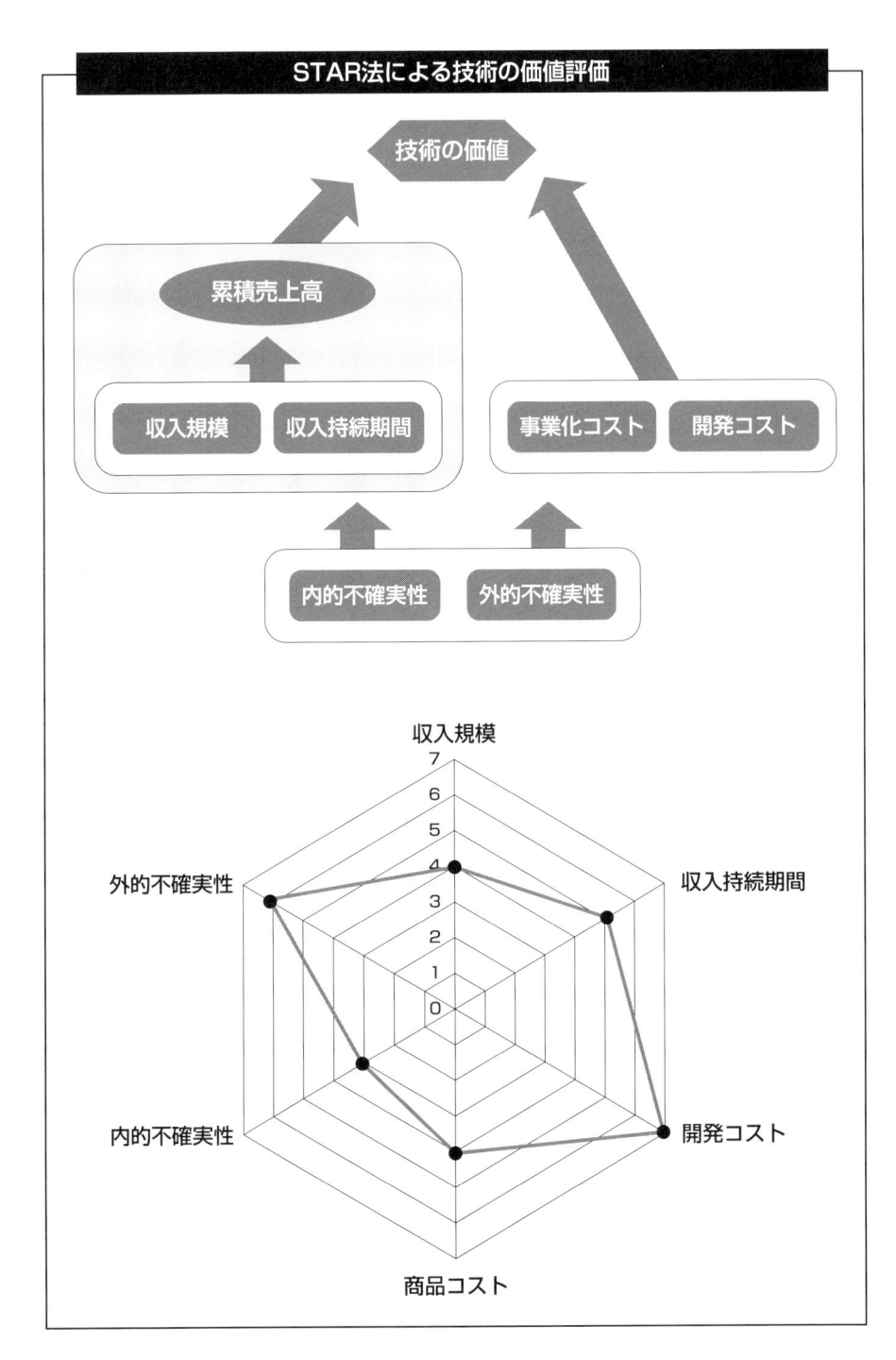

STAR法による技術の価値評価

技術の価値

累積売上高
- 収入規模
- 収入持続期間

- 事業化コスト
- 開発コスト

- 内的不確実性
- 外的不確実性

レーダーチャート軸:
- 収入規模
- 収入持続期間
- 開発コスト
- 商品コスト
- 内的不確実性
- 外的不確実性

Section 66

新事業の可能性を評価する

新事業評価法とは何か

新事業評価法（BMO法）は新規事業のスクリーニング、事業参入・撤退に際しての戦略検討のための事業評価方法。

●BMO法とは何か

BMO（Bruce Merrifield & Ohe）法とは、ブルース・メリフィールド博士の基本案を日本の社内起業環境に合わせて、早稲田大学の大江建教授が集大成したものです。魅力度と適社度により、新事業の成功確率を客観的に評価できます。

大手企業を前提にした方法なので過去のデータが存在していれば、比較的精度の高い採点結果が得られます。事業化準備段階から事業性を評価する手法で、参入後も管理手法として活用できます。

魅力度と適社度の各6項目、合計12の評価項目に回答することにより、新事業の評価を行います。具体的に仮説を立てて、その後の仮説検証と進捗管理に活用します。

●BMO法の特長は何か

社内公募の事業アイデアや新規事業案件の評価基準として、参入前の事業形態や事業戦略の検討をしたり、STAR法と併用して研究開発テーマの絞り込みができます。また、起業家意識醸成のための研修の教材として活用したり、事業の整理統合の評価基準として活用し、比較することが有効です。

●BMO法の活用方法

BMO法で評価した結果を元に、事業計画を再度見つめ直す視点を持つことが重要です。診断による点数が低い場合、どの項目の点数がなぜ低いのか、どうすれば改善できるのかを考えて実践につなげることが重要です。事業計画書に含まれている仮説と検証を通して、魅力度と適社度を向上させ、事業計画そのものを修正します。

事業を成功に導くためには、複数の事業コンセプトについてBMO法で評価し、比較することが有効です。

BMO法は簡単に評価でき、複数の事業効果比較や経年変化などにも役立ちます。売上高や利益だけでなく、事業の魅力度と適社度を評価するためわかりやすく表現できます。簡便で柔軟性のある手法なので、広範囲の新事業の評価に適用できます。

て事業の強弱分析、競合分析などにも応用できます。

だれでもすぐに簡単に評価でき、複

154

BMO法による新事業評価

魅力度

市場規模	売上げ・利益の可能性
成長性	市場成長の可能性
競争力	競争状況の分析
リスク分散	市場細分化によるリスクの分散
業界の再構築	業界の既成秩序を打破できるか
社会的優位性	特別な社会的優遇状況

適社度

資金力	構想している事業の資金必要度が大きいか、それに見合う資金力が充分あるか
マーケティング力	現有マーケティングとの適合性、ノウハウがあるかどうか
製造力	自社が保有する製造施設や製造ノウハウ、オペレーション力（人材、ノウハウ）
技術力	自社の技術力やサービス企画力
原材料入手力	原材料・部品・商品・情報を入手する力
マネジメント支援	事業に対して経営トップのサポートが充分に得られるかどうか

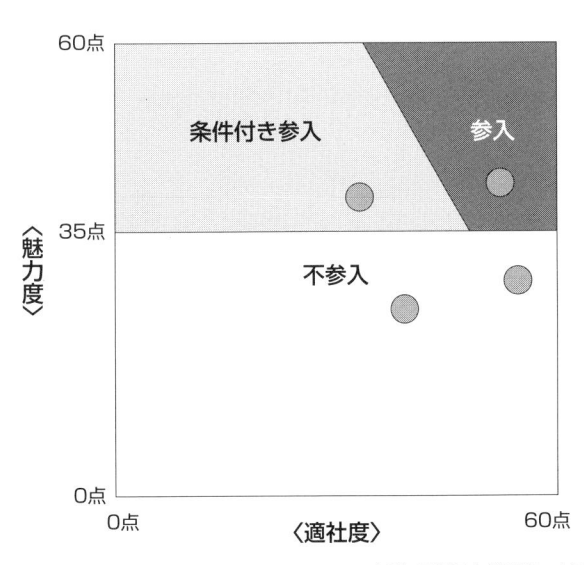

縦軸〈魅力度〉：0点〜35点〜60点
横軸〈適社度〉：0点〜60点

- 参入
- 条件付き参入
- 不参入

出所）早稲田大学教授・大江建氏の資料より作成

Section 67

研究開発から事業化までをステージ単位で意思決定する
ステージゲート法とは何か

研究開発プロジェクトをステージとゲートに分けて、継続と打ち切りの判断をする。

●ステージゲート法とは何か

ステージゲート法は、カナダのロバート・コーパー教授により提唱されました。システマティックな研究開発プロジェクトのマネジメント手法で、研究開発プロジェクトの継続（Go）、打ち切り（Kill）、現状維持（Hold）、差し戻し（Recycle）を、各段階で合理的に評価判断する手法です。評価基準は、企業戦略との整合性、市場規模、成長性、成功率、競争優位性などの項目で、各ゲートで基準は異なります。

●ステージゲート法の役割

ステージは研究開発から事業化までの段階ごとに独立しています。通常は五つのステージで構成されています。

① 企画：プロジェクトの技術的メリットと市場での成功見通しを見積ります。

② 計画：製品・プロジェクトの評価とビジネスケースを作成し評価します。

③ 開発：ビジネスケースをより具体的な成果物に落とし込み、次のステージで利用されるオペレーション計画と試験計画を作成します。

④ 評価：製品、生産プロセス、顧客受容性、プロジェクトの経済性などを評価します。

⑤ 事業化：製品の商業生産の開始を判断します。

●ステージゲート法の目指すもの

早期段階で製品の定義がより明確になり、研究開発から事業化までの期間を短縮することができます。研究開発の初期段階から営業部門、調達部門、生産部門等が、それぞれの立場から各テーマの市場性、差別化、市場ニーズとの整合性、自社資源での実現性についてコメントするため、研究開発部門と他部門との連携を強化します。

●ステージゲート法の特徴と効果は

研究開発という不確実性の高いプロジェクトに評価基準が設定されるので、実現可能性が低いプロジェクトを早期に中止し、より効果的に資源配分ができるようになります。明確に目標が定まっている研究開発プロジェクトに、とくに有効な手法と言えます。

156

ステージゲート法のフローチャート

インプット
プロジェクトリーダーとチームで作成。成果物は事前に定義され、前のステージ内での活動で作成される

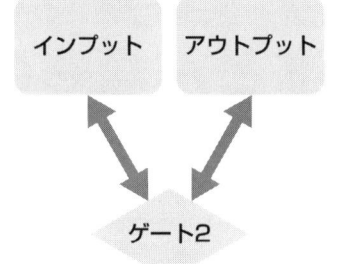

アウトプット
ゲート評価の結果と今後の計画

インプット　アウトプット

ゲート2

指標
継続、打ち切り、現状維持、差し戻しの評価と優先度を決定するにあたって使用され、各ゲート別に定義される

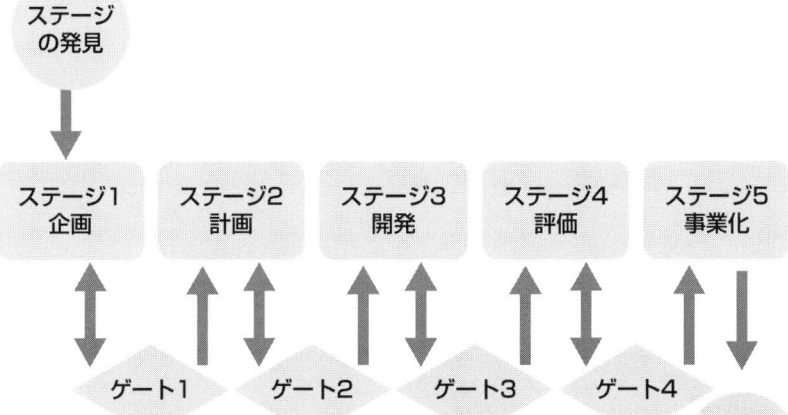

ステージの発見

| ステージ1 企画 | ステージ2 計画 | ステージ3 開発 | ステージ4 評価 | ステージ5 事業化 |

ゲート1　ゲート2　ゲート3　ゲート4

事業化の評価

Section 68

利益モデルはどのように分類できるか

22種類の利益モデルとはどんなものか

利益モデルは、儲かる"仕組み"と"からくり"から成り立っている。

● 利益モデルとは何か

企業の立案したビジネスプランに資本家が賛同し出資して、企業はそのビジネスプランの実行によって利益を上げ、資本家にリターンとして還元するのが資本主義の基本です。つまり、企業とは利益を上げるために組織されるものであり、複雑で巨大な企業でも、必ず一連の事業活動のどこかにその儲けを稼ぎ出す仕組みやからくりを備えています。そして、常にそれを保持、継続していくことが投資家から期待されています。

ビジネスプランにおいても、最も基本的な項目が"儲けの仕組み"、つまり「利益モデル」です。近年、儲けの仕組みの重要性が認識され、それに関わる各種のビジネスモデルや利益モデルが提案されています。

● スライウォッキーの利益モデル

社団法人科学技術と経済の会では、企業価値創造のための研究開発について、2003年から議論を重ねています。これらの議論の中から利益モデルを分類し、それぞれの特徴について検討しています。

スライウォッキーは著書『ザ・プロフィット──利益はどのようにして生まれるのか』の中で、20年以上にわたる企業コンサルティングの経験を基に、成功している企業の事例から利益モデルを抽出し分類しています。それぞれの利益モデルの特徴や事業例、企業例を比較して整理されています。ここには、スライウォッキーの22の利益モデルとともに、そのモデルの元となった企業やそのモデルに該当する欧米の企業例を挙げています。

● 日本企業の利益モデル分析

それぞれの利益モデルについての理解を深めるために、左の表には日本企業、あるいはその企業が行っているさまざまな事業を利益モデルに沿って抽出しました。各企業名の後に事業分野あるいは製品を記載しています。実際の事業はさまざまな側面から分類できますが、この表は利益モデルの視点から分類してその例を示しています。

各利益モデルに該当する日本企業例

1. 顧客開発・顧客ソリューション利益	ヤマト運輸（流通）、ベネッセ（塾、教育講座）
2. 製品ピラミッド利益	トヨタ（自動車）、ニコン（カメラ）、セイコー（時計）
3. マルチコンポーネント利益	帝国ホテル（貸し室）、航空各社（時間帯・季節運賃）
4. スイッチボード利益	電通、（広告）
5. 時間利益	小林製薬（熱さまシート、ブルーレット）
6. ブロックバスター型利益	東宝（宮崎駿のアニメ）、タケダ（薬）、呉羽化学（ガン治療薬クレスチン）
7. 利益増殖モデル	サンリオ（キャラクターグッズ）
8. 起業家利益	ソフトバンク（情報インフラ／子会社制）、太陽工業（プリント基板）
9. 専門化利益	信越化学（Si基盤）
10. インストール・ベース利益	キヤノン（プリンター）
11. デファクト・スタンダード利益	ソニー（ウォークマン）
12. ブランド利益	キヤノン（カメラ）、資生堂（化粧品）、ソニー（オーディオ、PC、…）
13. 専門品利益	花王（エコナ）、マブチ（モーター）、シマノ（自転車）
14. ローカル・リーダーシップ利益	セブン-イレブン（コンビニ）、赤福（和菓子）
15. 取引規模利益	日経BP（インターネット情報サービス）、ネット証券（ネット取引）、鉄鋼商社（鉄鋼取引）
16. 価格連鎖ポジション利益	京セラ（セラミックICパッケージ）、トヨタ（JITによる製造価値）
17. 景気循環利益	トヨタ（損益分岐点引き下げ）、キヤノン・ニコン（ステッパー）
18. 販売後利益	メルコ、I/Oデータ（PC部品）
19. 新製品利益	ホンダ（ミニバン、フィット）、ソニー（ウォークマン）
20. 相対的市場シェア利益	エプソン（カラープリンター）、アサヒビール（ビール）
21. 経験曲線利益	エルピーダ（半導体メモリ）
22. 低コスト・ビジネスデザイン利益	ユニクロ（衣料品）、ヤフーBB（BBサービス）、洋服の青山（スーツ）、吉野家（牛丼）、松井証券（ネット取引）

Section 69

利益モデルを戦略の類似性で分類する

利益モデルの活用の要点は何か

収益モデル活用戦略マップとは、商品企画、開発、生産、販売、サービス段階での収益モデルをマッピングしたもの。

●利益モデルの活用法

事業の"儲けのパターン"を分析して内容を把握することにより、それらの意味や価値を、より深く認識することができます。またそれらの事業について、各企業が打ち出すさまざまな施策の意図をより的確に読み取り、評価できるようになります。

22の利益モデルは、長年のスライウオツキーらの企業観察によって積み上げられた成果で、それぞれのモデルは深く多面的な内容を含んでいます。これらは必ずしも一連のモデルとして統一的に整理されたわけでもなければ、規格化されているわけでもありません。したがって、このようなモデルを的確に自分のビジネスプランニングに取り込んで、効果的な利用ガイドが必要とするときは、何らかの利用ガイドが必要となります。そこで、利益モデルの活用方法として戦略マップを紹介します。

●利益モデルの活用戦略別分類

上図は、それぞれの利益モデルの特徴を整理して、その戦略の類似性に従って6種類に分類したものです。すなわち、「顧客の面倒を解決して、顧客に便利さを提供する」①顧客へのソリューション提供戦略、「市場の原理・心理・穴などを活用する」②市場特性活用戦略、「何を製品とするか、どう製品を構成するか」③製品構成戦略、「ひたすら新製品・新技術・新サービスを提供する」④ブレークスルー活用戦略、「組織の特性、あるいは組織そのものを戦略として活用する」⑤組織力活用戦略、「生産技術/経験、製造特技、量産力などを戦略として活用する」⑥生産力活用戦略）の6種のモデルです。

●利益モデル活用戦略マップ

下図は、これらの特徴を有する利益モデル戦略を、一連のビジネスプロセスのどの段階に応用すべきかを、縦横のマトリックスにして示したものです。これは"利益モデル活用戦略マップ"と呼ぶことができ、各ビジネスプロセスでその利益モデルを考えるときのヒントとなります。

利益モデルの活用戦略別分類

①顧客へのソリューション提供戦略：顧客の面倒を解決して、顧客に便利さを提供
- 1　顧客開発・顧客ソリューション利益
- 4　スイッチボード利益
- 10　インストール・ベース利益
- 18　販売後利益

②市場特性活用戦略モデル：市場原理、市場心理、市場の穴などの活用
- 3　マルチコンポーネント利益
- 7　利益増殖モデル
- 10　インストール・ベース利益
- 11　デファクト・スタンダード利益
- 12　ブランド利益
- 14　ローカル・リーダーシップ利益
- 16　価格連鎖ポジション利益
- 17　景気循環利益

③製品構成戦略モデル：何を製品とするか、どう製品構成を組むか
- 2　製品ピラミッド利益
- 13　専門品利益
- 15　取引規模利益
- 16　価格連鎖ポジション利益

④ブレークスルー活用戦略モデル：新製品・新技術・新サービス開発
- 6　ブロックバスター型利益
- 13　専門品利益
- 19　新製品利益
- 22　低コスト・ビジネスデザイン利益

⑤組織力活用戦略モデル：組織の特性、あるいは組織そのものを戦略として活用
- 8　起業家利益
- 9　専門化利益

⑥生産力活用戦略モデル：生産技術/経験、製造特技、量産力などを戦略として活用
- 5　時間利益
- 9　専門化利益
- 20　相対的市場シェア利益
- 21　経験曲線利益

利益型モデル活用戦略マップ

商品企画	開発	生産	販売	サービス

①	①顧客へのソリューション提供戦略
②	②市場特性活用戦略モデル
③	③製品構成戦略モデル
④ブレークスルー活用戦略モデル	
⑤組織力活用戦略モデル	
⑥生産力活用戦略モデル	

出所）佐久間啓氏「利益モデルとその新事業シナリオへの応用」より引用

Section 70

利益の源泉から利益モデルを絞り込む

利益の源泉分析とは何か

売価、コスト、規模と継続期間に着目して利益モデルを層別し、目的に応じて利益モデルを使い分ける。

●利益の源泉はどこにあるのか

一般に利益は、「利益＝（売価－コスト）×数量（規模）×継続期間」の式で表わすことができます。ある事業の利益モデルを考えていく場合、この利益の方程式の「どの項目に力点を置くか、工夫を凝らすか」という見方をします。そこで、売価、コスト、数量（規模）の三つの項目のうち、どこに最も力点を置いているかという観点から、22のモデルを分類しました。

① **売価が上がるように工夫する**
売価を上げるためには付加価値の高い商品を扱わなければなりません。利益モデルの種類としては、ブランド利益、専門品利益などが代表的です。

② **コストを削減する工夫**
コストを削減するには、高いシェアでコストダウンを目指して、相対的市場シェア利益などのモデルにより規模を確保します。同じものを繰り返し活用してコストダウンを図ったり、ビジネス手法を工夫してコストを抑える方法もあります。

③ **数量や規模の拡大を目指す**
数量や規模を拡大するためには、大規模化をして経費を増やさずに利益を拡大する方法、事業の幅を広げて売上高を拡大する方法などがあります。

④ **継続期間を伸ばす工夫**
継続期間に特徴のあるモデルについては、図の右側の欄に重複して示しています。売価を高くする工夫を凝らすモデルには、製品寿命の長いものが多くあることが読み取れます。コスト削減の工夫を優先するモデルではコモディティ商品となり、製品寿命は長くないことからもこの傾向が説明できます。

この図に基づく利益モデル検討手法は"利益の源泉分析"と呼ぶことができます。

●利益の源泉分析の活用

利益の源泉は企業活動と直結しています。すなわち、営業のスタイルも売価を上げるため、数量を上げるためなどの目的に応じて、利益モデルを選択するとき、利益の源泉分析を有効に活用できます。

利益の源泉分析

項目	具体的戦略	利益モデル （儲けのパターン）	継続期間の工夫 製品・サービスの長寿命化 （重複引用）
売価の工夫	高付加価値製品・サービスを扱う	1. 顧客開発・顧客ソリューション利益 5. 時間利益 9. 専門化利益 12. ブランド利益 13. 専門品利益 16. 価値連鎖ポジション利益 19. 新製品利益	1. 顧客開発・顧客ソリューション利益 9. 専門化利益 12. ブランド利益 13. 専門品利益
コストの工夫	高いシェアでコストダウン	14. ローカル・リーダーシップ利益 20. 相対的市場シェア利益	21. 経験曲線利益
コストの工夫	同じものを繰り返し活用してコストダウン	7. 利益増殖モデル	21. 経験曲線利益
コストの工夫	ビジネス手法等を工夫してコスト抑制	8. 起業家利益 21. 経験曲線利益 22. 低コスト・ビジネスデザイン利益	21. 経験曲線利益
数量・規模の工夫	販売量を増やす	11. デファクト・スタンダード利益	10. インストール・ベース利益 11 デファクト・スタンダード利益
数量・規模の工夫	大規模化しても経費は増えず利益拡大	4. スイッチボード利益 6. ブロックバスター型利益 15. 取引規模利益	10. インストール・ベース利益 11 デファクト・スタンダード利益
数量・規模の工夫	事業の幅を広げ売上高（利益）を拡大	2. 製品ピラミッド利益 3. マルチコンポーネント利益 10. インストール・ベース利益 17. 景気循環利益 18. 販売後利益	10. インストール・ベース利益 11 デファクト・スタンダード利益

出所）佐久間啓氏「利益モデルとその新事業シナリオへの応用」より引用

Section 71

ビジネスモデルの階層構造と利益モデルとの関係

ビジネスモデルと利益モデルはどのように関係しているか

ビジネスモデルは、戦略モデルとオペレーションに絡んだモデル、収益の上げ方に関わるモデルがある。

ネスモデルの捉え方を以下のように整理しました。

① 起業家、研究開発者や経営者などは、主に企業全体を考えるための"戦略モデル"として、経営資源の分配や利益の構造に着眼します。

② 各ビジネスプロセス担当者は、それぞれの"オペレーションに絡んだモデル"に対して、ビジネスプロセスが機能することに着目します。

③ 収益責任者は、"収益の上げ方に関わるモデル"を求め、コストや販売数量などの利益モデルが機能することに気を配ります。

上図には、この三つの立場の違いによるビジネスモデルの階層構造を示し、具体的な視点・切り口としてのキーファクター別に、該当すると思われる22の利益モデルを分類しています。

● 階層構造による利益モデルの分類

戦略モデルでは、顧客はだれか、何を提供するか、商品にどのような魅力

● ビジネスモデルの階層構造

ビジネスモデルは、利用する立場や視点によってそれぞれ異なったものになります。そこで三つの階層から、ビジ

づけをするかなどがキーファクターになり、オペレーションモデルでは、調達・生産・販売方法などがキーファクターになります。スライウォツキーらの利益モデルは、実際の企業活動をモデルに抽出したものであり、ビジネスのさまざまな側面を含んでいるため、これら三つの異なるフェーズの利益モデルとしても充分活用できます。

● 利益モデル活用の視点と分析手法

左下図に、"ビジネスモデル活用の視点"と"その階層構造"、それぞれの視点・モデルに対応した"分析手法"の関係を整理しました。活用の視点は、起業家・研究開発者、経営者・経営企画部門、各ビジネスプロセス部門、収益責任者など、立場により分類しています。利益モデルを考え活用するには、どのような視点から、どのようなビジネスモデルを利用し、どのような手法で対象物にアプローチして分析するかを把握したうえで行うことが必要です。

164

ビジネスモデルの階層構造と利益モデル分類

	キーファクター	該当する利益モデル	補足
戦略モデル	どのような顧客	1. 顧客開発・顧客ソリューション利益、4. スイッチボード利益、9. 専門化利益、12. ブランド利益、13. 専門品利益、14. ローカル・リーダーシップ利益	"顧客"を選別
	何を提供するか	1. 顧客開発・顧客ソリューション利益、2. 製品ピラミッド利益、9. 専門化利益、10. インストール・ベース利益、12. ブランド利益、13. 専門品利益、16. 価格連鎖ポジション利益、18. 販売後利益、19. 新製品利益、22. 低コスト・ビジネスデザイン利益	"もの"を選別
	どのように魅力づけするか	9. 専門化利益、6. ブロックバスター型利益、11. デファクト・スタンダード利益	提供方法、差別化
	核となる経営資源は何か	4 スイッチボード利益、9. 専門化利益	ユニークな経営資源
オペレーションモデル	どのような方法で財を調達	1. 顧客開発・顧客ソリューション利益、3. マルチコンポーネント利益、4. スイッチボード利益、5. 時間利益、6. ブロックバスター型利益、7. 利益増殖モデル、10. インストール・ベース利益	調達方法
	生産	5. 時間利益、9. 専門化利益、20. 相対的市場シェア利益、21. 経験曲線利益	生産方法
	顧客へどう販売するか	3. マルチコンポーネント利益、4. スイッチボード利益、10. インストール・ベース利益、14. ローカル・リーダーシップ利益、18. 販売後利益	販売方法
収益モデル	収入を得る方法、売上げ、コスト構造	1. 顧客開発・顧客ソリューション利益、3. マルチコンポーネント利益、4. スイッチボード利益、7. 利益増殖モデル、8. 起業家利益、15. 取引規模利益、17. 景気循環利益、20. 相対的市場シェア利益、21. 経験曲線利益、22. 低コスト・ビジネスデザイン利益	

出所) 佐久間啓氏「利益モデルとその新事業シナリオへの応用」より引用

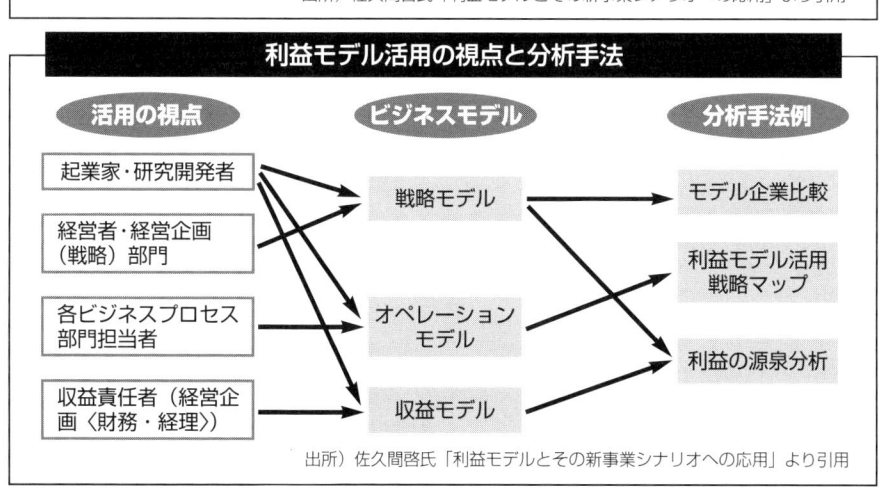

利益モデル活用の視点と分析手法

活用の視点
- 起業家・研究開発者
- 経営者・経営企画（戦略）部門
- 各ビジネスプロセス部門担当者
- 収益責任者（経営企画〈財務・経理〉）

ビジネスモデル
- 戦略モデル
- オペレーションモデル
- 収益モデル

分析手法例
- モデル企業比較
- 利益モデル活用戦略マップ
- 利益の源泉分析

出所) 佐久間啓氏「利益モデルとその新事業シナリオへの応用」より引用

Section 72

広く外部に研究開発の資源と成果を求める戦略への変換

コーポレート・ベンチャー・キャピタルとは何か

将来パートナーとなる協業先を探して、自社の事業領域と関連する技術を持つ企業へ出資する。

● コーポレート・ベンチャー・キャピタルの意義

企業の研究開発において外部資源を積極的に活用しようとする姿勢は、これまで日本企業にはあまり見受けられませんでした。社内の人材と技術やノウハウの蓄積を活かして成果につなげることが研究開発の基本姿勢でした。

これからは、自社の内部資源のみを重視する考え方を脱して、広く外部に研究開発の資源と成果を求める戦略への変換を図らなければなりません。内部指向の研究開発を外部指向へ変換する一つの手法として、コーポレート・ベンチャー・キャピタル（以下CVC）があります。

●CVCとは何か

CVCの主目的は、自社で事業強化する新規事業機会を探索することです。企業が掲げている長期事業戦略や長期技術戦略を元に、将来パートナーとなる協業先を探して、パートナーとなる技術を持つ企業へ出資します。自社の事業領域と関連する技術を持つ企業へ出資することで、その結果として自社の競争力を上げようとするものです。技術の買い手企業の技術戦略により技術流通が展開されるという姿が、CVCの理想像です。

●ベンチャー企業への投資

技術を競争力の源泉とする企業はCVCにより、さらなる技術力の強化を図ろうとします。CVCを持つ企業は、研究開発の外部委託が増加し、差別化技術や最新技術が社外にあれば積極的に調達しようとします。この戦略を突き進めれば、外部資源への投資のほうが効果的と認められた場合には、社内の研究開発を削減してまでCVCを活用することになります。

CVCは一般のベンチャーキャピタルと協調して、ベンチャー企業や中堅・中小企業への投資もします。CVCは自社の事業部門を紹介し、ベンチャーキャピタルからはベンチャー企業の紹介を受けることで、新事業機会を探るのです。

CVCのスキーム

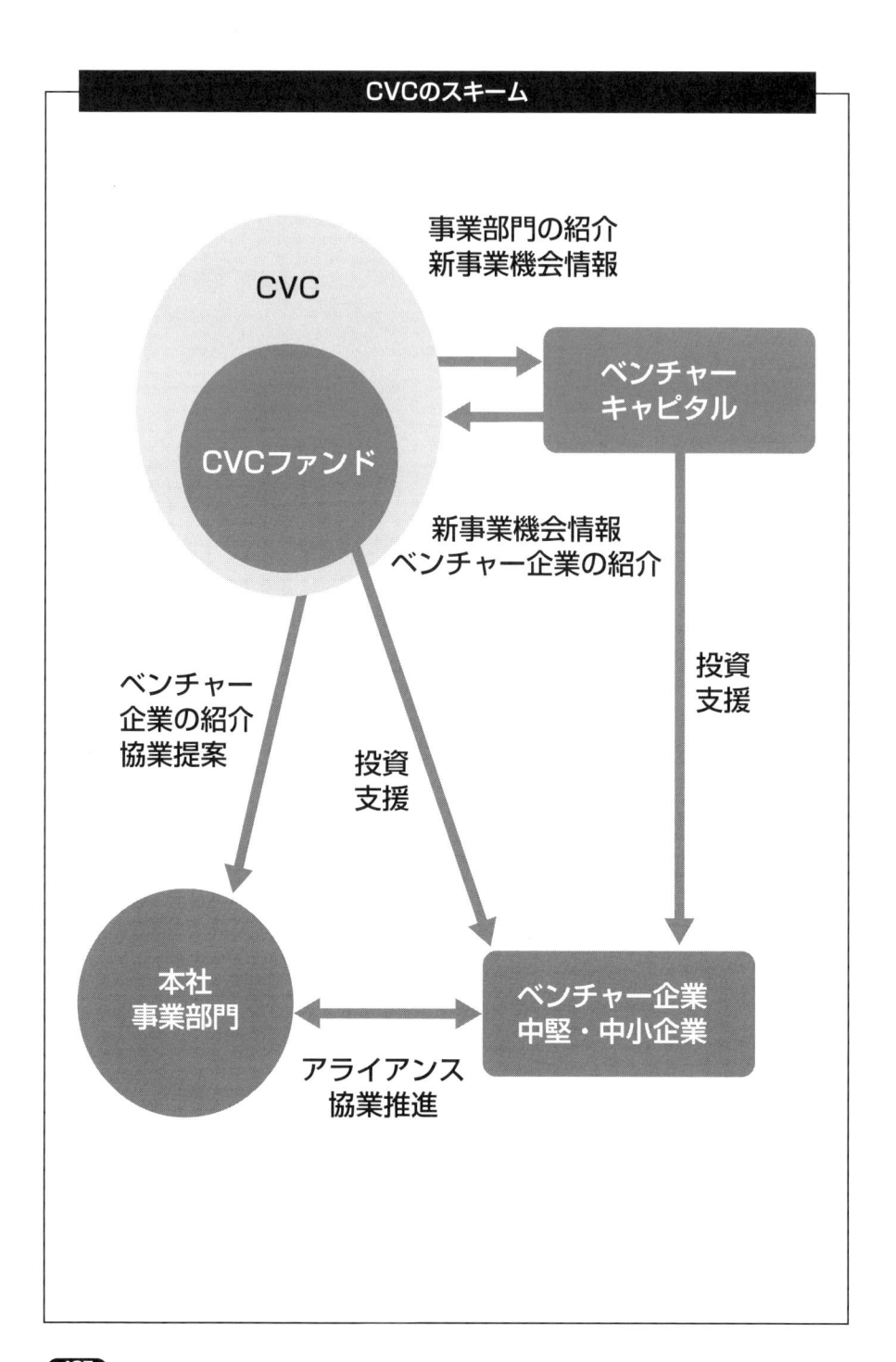

CVC
- CVCファンド

CVC → ベンチャーキャピタル: 事業部門の紹介／新事業機会情報
ベンチャーキャピタル → CVC: 新事業機会情報／ベンチャー企業の紹介

CVCファンド → 本社事業部門: ベンチャー企業の紹介／協業提案
CVCファンド → ベンチャー企業 中堅・中小企業: 投資／支援
ベンチャーキャピタル → ベンチャー企業 中堅・中小企業: 投資／支援

本社事業部門 ↔ ベンチャー企業 中堅・中小企業: アライアンス／協業推進

COLUMN●7
企業価値の創造とは
──駅中スペースの有効利用の事例

　環境の変化、とくに顧客の変化にうまく対応したとき、新たな価値が創造されます。顧客との接点を見直して、新たな接点を追加して従来の価値との相乗効果が生まれたとき、成功の女神が微笑みます。

　最近の成功事例を通して考えることにします。鉄道の駅中のスペースを有効利用した店舗が増えてきています。駅を新しい需要創造の場にして、鉄道との相乗効果で新たな価値を創造しているのです。駅には、意図的に人を集めなくても利用者が通過するという利点があります。駅のある地域や利用者の属性などを考慮して、その駅に必要な商品やサービスを提供するという思考は、ビジネスモデルの設計と同じです。利用者の潜在ニーズを満たす新たなコンセプトにより、顧客の満足を獲得するという基本は変わりません。

　都心の繁華街にある駅中に、20代から40代の女性をターゲットとして、一人でも気楽に入れる居心地のよいお店を作るというコンセプトでテナントを募集して成功したという事例があります。ターゲットに対応して、従来、駅にはなかったエステやネールサロンや下着の店舗もあります。また、単に「かわいい」というだけでなく、上品で高級なキャラクターを使って展開しているところもあります。従来の発想から脱皮した発展的な駅のスペース活用です。

　これは、新たな業態を創造したと捉えることもできます。コンセプトに合った業態を選択して、潜在ニーズを掘り起こして新規の業態が生まれたのです。

　駅中にスペースを作り出すには、鉄道事業では使わなくなったスペースを有効活用しなければなりません。駅を改修するために空調、電機、建築工事など、これまで別々に行われていた工事を同時に行うことで、まとまったスペースが確保されました。そして、電機装置など設備が、技術革新により小型化したことによりスペースが生み出されたのです。

　地域特性を考慮したマーケティングと店舗スペースを確保する工夫により、駅中を活気づけることができました。

第8章 イノベーションのための人材・組織

Section 73
イノベーションを誘発する組織

Section 74
イノベーションを誘発する人材育成の課題

Section 75
CTOとは何か

Section 76
技術マネジメントのリーダーシップとはいかにあるべきか

Section 77
研究開発人材に求められる能力とは何か

Section 78
研究開発のグローバル化はどうなっているのか

Section 79
研究開発組織形態

Section 80
研究開発の分業の考え方について

Section 81
研究開発管理の要点

Section 82
研究者の意識改革の重要性について

Section 73

イノベーションを誘発する組織

企業全体がイノベーションを育む組織体制の整備
関連部門とのコミュニケーションが技術革新に効果的に働く。

● イノベーションを誘発する組織とは

イノベーション（Innovation）は、技術経営分野での解釈では技術革新のことをいいます。イノベーションを誘発する組織に関しては、いろいろな角度から考える必要があります。

第一に、企業としてイノベーションを生み出す環境整備が重要となります。社内のイノベーション環境としては、創意工夫、考案改善、提案制度といったイノベーションを活発化する仕掛けづくりが、すべての従業員参加型として運用されていることが重要なポイントです。

第二は、生産部門から独立した研究部門の設置が、独創性を育む重要な要素となります。大企業には、社長直属の研究所、事業本部の研究所、生産技術研究所等があります。中小企業では設計開発部門が、イノベーションを誘発する組織として存在しています。

第三は、プロジェクト組織体制がいつでも簡単に組めるよう、フレキシブルな組織体制であることが必要となります。すなわち、プロジェクト要員の選別評価システム（社内応募制度の確立）、関連部門の人選とコミュニケーション（フォローアップ会議、推進会議、調査分析、企画事業計画等）がプロジェクトの成否を決めることになるからです。

第四は、イノベーション教育制度が充実していることが、長期的観点から重要な要素となります。これらに関しては次項で詳論します。

第五は、技術革新組織の最高責任者（CTO）を任命してその責に当たらせ、最高経営責任者（CEO）との連携が適切であることが非常に重要です。

第六は、外部情報への開放性、すなわち顧客とか外部の技術の専門家によるコミュニケーションが盛んに行われている企業が、イノベーションを誘発する大きな力を持つことになります。

第七は、イノベーションを抑制する組織構造としては、ルーティン化と中央集権化の強い企業は、イノベーションより提案型組織がよいと考えます。

イノベーションを誘発する組織とは

1. 組織全体の評価のフレームワーク→マッキンゼーの7つのS

- Structure 組織
- Strategy 戦略
- Systems 社内の仕組み
- Shared Values 価値観
- Style 経営スタイル
- Skills スキル
- Staff 人材

2. 技術経営プロフェッショナルの定義

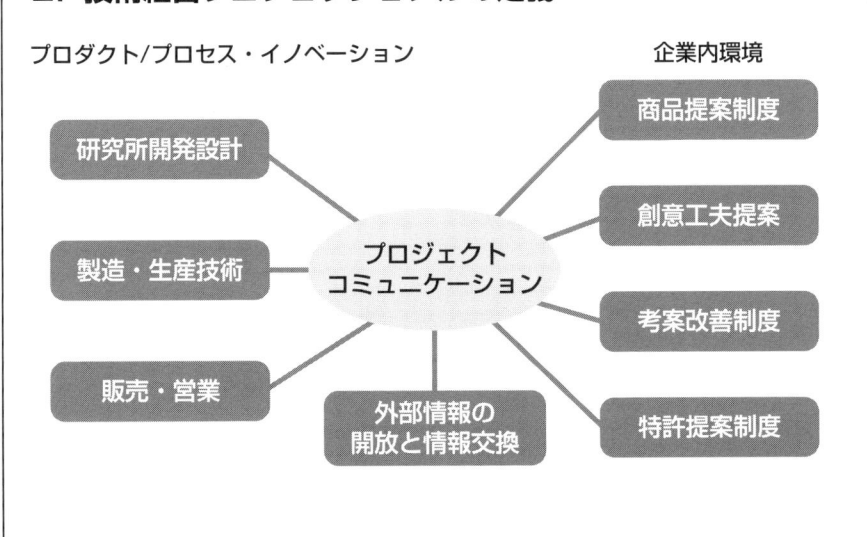

プロダクト/プロセス・イノベーション

- 研究所開発設計
- 製造・生産技術
- 販売・営業
- 外部情報の開放と情報交換

プロジェクトコミュニケーション

企業内環境

- 商品提案制度
- 創意工夫提案
- 考案改善制度
- 特許提案制度

Section 74

イノベーションを誘発する人材育成の課題

プロセスとアウトプットが誘発要因

人材育成プログラムの開発と育成要員の教育が課題である。

●イノベーションを誘発する要因

イノベーション（技術革新）とは何かについて充分な理解が必要で、再度解説しておきます。技術的な機会や顧客ニーズによって引き起こされる問題を、適切に解決するプロセスとそのアウトプットのことを指しています。プロセスは、個人または組織が技術的な解決に至るプロセスを意味しています。アウトプット（プロダクト）は製品・サービス、つまりプロセスのアウトプットを指しています。

イノベーションを誘発する要因としては、市場要因とインプット要因があります。市場要因はイノベーションに最も強い影響を及ぼし、60～70％に及んでいます。インプット要因は、コストの上昇を抑制するために、その抑制を目的としたイノベーションが誘発されるものとなります。

●イノベーションを誘発する人材育成

イノベーションを誘発する人材育成は、技術経営の人材育成そのものです。すなわち、グローバル化に対応したプロフェッショナル主導型の人材が要求されます。企業に入社した時点から経営幹部に至る段階層ごとの人材育成プログラムを開発し、長期的に育成しなければなりません。

さらに重要な点は、職場での階層ごとの専門指導員によるＯＪＴ（On the Job Training）が効果的であり、そのフォローアップ制度を併用することで、人材育成プログラムの相乗的効果が期待できるものと思われます。さらに、人材育成の成果を評価する人材評価制度の充実も非常に重要です。

●人材育成の課題

企業にマッチした独自の育成プログラムの開発と人材育成を担当する人材の育成が大きな課題となっています。日本企業は、米国企業と比較すると歴史的にたいへん後れをとっています。米国では、有名大学に人材育成プログラムと教育要員の養成機関が充実しています。最近になってようやく、日本の大学でもビジネススクール、ロースクールなどが開講されています。

172

イノベーションを誘発する人材育成の課題とは

1．イノベーションを誘発する技術経営者の要求能力

各要求能力のバランスの取れた人材が望ましい

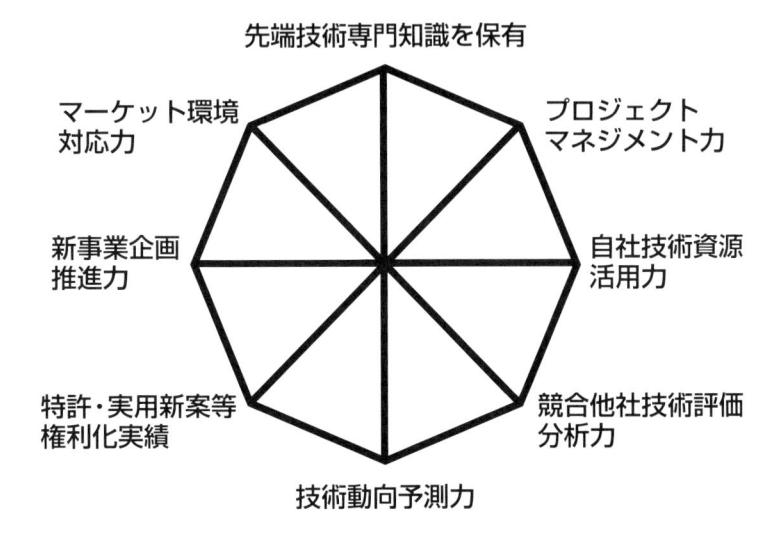

- 先端技術専門知識を保有
- プロジェクトマネジメント力
- 自社技術資源活用力
- 競合他社技術評価分析力
- 技術動向予測力
- 特許・実用新案等権利化実績
- 新事業企画推進力
- マーケット環境対応力

2．人材育成の課題

[1] 技術系学卒者の「企業内教育技術経営管理者」プログラム導入が急務
[2] 大学理系大学院の「MOT」基礎教育の充実
[3] 失敗・成功企業の経営戦略のケーススタディトレーニング実施
[4] 企業リスクマネジメントの社内教育の充実
[5] ベンチャー企業チャレンジ講座の企業教育の充実

Section 75

研究開発段階からCTOの関与が必要

CTOとは何か

技術経営の最高責任者と位置づけ、製品開発とその商品化に全責任を負う。

● CTOとは何か

CTO（Chief Technology Officer）は最高技術責任者と呼ばれています。日本の企業でCTOを採用しているところは、ほとんどないといっても過言ではありません。

企業における最高意思決定機関は最高経営者層で、社長、専務、常務などからなり、企業活動の意思決定を行います。その最も大きなものは、経営戦略の策定にあります。そして、なるべく少ない経営資源の投入でより多くの収益を上げる、効率の高い経営資源の活用が求められています。これは、技術戦略の策定についても言えることです。とくに半導体や通信といったハイテク企業においては、膨大な研究資金の投入が必要です。また、研究開発の不確実性が高まっていることから、技術戦略において、今後ますます研究開発の有効性と効率に関心の高いトップマネジメントの関与が求められます。

全社的な観点からの経営資源の研究開発への投入の意思決定を行うこと、収益源である事業活動との有機的な関連づけが経営上重要となっています。すなわち、経営戦略と技術戦略の連携のために、執行役員の中にCTOを置いているのです。

アーサー・D・リトルによれば、CTOのはたすべき役割は図に示すように七つ挙げられます。

米国の先進企業ではCTOが定着していますが、日本はこれから導入する企業が増加していくものと思われます。

現在、研究開発部門の責任者をCTOと呼んでいる企業もあるほどです。それは研究開発投資の効率がよくないため、これを高めるために、製品化までの効率向上を目指しているのです。技術経営の最高責任者をCTOと位置づけ、CEO（最高経営責任者）は技術戦略をCTOに任せ、経営戦略上の技術関係に関して融合を図っています。

最近では、IT化の進展で、情報関連の最高責任者、すなわちCIO（Chief Information Officer）の役割もCTO同様に重要になってきています。

174

CTOとは何か

1. 企業におけるCTOは、なぜ必要か

[1] 経営戦略における技術専門的な立場からの分析評価が必要
[2] 経営戦略に基づく技術戦略立案が重要
[3] 戦略的知財マネジメントが重要
[4] 研究開発効率向上策が必要
[5] R＆Dビジョンの構築
[6] 企業にマッチしたR＆D組織風土の構築が必要
[7] 論理的思考による技術経営の推進

2. 技術戦略形成の4段階

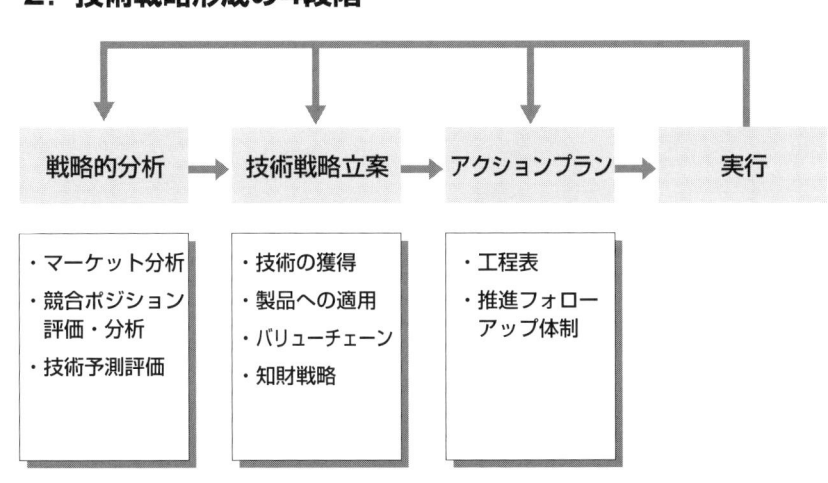

戦略的分析 → 技術戦略立案 → アクションプラン → 実行

戦略的分析:
・マーケット分析
・競合ポジション評価・分析
・技術予測評価

技術戦略立案:
・技術の獲得
・製品への適用
・バリューチェーン
・知財戦略

アクションプラン:
・工程表
・推進フォローアップ体制

第8章●イノベーションのための人材・組織

Section 76 技術マネジメントのリーダーシップとはいかにあるべきか

合理性と創造性の高度な融合が必要

技術戦略の成功を達成させることが、リーダーの条件となる。

● 技術マネジメントのリーダーの条件とは

真に革新的な開発を実行していくプロセスでは、技術マネジメント構成員の間に、緊張関係が働くものです。たとえば合理性と論理性は、ある意味では研究開発の創造性と革新性のトリガーとなりますが、過度となれば、独創的なアイデアを潰してしまうことにもなります。

合理性と創造性の両者を高いレベルで、バランスよく融合させて技術戦略の目標を達成させることが、リーダーの条件なのです。

創造的R&Dを成功させるには、リーダーの個人的能力がきわめて重要となります。リーダーには、図に示すような卓越した能力が要求されます。

● 技術リーダー育成の重要性

日本企業は集団的経営を行ってきているため、高い研究開発能力を持った研究開発人材、すなわちエリート人材を育ててきていませんでした。

これからの日本企業では、創造的能力を持ったエリート教育がグローバル競争に打ち勝つために重要で、各企業は独自育成プログラムの開発を、経産省もそのための支援活動プログラムを制度化しています。

創造的能力の保持者とは、必ずしも研究者的人物のことをいうのではなく、むしろ、より高い視野から戦略的発想のできる人物に近いといえます。

日本企業は、長期の年月にわたり終身雇用制度と年功序列制度を採用してきました。一つの企業に在籍している人物は、ものの考え方が、その所属企業の企業文化の支配を受けているため、企業に何人人材がいても、発想レベルが同一で価値観が似たり寄ったりとなってしまいます。

そのため、外部との交流が刺激を与え、独創的な発想が芽生えてくるものと考えられます。さらに重要なことは、外部の技術講演会、技術展覧会のセミナー等を積極的に受講し、技術的な刺激を受けることが創造性を発揮することにもつながります。

176

技術マネジメントのリーダーはいかにあるべきか

1．研究開発リーダーの能力

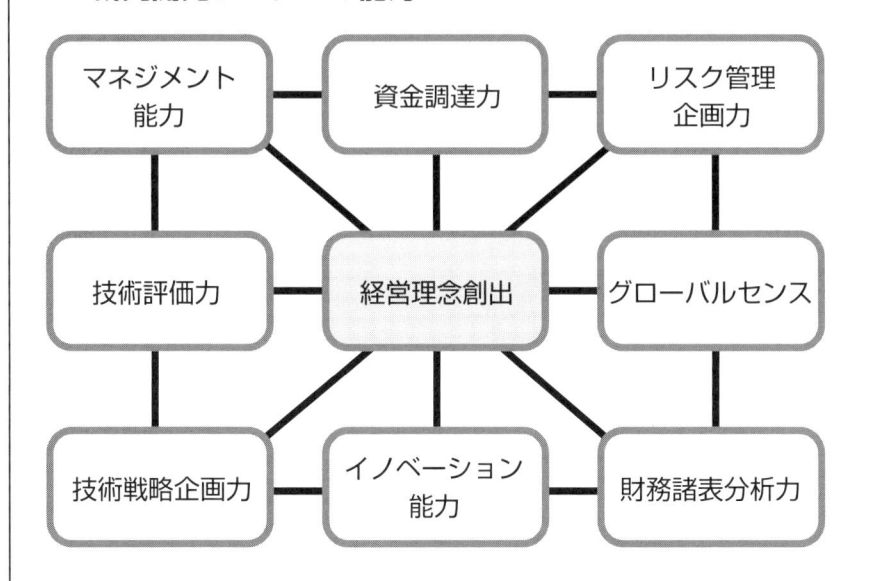

- マネジメント能力
- 資金調達力
- リスク管理企画力
- 技術評価力
- 経営理念創出
- グローバルセンス
- 技術戦略企画力
- イノベーション能力
- 財務諸表分析力

2．リーダーシップ

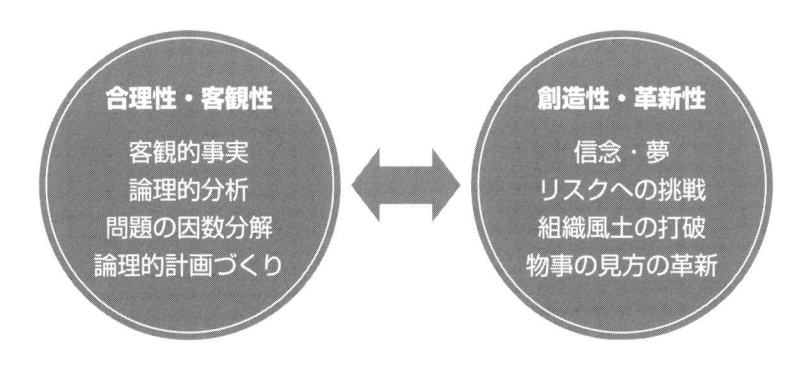

合理性・客観性
 客観的事実
 論理的分析
 問題の因数分解
 論理的計画づくり

⇔

創造性・革新性
 信念・夢
 リスクへの挑戦
 組織風土の打破
 物事の見方の革新

Section 77

研究開発人材に求められる能力とは何か

組織を構成する人材能力を評価し、活性化が重要

ハーバード大学のロバート・カッツ教授の三つの要件が有名

人材資源の戦略的活用については、組織を構成する人材の能力をどう評価し、活性化するかが重要です。一般的に言われている能力区分としては、ハーバード大学のロバート・カッツ教授が定式化した三つの要件が有名です。

●研究開発人材に求められる能力

①テクニカルスキル

一般的な教養や実務的知識、専門的知識をいいます。企業においては、それぞれの担当研究分野が研究者に与えられますが、その担当分野における専門的な知識は、研究開発部門では最も重要になり評価されます。

②ヒューマンスキル

職務遂行上必要とされる部下の指導・育成や、社内外の関係者との交渉などといった対人関係を円滑に処理できる能力のことです。研究開発部門においたとしても管理職になれば、このようなスキルが非常に重要になってきます。

具体的には、個人として必要な要件に判断力、決断力、協調性、向上心、責任感、マナーなどがあり、組織人として必要な要件は、交渉力、説得力、適応力、リーダーシップなどがあります。なかでもとくにリーダーシップが重視されます。

③コンセプチュアルスキル

物事を大局的な見地から総合的に判断し、本質を捉え、概念化できる能力のことです。具体的には、目標・方針の認識、戦略的思考、創造力、問題発見、企画力など、とりわけ管理者の場合には、よりコンセプチュアルスキルの求められる比率が高くなります。

研究部門全体の成果は、研究部門のトップのコンセプチュアルスキルに非常に大きな影響を受けることになりますす。またこのスキルは、CTOや研究所長に求められるスキルとなります。

研究開発部門の人材能力を高めるために人事マネジメント論があります。

これは、研究者のモチベーション、リーダーシップ、業績評価、キャリア開発、専門職制度等と大きな広がりを有しています。

178

研究開発人材に求められる能力とは何か

1．3つのスキルとポジションの関係

ポジションの上昇 →

テクニカルスキル
一般的な教養や実務的知識、専門的知識

ヒューマンスキル
判断力、決断力、協調性、交渉力、説得力、適応力、リーダーシップ

コンセプチュアルスキル
目標・方針の認識、戦略的思考、創造力、問題発見、企画力

2．日本企業の研究開発人材能力の課題

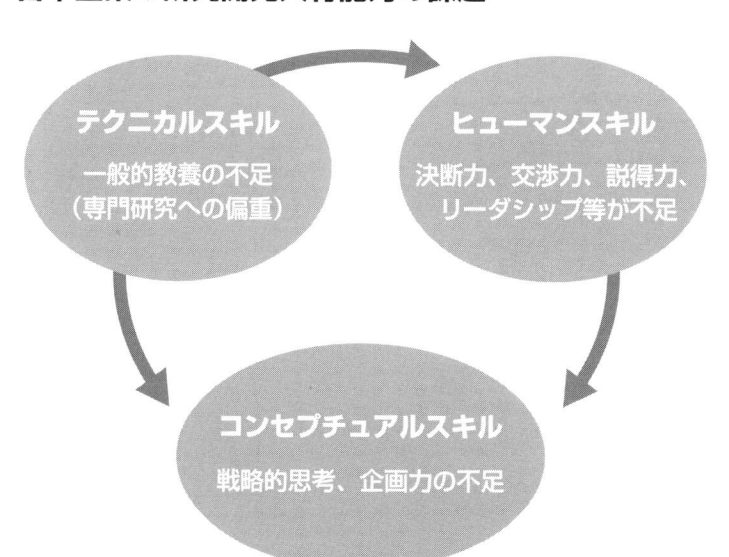

テクニカルスキル
一般的教養の不足
(専門研究への偏重)

ヒューマンスキル
決断力、交渉力、説得力、リーダシップ等が不足

コンセプチュアルスキル
戦略的思考、企画力の不足

Section 78 グローバル戦略の推進が必要

研究開発のグローバル化はどうなっているのか

研究開発のグローバル化は、進出国の市場状況と商品、企業規模によって適切な方法で展開される。

●研究開発のグローバル戦略

企業のグローバル化が進むにつれ、市場と情報の両面で研究する必要が出てきています。研究開発のグローバル戦略は、このようにイノベーションの側面から、市場と情報について四つの戦略がとられています。

① マルチドメスチック戦略は、各国の市場、流通、政府規制などに適応するための研究を行う場合です。この場合は各国市場の情報が重要で、技術情報はそれほど重要性が高くありません。

② インターナショナル・コーディネーション戦略は、国内市場や技術情報とも比較的重要でない場合、実行されることになります。すなわち、自国で商品化に成功した場合、その商品を海外に移転する戦略です。

③ トランスナショナル・アレンジメント戦略は、国内市場や技術情報とも比較的重要である場合、優秀な研究者や研究機関を求め、これらとのコラボレーションを強力に推進することになります。また、研究開発の世界戦略をとることを迫られます。

④ グローバル戦略は、高い技術情報を必要とし、国内の市場情報はそれほど必要としない場合、企業は世界市場に向けた商品を研究開発し、国際的に標準化されている商品を開発することになります。

●研究開発のグローバル化はどうなっているのか

家電情報企業のグローバル化が歴史的に早く進んできた経緯から、市場の研究開発が先行して展開されてきています。グローバル化のスタートは、後進国への進出でした。この場合は、労働集約型企業のコスト低減のための進出で、自国の商品を進出国へ市場展開するための研究開発で、自国での研究開発の対応で充分でした。しかし現状は、研究所の設立や買収、技術ライセンシング、戦略的提携、ジョイントベンチャー等、製品分野、企業分野、企業規模、進出国等によって、いろいろな組み合わせで世界戦略が組み立てられています。

研究開発のグローバル化はどうなっているのか

1．本社研究所と現地研究所との間の情報の流れ

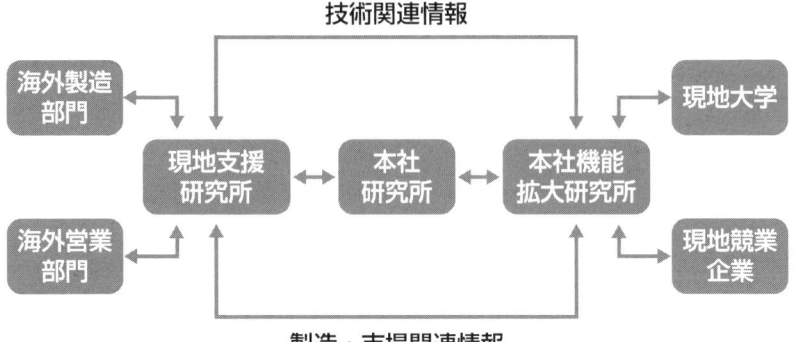

技術関連情報

海外製造部門 ― 現地支援研究所 ― 本社研究所 ― 本社機能拡大研究所 ― 現地大学

海外営業部門 ― 現地支援研究所   本社機能拡大研究所 ― 現地競業企業

製造・市場関連情報

2．海外の研究所の必要性と役割

必要性

(1) グローバル化によって、海外市場での開発から生産までの一貫性実現
(2) 各国のマーケットニーズは、現地でなければわからない
(3) 日本での開発コストは高く、国際競争に勝てない。人、物、金の現地化が必要

役割

(1) 基本開発・基礎研究は日本で、事業化商品開発(量産開発設計)は現地で行う
(2) 現地大学とのコラボレーションによる量産開発技術の技術移転
(3) 現地工場から日本本社研究所への研究開発依頼による、現地工場開発技術者の技術レベルの向上
(4) 現地調達部品を使用した商品開発
(5) 現地商品企画
(6) 日本向け商品の量産開発設計委託

Section 79

研究開発組織形態

日本企業の研究所は官僚型タイプで、事業化との遊離大

研究所の研究員人事評価の変革が必要。事業家意識への変革教育が重要となる。

●研究所のタイプ

スタンフォード・リサーチ・インスティチュートは、研究所の特性を、研究所の予算編成や事業部との関連から四つのタイプに分けています。

① プロフェッショナル型研究所

このタイプは、事業部との研究開発の成果別契約となり、個々の研究開発の成果別契約も可能で、社外との研究契約も可能で、事業部との間では緊張関係があります。研究所の独立性がきわめて高いのが特色です。

② セミプロ型研究所

このタイプの研究所は、基本的には事業部との契約関係にあるものの、事業部を変更することができます。このため、事業部との間に一定の緊張関係がありますが、独立性や自由度は多少低く、研究所所長は経営的な立場が必要となってきます。

③ 支援型研究所

このタイプは、研究所は事業部の付属機関としての位置づけで、事業部の事業戦略の元で研究開発にあたります。日本型企業に多く、人事交流も活発で、機能的なタイプであると考えられます。

④ 官僚型研究所

研究開発予算を獲得できるため、研究者は事業部からの依頼研究が少なく、独自の研究テーマを決められるため、事業部から遊離した自己満足型の研究開発となります。

●研究開発組織形態の特徴

図に示すように、研究所を効率的かつ経営戦略の一環を担うものとして位置づけるために、多くの研究関連組織が一体となった組織形態をとっているケースが多いものです。

大手製造企業の研究開発組織を見ればよく理解できますが、前述のように官僚型タイプの研究所が大勢を占めています。研究開発投資に年間売上高の約8％から10％の巨額をつぎ込む割には、その成果としての商品化につながり、売上げに寄与することが少なく、投資効率が悪いと言われています。

研究開発組織形態

1. 日本型大手企業の標準研究開発組織体制

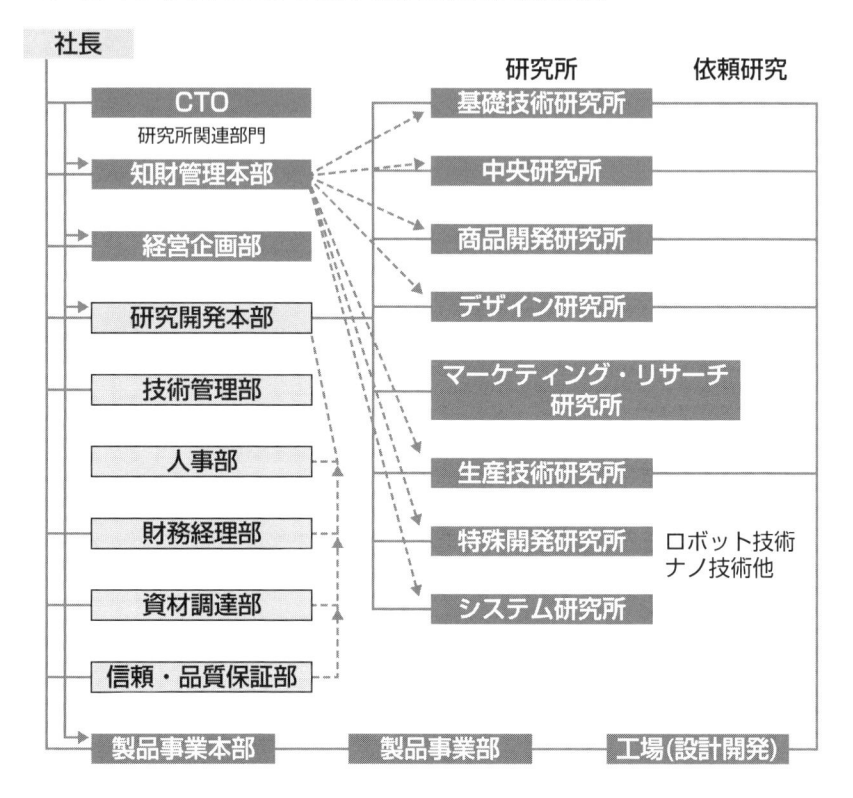

社長
- CTO
  - 研究所関連部門
- 知財管理本部
- 経営企画部
- 研究開発本部
- 技術管理部
- 人事部
- 財務経理部
- 資材調達部
- 信頼・品質保証部
- 製品事業本部 ── 製品事業部 ── 工場(設計開発)

研究所
- 基礎技術研究所
- 中央研究所
- 商品開発研究所
- デザイン研究所
- マーケティング・リサーチ研究所
- 生産技術研究所
- 特殊開発研究所（ロボット技術 ナノ技術他）
- システム研究所

依頼研究

2. 日本企業の研究所の課題と対策

[1] 研究員の多くは、論文を学会等社外に発表することで自己満足に陥っている
　　→研究成果として商品化が、研究員の人事評価にシフトすべきである
[2] 研究所は、研究開発の商品化と研究開発技術の事業化意識が希薄
　　→研究開発の中長期事業計画の策定を要する
[3] 特許等知財の成果に対するペイバックシステムを確立すべき

Section 90

研究開発の分業の考え方について

研究開発の分業は長期、中期、短期にテーマを分け、体制を組む

研究開発の分業による重複部分の調整が必要で、本社スタッフ、委員会組織、小集団活動展開等のシステム体制づくりが必要。

● 研究開発の分業とは

研究開発組織は、研究開発のプロセスに従って三つの分業構造をとっています。

① 基礎研究所あるいは中央研究所

商品開発から離れた長期的な基礎研究を行います。〈長期的なテーマ〉

② 開発研究所

商品開発に関連した研究開発を行います。〈中期的なテーマ〉

③ 開発設計部門あるいは工場に属する生産技術研究所

商品開発事業部門の改良改善を行います。〈短期的なテーマ〉

このような分業体制をとっていますが、それぞれの区分で重複部分があり、企業内の研究である関係上、事業化が最大のポイントであるため、部門相互の協力関係を維持して推進していかなくてはなりません。それでもこのような体制をとっていることは、各研究部門が独自の研究を優先してしまう危険性をはらんでいるからです。そこで、各部門間の連携を図るシステム体制が必要となってきます。組織論から言えば、縦割り組織の弊害を横串調整機能によって少なくしていく方法が必要となるわけです。

このシステム体制である調整機能は大きく三つが考えられます。

① 本社スタッフ部門による調整

各研究所の分業体制の下で、研究テーマ別に研究開発推進状況を技術管理部門に登録し、重複部分がないかを定期的にチェックし、ある場合はその部門のトップに対して調整を行うように勧告します。

② 委員会組織による調整

研究所、事業部、生産部門、マーケット部門等のトップにより構成される各部門の課題を分野ごとに分類し、対策を検討して部門間の調整を図ることが重要です。具体的には、分科会組織を編成し、各部門のトップに対して部門間の調整を行います。

③ 「研究開発の体質強化」を推進する運動組織の設置

全員参加型の小集団活動の展開が効果的です。

研究開発の分業の考え方について

1. 分業構造

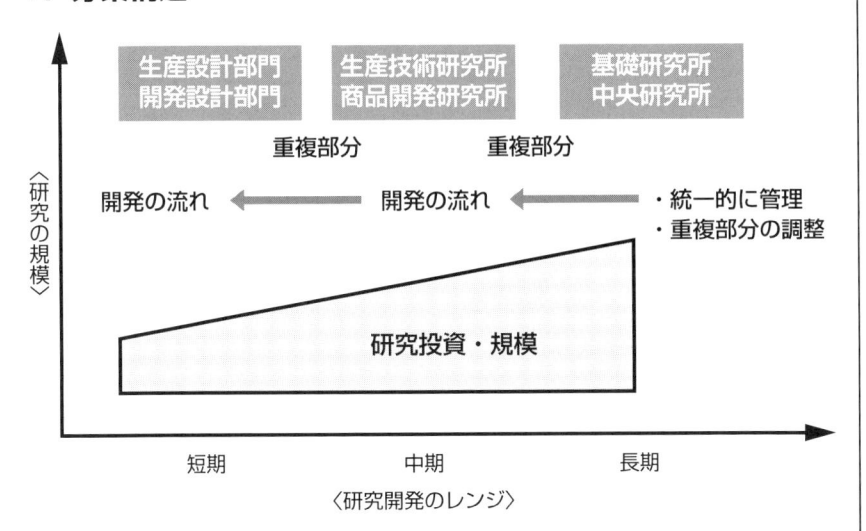

〈研究の規模〉

| 生産設計部門 | 生産技術研究所 | 基礎研究所 |
| 開発設計部門 | 商品開発研究所 | 中央研究所 |

重複部分　　　　重複部分

開発の流れ ← 開発の流れ ← ・統一的に管理
　　　　　　　　　　　　　　・重複部分の調整

研究投資・規模

短期　　　中期　　　長期
〈研究開発のレンジ〉

2. 研究開発部門と製造部門の連携効果

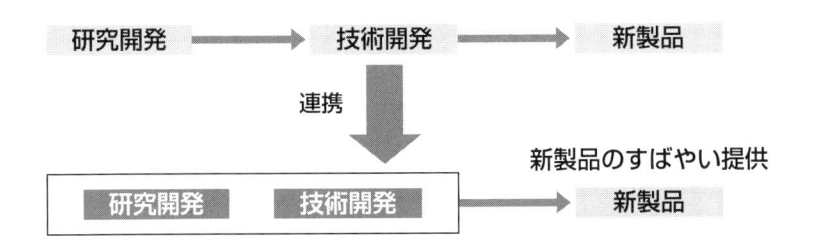

研究開発 → 技術開発 → 新製品

↓連携

研究開発　技術開発　　新製品のすばやい提供
　　　　　　　　　　　新製品

例：プロジェクト組織編成 → 製品/技術のライフサイクルの短縮への対応
　　　　　　　　　　　　　　マーケットニーズの変化へのすばやい対応

出所）藤末健三（2005年）をもとに中河正勝が作成

Section 91

商品化のための管理が重点

研究開発管理の要点

予算、テーマと評価、実施、人材管理、開発期間等、相互の関連と調整を統一的に管理する必要がある。

●研究開発管理の要点

研究開発管理は、予算管理、研究開発テーマとその成果の評価の実施、人材管理、研究開発期間管理等の五つを総称するものです。

①予算管理

研究開発の予算管理は、研究所を一企業として捉え、事業計画を作成して予算化することで研究所の事業経営意識の強化につながり、研究開発の効率化に寄与するものと確信しています。

したがって、研究開発本部の経理担当が、予実管理を徹底フォローしていくことが重要です。

②研究開発テーマとその成果の評価

研究開発のテーマ選定とその成果の評価が非常に重要です。テーマの選定にあたっては、市場ニーズにマッチし決定的な他社差別化を有し、価格競争力に充分に堪え、かつグローバル競争に打ち勝つ商品力を持つテーマの選定が必要です。さらに、事業部門から依頼研究テーマも出され、保有研究員のテーマへの配賦等商品化に向けた技術評価が必要です。このように技術開発テーマの一つひとつの技術評価を行

い、技術獲得と特許の権利化を獲得し、商品化実現の評価を決めていきます。

③研究開発実施

テーマが決まって研究開発の実施段階になると、テーマの技術評価によってはいろいろな実施方法が考えられます。技術開発を行う場合、基礎技術研究所、外部の技術アライアンス等の技術獲得が必要となります。また、実用化が比較的早いテーマに関してはプロジェクトを編成し、事業部門の生産に直結したメンバーを入れて、生産ラインの準備を整えます。こうした一連の流れは、綿密なアクションプランによって実施していきます。

④人材管理

テーマに必要な技術開発と、商品化のための適材適所の人員配置と教育が必要となります。

⑤研究開発期間管理

研究開発期間は、商品サイクル、市場動向、他社動向等の管理が必要です。

186

研究開発管理の要点

1. 開発テーマの統合のポートフォリオ

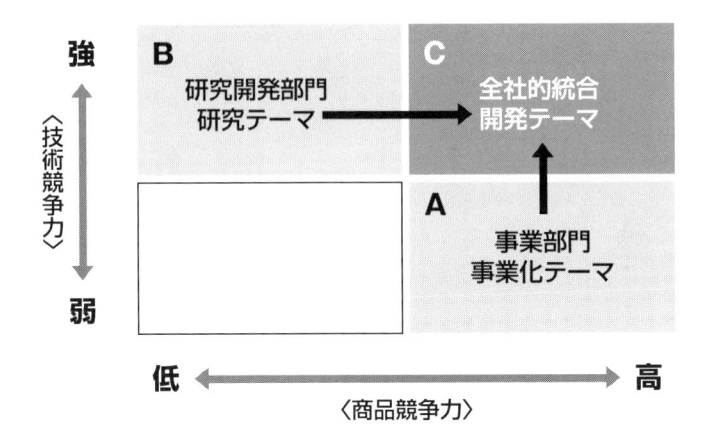

〈技術競争力〉 強 ←→ 弱
〈商品競争力〉 低 ←→ 高

- B 研究開発部門 研究テーマ（技術競争力：強、商品競争力：低）
- A 事業部門 事業化テーマ（技術競争力：弱、商品競争力：高）
- C 全社的統合 開発テーマ（技術競争力：強、商品競争力：高）

A 事業部門事業化テーマの特徴　：従来の商品に近いテーマ
B 研究開発部門研究テーマの特徴：技術指向が強いテーマ
C 全社的統合開発テーマ　　　　：A、Bのテーマを総合検討し、取捨選択して全社的な統合開発テーマとする

2. 研究開発管理の要点

①予算管理
・自己研究費・委託研究費・間接経費・プロジェクト研究費

②研究開発テーマ管理
・関連部門とのテーマ調整・成果評価・マーケット調査・研究情報

③人材管理
・人員統計・スキル管理・人事評価・研究テーマ割り付け

④研究開発スケジュール管理
・テーマごとのスケジュール・フォローアップ

Section 82

研究者の意識改革の重要性について

研究論文、博士の学位取得が研究者としての自己満足で終始し、商品化開発に重要性認識が希薄、社会の環境変化に柔軟に対応できない、自分の研究に対し自己満足に陥っている、偏屈、協調性に欠く等、マイナス評価が強調されています。

研究所のリストラが始まり、資金の削減が研究者の意識改革に拍車をかけている。

●研究者の意識について

日本の国公立・企業の研究機関と大学の研究者の意識に関して、科学技術庁が平成10年9月に調査結果を発表していきます。480人の研究者を対象に調査したものです。その結果、研究者サイドの意識としては、研究者の定義が欧米と日本では異なっています。日本での定義は、「大学の課程を修了したもので、2年以上の研究経歴を有し、かつ、特定の研究テーマを行っている者」。米国での定義は、「科学・工学の研究開発に関する職業」とあるように、日本の定義のほうが大学の研究者の延長線上と理解している研究者が多いと考えられています。次に、研究支援体制が、日本の研究者に対して整備されていないことが挙げられます。

この調査結果によれば、研究者自身は、研究論文と博士の学位を取得することが立派な研究者との認識を強く持っていることが感じとれます。

一方、企業の研究部門研究者以外の技術者は、研究者をどのように評価しているのでしょうか。研究活動の事業性意識が乏しい、高度な技術の追求に終始し、商品化開発に重要性認識が希薄、社会の環境変化に柔軟に対応できない、自分の研究に対し自己満足に陥っている、偏屈、協調性に欠く等、マイナス評価が強調されています。

●研究者の意識改革の重要性

日本企業のグローバル化が進む中で、激烈な競争が行われています。その競争に打ち勝つためには、研究開発の効率化が問題となってきています。大企業では年間の研究開発投資が、年間売上げの10％弱もの資金を長期にわたり投入されるため、直接商品化に結びつかない研究テーマの見直しが行われてきました。研究開発資金の削減によって、研究者の意識改革も当然行われています。

極端な言い方ではありますが、研究所のリストラが始まっています。研究者といえども、経営意識を持って研究開発に従事する意識が非常に重要となってきました。

188

研究者の意識改革の重要性について

1. 研究者の意識問題とその対応

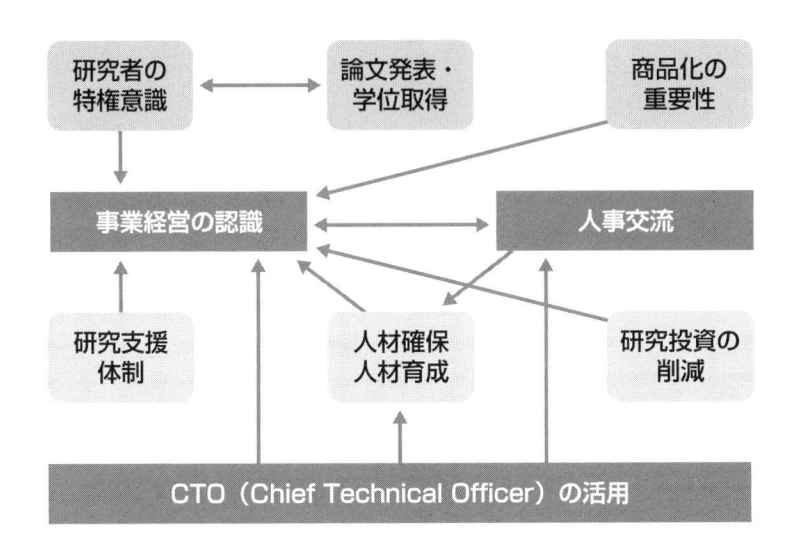

```
[研究者の特権意識] ←→ [論文発表・学位取得]    [商品化の重要性]
       ↓                                           ↓
       ↓          [事業経営の認識] ←→ [人事交流]
       ↑                ↑                ↑
  [研究支援体制]    [人材確保・人材育成]    [研究投資の削減]
                         ↑
       [CTO（Chief Technical Officer）の活用]
```

2. 意識改革の重要性

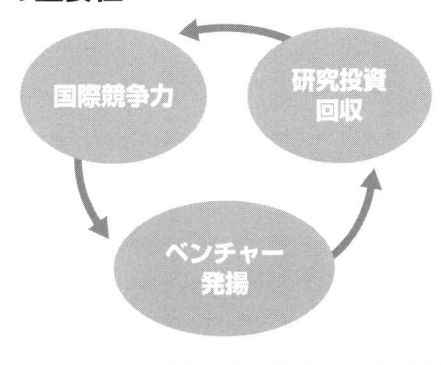

```
    [国際競争力] → [研究投資回収]
         ↑              ↓
         └── [ベンチャー発揚] ←┘
```

日本企業の研究者を取り巻く環境

COLUMN 8

新産業創造戦略を核とした
イノベーションの創出

　経済産業省が目指す「科学技術創造立国」の実現に向けて重点施策を打ち出しています。

　日本政府としてイノベーションの創出に関して、国家戦略として明確に位置づけ、大企業のみならず中小企業、大学等産学連携で支援していく方針を打ち出しました。また、助成金の申請も可能となりました

　平成17年度の産業技術関連予算の重点施策を紹介します。

①研究開発プロジェクトの戦略的重点化と相互の連携強化

　新産業創造戦略を踏まえ、重要技術分野について市場ニーズ、社会ニーズを見すえた「技術戦略マップ」を策定し、研究開発プロジェクトの重点化と相互の連携強化を図る。

②産業連携の多面的な展開

　大学発ベンチャー支援者コミュニティの形成等を通じ、産学連携のさらなる深化を図るとともに、製造現場における人材を、産学連携により育成を図る。

③民間企業のイノベーションシステムの改革

　民間企業における技術開発に対して、提案公募型の研究助成を行う。また、技術開発とコンサルティング等の一体的な支援により、中小・ベンチャー企業等の事業化を促進する。

④地域における科学技術の振興

　地域において新産業・新事業を創出し、地域経済の活性化を図るため、実用化技術開発を推進し、産業集積（産業クラスター）を進化・発展させる。

⑤競争的研究資金の拡充

　研究者の能力を最大限に発揮させ、世界最高水準の研究開発成果の創出に貢献する競争的研究資金について、いっそうの拡充を図る。

⑥独立行政法人における研究開発の推進等研究基盤の整備

　イノベーションの推進に資する最先端研究開発を着実に実施する。知的基盤の整備、国際標準化活動を推進する。

第9章 マーケティング戦略

Section 83
マーケティングとは何か

Section 84
研究段階のマーケティングのやり方とは

Section 85
マーケティングから研究開発を考える

Section 86
事業化段階でのマーケティング手法

Section 87
ユーザー主導のイノベーションとは

Section 88
技術経営とマーケティングとの関係

Section 89
イノベーションを成功させるマーケティングとは

Section 90
マーケティングに適した人材とは

Section 83

企業の夢と市場の夢をつなぐ活動

マーケティングとは何か

開発段階で製品化された技術の成果を商品化して、金をいただくまでの一連の業務をいう。

●マーケティングとは

開発段階で製品化された技術の成果が商品として市場で評価され、金をいただくまでの一連の業務をマーケティングといいます。営業と混同されることがありますがまったく異なり、商品を顧客に販売することが営業で、事業化段階での重要な業務なのです。

マーケティングは、企業とお客との商品を通じたインターフェースの役割をはたしていると考えられます。すなわち、どのような製品を作ったら商品価値が高められるかの製品コンセプトづくりが重要な仕事になります。

言い換えれば、企業が商品を評価するのではなく、お客に商品価値を評価していただく活動そのものなのです。その意味では、マーケティングは付加価値創造的活動といっても言いすぎではありません。

マーケティング戦略について、以下に概略を説明します。マーケティングに関しては範囲が広いので、重要な事項について簡単に説明します。

調査分析が必要となります。大手企業では、消費者のモニターによる商品評価が非常に重要視されています。評価結果を忠実に商品仕様に取り入れなければなりません。競合他社との差別化が必要です。

この場合、プロダクトポートフォリオ分析を行い、その商品の市場での位置づけを明確にし、シェア目標を設定して、その達成のためのアクションプランを立てます。価格戦略が販売力に大きく影響します。商品のネーミングも重要な要素となってきます。

すなわち、ブランド力との相乗効果が期待されます。次に販促に必要な効率的なセールスプロモーションと広告宣伝戦略の立案も大切です。販売流通戦略が決め手となります。輸送コストを削減し、販売に至るプロセスの短縮等総合的な戦略がとても重要となってきます。これらの項目の適切な対応が求められます。

製品の技術開発の目処がついた時点でそれを商品化するために、顧客層の

192

マーケティングとは何か

1. マーケティングのポイント

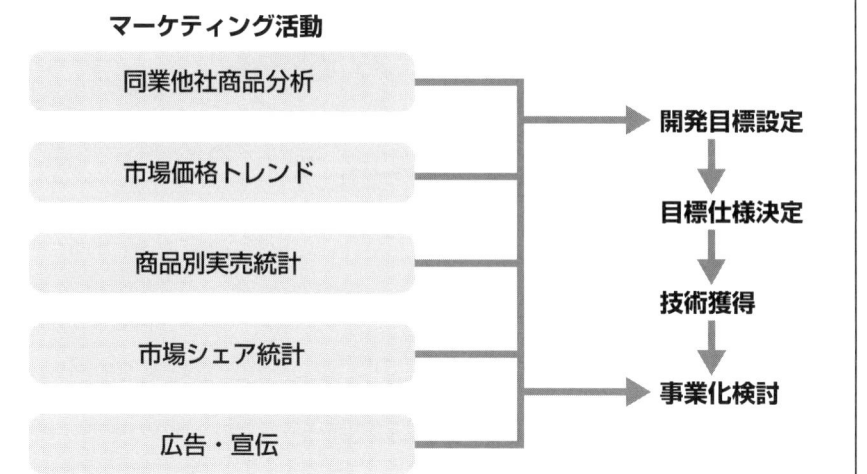

マーケティング活動

- 同業他社商品分析
- 市場価格トレンド
- 商品別実売統計
- 市場シェア統計
- 広告・宣伝

→ 開発目標設定
↓
目標仕様決定
↓
技術獲得
↓
事業化検討

2. マーケティング戦略

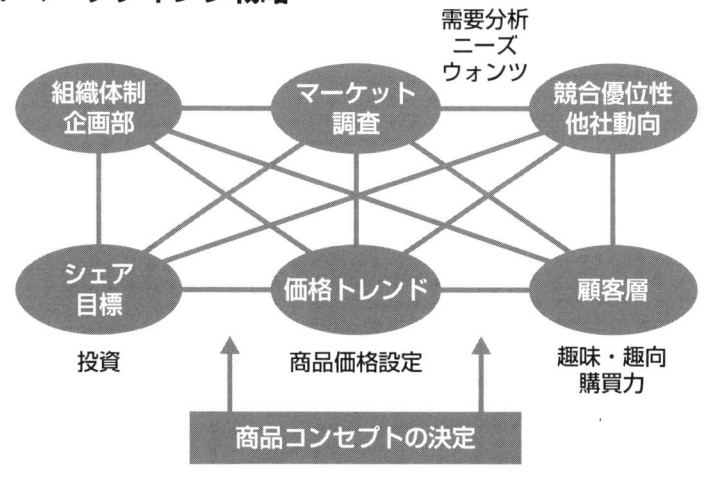

- 組織体制 企画部
- マーケット調査（需要分析 ニーズ ウォンツ）
- 競合優位性 他社動向
- シェア目標（投資）
- 価格トレンド（商品価格設定）
- 顧客層（趣味・趣向 購買力）

商品コンセプトの決定

Section 84

研究段階のマーケティングは、研究効率を高めるのに役立つ

研究段階のマーケティングのやり方とは

市場のニーズ、ウォンツ、デマンドの関連を詳細に分析することが大切。

● 研究段階でのマーケティング

前項では、一般的なマーケティングについて説明しました。マーケティングは、開発段階が中心であることも述べました。現在では大手企業においても、研究段階でのマーケティングは、充分実行されていないといっても過言ではありません。しかし、早い段階でのマーケティングは、市場での商品価値を高める意味で非常に重要です。

日本企業の研究者は学術的な意識が強く、マーケティングの重要性についての認識がやや希薄なため、研究所内や研究部門にマーケティング部門を設置して専門的なマーケティングを実施することが求められています。

研究段階でのマーケティングに関しての具体的な活動は、概ねその技術のマーケットでのニーズ、ウォンツ、デマンドの関連を詳細に分析評価することにあります。このことがわかれば、開発段階での本格的なマーケティング活動に、大きな効果をもたらすことになります。さらに、研究の初期段階からのマーケティングは、顧客の不連続性、不確実性にいかに製品、商品側で早く対応するかが大きなテーマとなっています。このために大手企業では、顧客開発センターのような組織を設け、研究機関からの依頼を受け、顧客に関するさまざまな研究を行っています。一例を挙げれば、家電製品の場合は、主婦層、若年層、女性層、壮年層、老人層等々の層別顧客ニーズ、ウォンツ、デマンドの研究を実施しています。これらの層は、年ごとに環境の変化や、技術の進歩により大きく影響を受け、年々調整していく必要も出てきます。

企業のグローバル化に伴い、生産工程が長くなり長納期化しています。したがって、輸送問題に関してもいろいろなシミュレーションを行いながら輸送効率の改善が望まれます。製品の世界戦略を見極め、研究段階から研究していかなければならないと考えています。いずれにしても研究段階での商品の方向づけを充分、分析評価していくことが大変重要となっています。

研究段階のマーケティングのやり方とは

1. ニーズ

(1) 顧客のニーズの要因

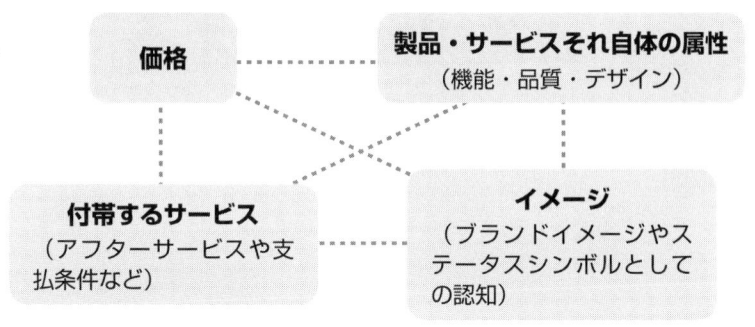

- 価格
- 製品・サービスそれ自体の属性（機能・品質・デザイン）
- 付帯するサービス（アフターサービスや支払条件など）
- イメージ（ブランドイメージやステータスシンボルとしての認知）

(2) セグメンテーション

(1) 地理
(2) 製品の機能や性能、用途、使用環境、価格
(3) 個人顧客の職業や年齢、性別、社会経済階層
(4) 企業顧客の業種や規模

2. ウォンツ、ニーズ、シーズの関連

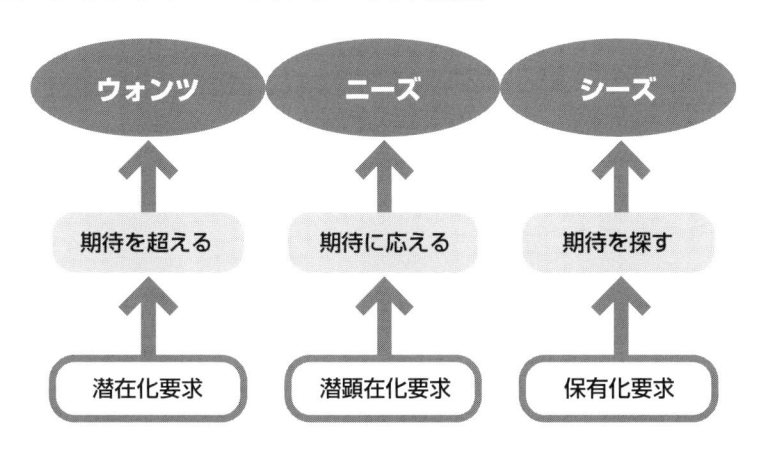

ウォンツ	ニーズ	シーズ
期待を超える	期待に応える	期待を探す
潜在化要求	潜顕在化要求	保有化要求

Section 85

研究開発段階でニーズ、価格、競合他社の差別化を考えることが重要

マーケティングから研究開発を考える

製品のポジショニングを決めることが必要である。

● マーケティングから研究開発を考える

経済成長が著しい時代には、安くて性能が良いものは売れました。すなわち、メーカー主導でマーケットが動いていました。この場合は、企業の研究開発部門では、技術開発にある程度没頭し、世の中にないものを製品化して世に送り出せば売れました。

しかし近年では、顧客のニーズがデザイン、ブランド、宣伝、アフターサービスなどに多様化しており、マーケット主導に変化しています。そのため、お客が何を求めているのかをいち早くつかんで分析評価し、研究開発段階から製品化に適用していかなければ、グローバル化時代の厳しい競争には勝つことは困難です。最近、多くの企業では、マーケティングを強化するための組織体制を編成しています。製品の研究開発経験が豊富で、柔軟かつイノベーティブな発想を有する技術者がリーダーになることが必要です。組織には、また、営業・販売部門の顧客に最も近い部門の人の参加も必要となります。これらの部門は、常にお客の情報とアフターサービス部門のクレーム処理データを把握し、そこからお客の商品に対する問題点を抽出して、製品の研究開発仕様をまとめていくようにしています。いかにお客のニーズを的確にとらえて、商品に適用できるかが、企業経営に大きく関わってきます。

● 製品のポジショニングを考える

研究開発段階のマーケティングにおいて重要なのは、製品のポジショニングです。ポジショニングは、製品に対する顧客ニーズへの対応、製品がどのような価値を有するか、製品価格対応等顧客にアピールする製品の位置づけを決めることにあります。

具体的には、ターゲットとなるマーケットを選び、マーケティングで競合製品より魅力的であると認知される位置づけを決め、消費者から見た製品の位置づけを決め、マーケティングで競合製品より魅力的であると認知されるポジションを見つけ、それをマーケティングなどで売り込むことがポジショニングです。

マーケティングから研究開発を考える

1. マーケティングの基本コンセプト

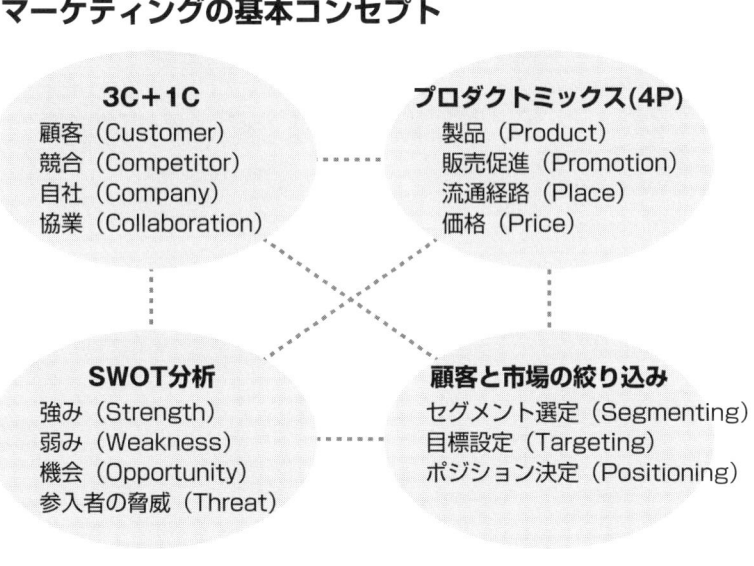

3C+1C
- 顧客（Customer）
- 競合（Competitor）
- 自社（Company）
- 協業（Collaboration）

プロダクトミックス(4P)
- 製品（Product）
- 販売促進（Promotion）
- 流通経路（Place）
- 価格（Price）

SWOT分析
- 強み（Strength）
- 弱み（Weakness）
- 機会（Opportunity）
- 参入者の脅威（Threat）

顧客と市場の絞り込み
- セグメント選定（Segmenting）
- 目標設定（Targeting）
- ポジション決定（Positioning）

2. 研究開発におけるマーケティングの位置づけ

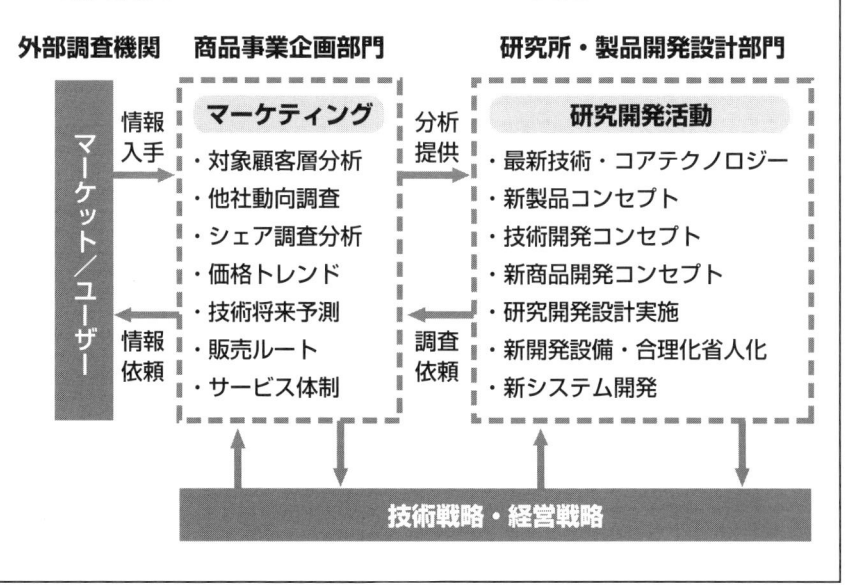

外部調査機関 ／ マーケット／ユーザー

情報入手 → / 情報依頼 ←

商品事業企画部門

マーケティング
- 対象顧客層分析
- 他社動向調査
- シェア調査分析
- 価格トレンド
- 技術将来予測
- 販売ルート
- サービス体制

分析提供 → / 調査依頼 ←

研究所・製品開発設計部門

研究開発活動
- 最新技術・コアテクノロジー
- 新製品コンセプト
- 技術開発コンセプト
- 新商品開発コンセプト
- 研究開発設計実施
- 新開発設備・合理化省人化
- 新システム開発

技術戦略・経営戦略

Section 86
マーケティングの総仕上げ
事業化段階でのマーケティング手法

セールス面のマーケティング活動と調整が必要。

● 事業化段階でのマーケティング

事業化段階のマーケティングは、セールスに近い分野の活動となります。製品、流通、価格、販促、広告、これらすべての要素をいかに組み合わせるかがマーケティングと言えます。

これらのマーケティング活動を、効果的に推進するための手法について述べます。

マーケティング活動は、研究開発段階でほとんど完結しなければ、経営上遅きに失することになります。事業化段階ではセールス面を充実させ、かつ研究開発段階でのマーケティング活動の見直しを行い、本来のマーケティング効果を最大限にもっていくための仕上げの段階と認識するべきです。

日本企業の経営においては、ライン至上主義的傾向が依然として根強いと思います。マーケティング部門のまとめた行動計画をラインに実行してもらうには、より具体的な施策とラインの正しい情報による分析が重要で、ラインのそれぞれの部門に評価してもらうことが必要であると考えています。

このような段階でのマーケティングは、ラインの実務家と企画部門の連携による組織体制で、現場（マーケット）をよく調査分析し、適切な判断をCTOが下すことで決まると思います。

現在グローバル化とIT化が進み、とくにe‐マーケティング手法の活用が必要不可欠となっています。広告形態も大きく変化をしています。Web上でのバナー広告、ネットオークション、e‐コマース、マルチメディア戦略、インターネット通販等々、うまく活用していかなければなりません。

日本の流通面の改革は大変遅れています。とくに大手企業直系の複雑な流通とその販売権益確保によるその他の簡便なルートの受け入れに対する拒絶反応により販売コストが高く、市場価格の競争力低下に直結しています。さらにグローバル化に対応する流通・ロジスティクスの見直しも急務です。

198

事業化段階のマーケティング手法とは

事業化段階のアフィリエイト(Afiliate)による
マーケティング手法

(1) アフィリエイトによるネット販売の仕組み

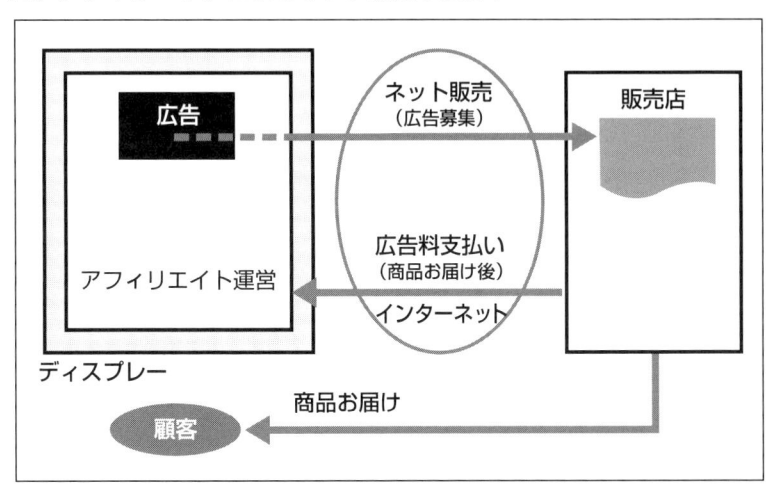

```
ディスプレー
┌─────────────────────┐        ┌──────┐
│  ┌──────┐   ネット販売      │      │販売店 │
│  │ 広告 │---(広告募集)----→│      │
│  └──────┘                  │      │
│                            │      │
│  アフィリエイト運営  ←── 広告料支払い ──  │      │
│                    (商品お届け後)     │      │
│                    インターネット      │      │
└─────────────────────┘        └──────┘
         顧客  ←────── 商品お届け ──────
```

(2) マーケティング販売活動

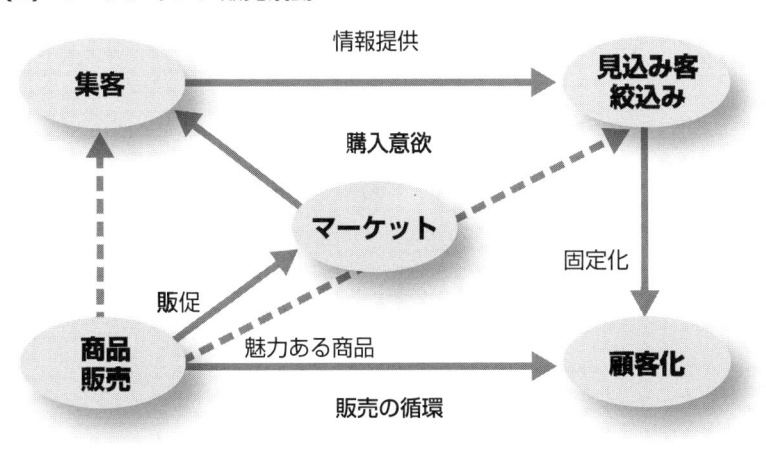

- 集客 ──情報提供→ 見込み客絞込み
- マーケット ──購入意欲→ 集客
- 見込み客絞込み ──固定化→ 顧客化
- 商品販売 ──販促→ マーケット
- 商品販売 ──魅力ある商品→ 顧客化
- 販売の循環

Section 87
外部の発想豊かな人を組み入れ、起業化に結びつける
ユーザー主導のイノベーションとは

顧客の提案商品、アイデア提案、サービスコールを体制に取り入れ、製品化することが重要。

● ユーザー主導のイノベーション

イノベーションには、技術的側面とマーケティング側面とがあります。一般的には、新しい技術で一から商品開発を行うイメージで捉えられてきています。大企業を中心にした研究所による研究開発は、内面的なイノベーションによる技術開発が主流となっています。しかし、マイクロソフトやIBMといった世界規模の超一流企業の発展は、技術指向のイノベーションによるものではなく、マーケティングの側面によるイノベーション追求の商品化が大きく寄与していることは、確かな事実です。日本の企業では、ソニーが典型的です。常に顧客が何を求めているかを考え、また提案してもらい、それをすばやく製品化に結びつけています。

顧客からの製品化イノベーションには、例として使い勝手、サービス性、利便性、操作性、値ごろ感、奇抜性等の観点からの発想が、新たな技術的進歩と相まって製品化につながっていくものと考えられます。

研究開発型ベンチャーで飛躍を遂げた企業を研究すると、顧客の発想といった些細なきっかけを弾みにして、マーケティングイノベーションを起こした企業は枚挙に暇がありません。日本の多くの企業でも顧客サイドからの提案や、サービスコールといった提案書を取り上げ、商品企画の製品仕様決定に適用されています。すなわち、サービスコールセンターの活用も無視できないほど、企業経営者はさまざまなものに目を向けています。

さらに、企業内従業員全員についても一人の顧客として位置づけ、商品企画提案、アイデア提案活動を展開しています。提案制度の成功は、企業トップの関心と、成功した場合のインセンティブが明確で、かつその利益還元が多いことに起因しています。

また、アイデアの実現に向けた体制づくりと、投資に対してのサポートが成功要因です。

200

ユーザー主導のイノベーションとは

1. イノベーションの分類

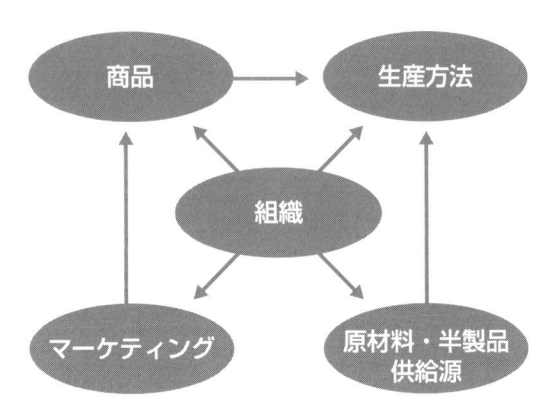

```
       商品 ──────→ 生産方法
        ↑  ↖     ↗  ↑
        │    組織    │
        │  ↙     ↘  │
    マーケティング      原材料・半製品
                      供給源
```

2. ユーザー主導のイノベーションの構築体系

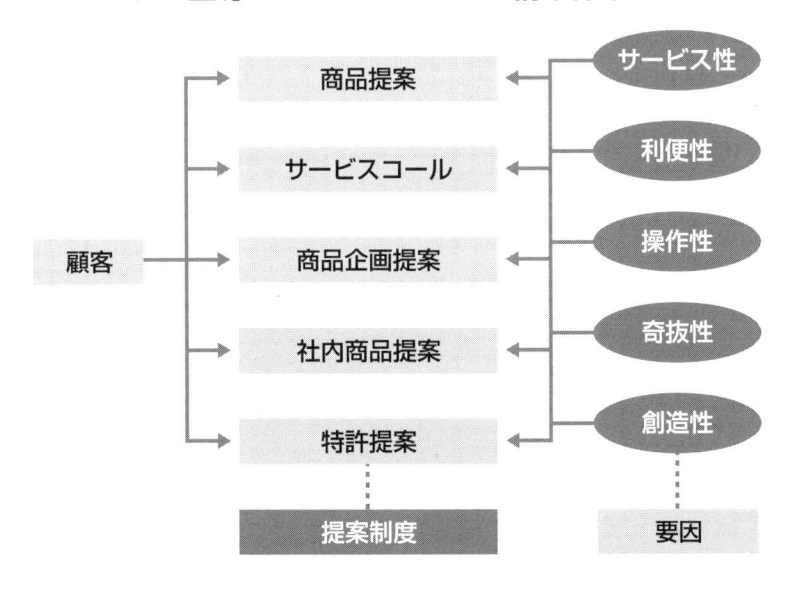

```
              ┌─→ 商品提案     ←── サービス性
              │
              ├─→ サービスコール ←── 利便性
              │
   顧客 ──────┼─→ 商品企画提案  ←── 操作性
              │
              ├─→ 社内商品提案  ←── 奇抜性
              │
              └─→ 特許提案     ←── 創造性
                    ┆              ┆
                  提案制度         要因
```

Section 88

研究・開発・事業化・産業化ステージのマーケティングが重要

技術経営とマーケティングとの関係

各ステージでのマーケティングの見直し・修正・調整が必要。

● 技術経営とマーケティング

技術経営には二つの側面があります。その一つは、技術的能力を開発し、それを製品やプロセスに適用・実装する活動と、マーケティングや製造といったマネジメントに関わり合うという側面です。後者の関わりについて述べたいと思います。

技術経営の四つのステージとマーケティングの関係を説明します。

① 研究ステージでは、ユニークな技術シーズを出していくことが必要で、差別化につながることになります。

② 開発ステージでは、将来につながる製品を開発していくための製品仕様目標を決めることになります。そのためのマーケティングでは、顧客のウォンツと一部のデマンドの調査分析が主体となります。

③ 事業化ステージにおけるマーケティングは、価格と品質重視が主体的なテーマとなります。すなわち、製品の商品化のために価格が最も重要になります。価格は市場が決めるもので、マーケティング活動においては、他社製品の価格分析や、販売店での店頭実売価格の調査が主体となります。ここでの注目点は、価格トレンドに基づく価格設定を踏まえ、総合的に検討することです。また、品質信頼性を重視することが必要となります。販売店のサービスデータの分析とクレーム処理の解析により、稼動実績を基に品質設計を実施するためのマーケティングとなります。

④ 産業化ステージでのマーケティングは、いかに大衆に受け入れられるかといったセールスの世界です。商品を安定した品質で、いかに安く大量生産するかが最大の課題となります。ここでのマーケティングの関わりは、広告、ブランド戦略、プロモーション戦略が基本的な活動となっています。

このように各ステージでのマーケティング活動を充分に認識し、各段階に適切なマーケティング戦略を企画立案し、確実に実行することが必要です。

技術経営とマーケティングとの関係

1. 技術とマーケティングの関連

マーケティング（Marketing）4P

Product	Price	Place	Promotion
・品質・信頼性 ・性能・仕様 ・ブランド ・アフターサービス ・納期	・市場価格 ・価格トレンド ・商品実売価格 ・価格戦略 ・販売マージン	・販売ルート ・販売店の立地 ・流通・物流 ・在庫管理	・広告媒体 ・広告内容 ・販促 ・営業手法手段 ・営業投資

⇑ ⇑ ⇑ ⇑

製品開発技術	量産設計技術	販売システム	広告販促ツール
・製品化開発 ・生産設備開発 ・製品設計 ・品質・信頼性 ・システム開発	・製造技術 ・生産技術 ・管理技法 ・量産設計 ・資材調達	・POSシステム ・インターネット販売 ・物流システム開発	・新しい広告アイデア ・販促ツール ・営業販売システム開発

技術（Technology）

2. マーケティングはだれが行うのか

1 研究ステージにおいては、**業界・マーケットを熟知している外部調査機関等の活用など、マーケット研究企画者**が行う

2 開発ステージにおいては、**事業企画(商品企画)、開発者**が行う

3 事業化ステージにおいては、**営業・販売関係者**が中心で行う

Section 89

イノベーションとマーケティングのバランスが重要

イノベーションを成功させるマーケティングとは

研究段階からイノベーションの実現のためのマーケティングが必要になる。

● イノベーションを成功させるマーケティング

研究段階から技術を四つのイノベーションに分類し、開発段階の製品化で、マーケティング戦略によって製品仕様を決定し、開発コア技術の明確化と開発体制を確立することになります。さらに商品化段階では、販売戦略の策定を行い、マーケットの見極めと事業化体制の整備を実行し、量産プロセスに進むことになります。

過去、イノベーションとマーケティングの両方ともバランス良く機能していたとは言い難く、どちらかといえば、作れば売れた時代にはイノベーションにウエートが大きく、マーケティングはあまり活発ではありませんでした。しかし現在では、作れば売れた時代から、いかに市場にマッチした商品を作るかの時代になって、マーケティング活動の比重は大きくなってきています。

● イノベーションの分類

本題に入る前に、イノベーションについて再度説明したいと思います。アバナシーとクラークは、イノベーションを技術の革新性と市場への対応により、図に示す四つに分類しています。

一つ目は、既存の技術体系を壊し、新しい技術体系を創出し新しい市場を開拓する「構築的改革」で、例として飛行機、コンピュータ等があります。

二つ目は、既存の技術体系を壊すような新しい技術体系でありながら、既存の市場を開拓する「革命的イノベーション」で、たとえば真空管からトランジスターの転換が該当します。

三つ目は、既存の技術体系を強化しまったく新しい市場を開拓する「ニッチ創造」で、ファミコンや新幹線などがこれに当てはまります。

四つ目は、既存技術を強化し既存の市場をさらに深める「通常的イノベーション」です。

このように分類されたイノベーションとマーケティングの関わりについて考えていきます。

イノベーションを成功させるマーケティングとは

1. イノベーションの分類

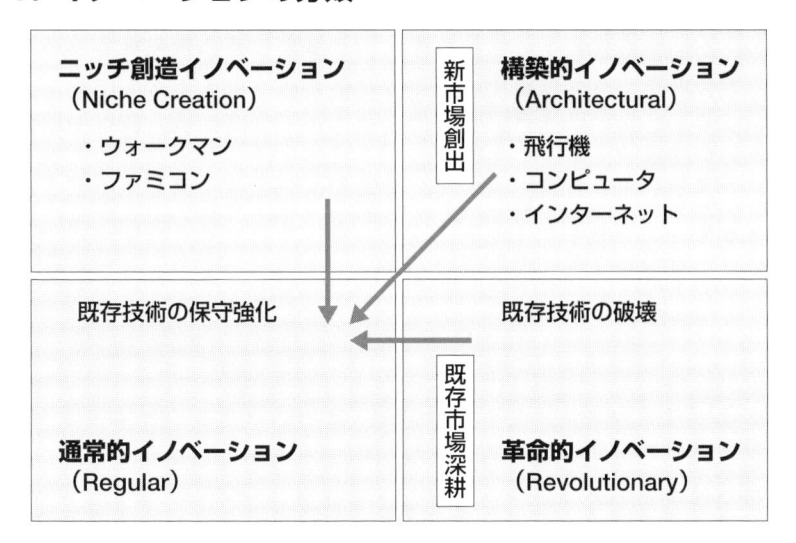

	新市場創出
ニッチ創造イノベーション (Niche Creation) ・ウォークマン ・ファミコン	**構築的イノベーション** (Architectural) ・飛行機 ・コンピュータ ・インターネット
既存技術の保守強化 **通常的イノベーション** (Regular)	既存技術の破壊 **革命的イノベーション** (Revolutionary)
	既存市場深耕

出所）Abernathy & Cleak(1985年)より作成

2. マーケティングの必要性

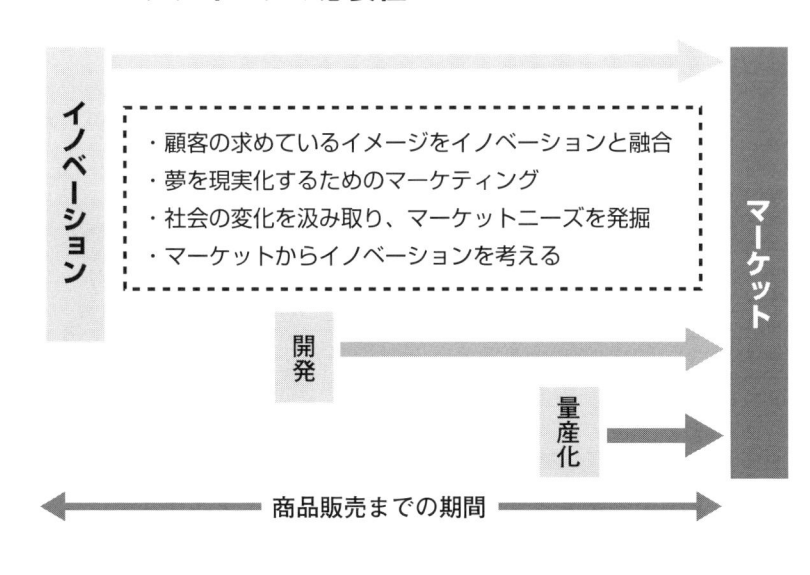

イノベーション → マーケット

- 顧客の求めているイメージをイノベーションと融合
- 夢を現実化するためのマーケティング
- 社会の変化を汲み取り、マーケットニーズを発掘
- マーケットからイノベーションを考える

開発 → 量産化 → マーケット

← 商品販売までの期間 →

Section 90

マーケティング業務の理解と認識が重要

マーケティングに適した人材とは

広い知識とフレキシブルな発想を有する人材が必要。

●マーケティング活動の認識

一般論として、マーケティングに適した人材について述べることは困難です。なぜならば、活動範囲が企業活動の全域、市場、政治・経済、環境、文化・芸術、その他広範囲にわたる活動だからです。しかし、マーケティング活動の本質は、商品開発に必要な社会的有用性、創造性、コストパフォーマンス、流通適合性等の原則に基づき、消費者ニーズとイノベーティブな技術を融合して、商品のベネフィットを正しく伝え、選びやすく買いやすいマーケットを創出するところにあります。

業種や企業規模によってマーケティング活動も、その範囲・内容が異なってきます。大手企業のマーケティング活動は、マーケティング戦略立案と実行計画を作成し、各関連部門に実務業務を依頼し、全体の取りまとめを行うのが一般的です。この理解と認識のもとで、マーケティングに適した人材をも述べることにします。

●マーケティングに適する人材

第一に、戦略企画能力を有していることが必要条件です。第二は、物事を正確に調査分析する能力、第三には、分析結果に対する評価能力、第四は、流通業務に精通していること、第五は、マーケティング手法の知識が理解できる能力を有していること、第六として は、発想が豊かで創造性を有すること、第七は、IT業務の経験がある、また理解できる素養を有していること、第八は、宣伝広告業務を理解できること、第九は、デザインに興味を持っていること、第十は、多くの問題解決のための要因摘出能力とその解決策を打ち出せる能力を発揮できること。その他、遊び心と好奇心を常に持ち、一顧客としてマーケティングを捉えられることも重要な要素になります。

以上のような人材を短期間のうちに確保するには、専門企業への業務委託等があります。長期的には、採用時からマーケティングの人材育成プログラムの開発と職位ごとの研修に力を注ぐことが、必要となってきます。

マーケティングに適した人材とは

1. 大手製造業のマーケティング業務体制の一例

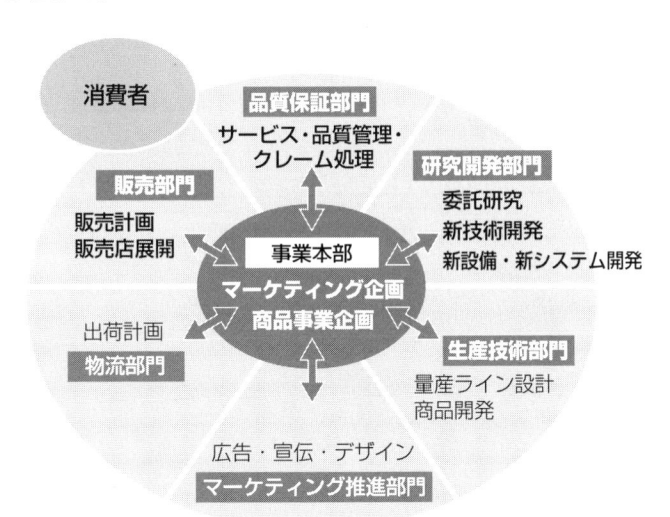

```
        消費者
                  品質保証部門
                  サービス・品質管理・
                  クレーム処理
                                 研究開発部門
 販売部門                         委託研究
 販売計画                         新技術開発
 販売店展開     事業本部           新設備・新システム開発
              マーケティング企画
              商品事業企画
 出荷計画                         生産技術部門
 物流部門                         量産ライン設計
                                 商品開発
                  広告・宣伝・デザイン
                  マーケティング推進部門
```

2. 最近のマーケティング職種とその人材能力

[1] **クリエーティブディレクション**
  ・パッケージデザイン、グラフィックデザイン

[2] **コピーライティング**
  ・編集、校正、制作進行等

[3] **Webデザイン**
  ・Webディレクション、Webプロデュース、映像・モバイルデザイン

[4] **商品開発**
  ・プロダクトデザイン、GUIデザイン、インテリアデザイン、色デザイン

[5] **一般企業のポジション**
  ・カントリーマネジメント、マーケティングプランニング、ブランドマネジメント

COLUMN●9

マーケット戦略における
CRMの企業戦略

　CRM（Customer Relationship Management）は、マーケティング、セールス、サービスの3部門が、「最新情報＋履歴情報＋ナレッジ」を、部門および企業横断的に常時共有しつつ、顧客を軸にコンカレント（同時進行的）に動作することで、高収益・高成長顧客を他社よりも多く、早く、長く経済的に獲得、維持し、顧客満足度と成果、自社利益を最大化するための包括的な経営手法、手段と定義されています。

　大量生産・大量消費を前提としたマスマーケティングの時代から、消費者個別のニーズに合わせたワンツーワン（One to One）マーケティングの時代へという市場環境の変化により、注目を集めている経営手法です。CRMの実践には、財務や税務処理といった観点の管理（伝票処理システムなど）とは別に、「顧客」を「個客」として捉える視点からの管理が必要になります。

　CRMシステムは、CRMを実践するうえで必要であり、CRMの導入企業は以下のさまざまな分野のうち、自社が注力する分野についてのシステムを中心に導入していくことが多いと思われます。

①顧客情報の管理・分析システム
②CTI（Computer Telephony Integration）
③コールセンターシステム
④SFA（Sales Force Automation）営業支援システム
⑤ダイレクトメールなどの販促システム
⑥ポイントカードなどのカード管理システム

　日本には1990年代後半に紹介され、金融機関を中心に一時期ブームになりましたが、2000年以降は、インターネットや携帯電話の爆発的な普及により、インターネット・メール・マーケティングを中心とするe-CRMへと発展しています。

　今後は、地上波デジタル放送の携帯電話への応用が開始されることから、動画広告等との連動が、次世代型CRMとして発展することが期待されています。

第10章 これからの技術経営

Section 91
サービス・イノベーションとは何か

Section 92
サービス・プロフィットチェーンから考えた
イノベーション

Section 93
テクノプロデューサーとは何か

Section 94
技術経営のパラダイム変換

Section 95
MOT改革を推進するために

Section 96
オープン・イノベーションとは何か

Section 97
これからの産学官連携の新たな展開へ向けて

Section 98
技術主導型の企業価値創造とは何か

Section 99
国家戦略としての技術経営はどのように発展するか

Section 100
イノベーションに関する国の構想は何に向かっているのか

Section 91

サービス・イノベーションとは何か

サービス産業の生産性向上と新産業創成のためのイノベーションがサービス・サイエンス。

サービスに関するイノベーションを体系的に創成していくための科学的アプローチがサービス・サイエンス。

●サービス・サイエンスとは何か

サービス・イノベーションを起こす基盤となるサービス・サイエンスとはどのようなものでしょうか。サービスとは、人や組織が欲望実現・目標達成のために必要な活動や機能を支援することです。サービス・サイエンスは、このサービスを科学的アプローチで実現するための方法論です。

サービス・サイエンスは、これまで定性的に評価されていたサービスを可視化して、定量化し、戦略や施策の課題や問題点などが明らかにして、企業経営の「効果」と「効率」を向上するための科学です。

●サービス・イノベーションの背景

日本のサービス産業は、GDPの約7割を占めています。サービス産業は生産性向上で遅れているという指摘があり、その革新を進めるため生産性を抜本的に向上させることが必要です。経済産業省ではサービス産業を、製造業と並ぶ「双発の成長エンジン」にする必要があると提言しています。

「総合科学技術会議 第3期科学技術基本計画」では、「国際的に生産性が劣後しているサービス分野は、科学技術によるイノベーションが国際競争力の向上に資する余地が大きい」と指摘しています。

●サービス・イノベーションへの取り組み

経済産業省ではサービス・イノベーションに積極的に取り組んでおり、2005年度から「サービス・イノベーションシンポジウム提言」を以下のように取りまとめました。

①サービス・イノベーションを推進するため、イノベーションを担う人材の育成が重要であること

②イノベーションを体系的に創成していくための科学的アプローチ方法の開発（サービス・サイエンス）が不可欠であること

③産学が連携して、こうした科学技術の開発体制（産学連携プラットフォーム＝サービス・イノベーションフォーラム）を構築すべきこと

サービス・イノベーションを推進するための課題

属人的要素と構造的要素の分離
・個人の勘やひらめきではなく、エンジニアリングとしての確立

サービス産業の国際化
・貿易財としてのサービス生産性の向上
・提供する価値、コスト計測手段の必要性

大学における教育カリキュラムの見直し
・IT、コンピュータサイエンス分野からの拡張

サービスの効率化・高付加価値化
・オフショアなどによる労働空洞化の回避

多岐多様に潜在化しているニーズの発掘
・ユーザーのイノベーションを効果的にサポート
・安定したサービスにつなげる枠組み

製造業とサービス業の融合
・製造業主力／製造業ｖｓサービス業という意識の再確認

出所）サービスイノベーション研究会会長・北城氏の資料より

Section 92

サービス・プロフィットチェーンから考えたイノベーション

サービス・イノベーションのメカニズム

サービス・イノベーションを起こすためのメカニズムをサービス・プロフィットチェーンで創造する。

●サービス・プロフィットチェーンとは何か

サービス・イノベーションを起こすためのメカニズムを考える枠組みとして、サービスコンセプトからターゲット市場、サービス提供までを連鎖したプロフィットチェーンがあります。サービス・イノベーションのコンセプトをまとめるときや課題を洗い出すときに活用できます。サービス価値、ターゲット市場、サービス提供システムの領域を好循環で連結するように、動的なネットワークで表現しています。

●サービス・プロフィットチェーンの機能と課題

サービス・プロフィットチェーンの構成要素である三つの領域について概要と課題について考えましょう。

①サービスコンセプト

最初にサービスコンセプトを生み出すときには、サービス提供者と被提供者双方での交流が必要です。質の高いサービスを要求する上流顧客に対象を絞り込むと、サービスコンセプトが具体的に想定できます。

サービスコンセプトを発想するときに最も重要なことは、「現場感覚」です。サービスが行われる現場の空気がコンセプトの中核にあります。現場で困っていることを原点として発想することで現実的なコンセプトが生まれます。ただし、現状からの発想だけでは革新的なコンセプトは生まれ難いので、未来予測や市場の変化の兆しなど、将来を見すえた発想を加味することにも配慮しなければなりません。

②ターゲット市場

ターゲット市場とは、顧客満足のターゲットを絞り込むことです。リピート顧客を多くすることが顧客満足と顧客ロイヤリティの指標となります。顧客のライフサイクルを考慮してサービスを提供すること、サービスによりブランド価値を向上させることなどが要点となります。

外部環境の変化、特に規制の緩和や強化などによるビジネスチャンスを捉えたコンセプトを創造していくことが

サービスのプロフィットチェーン

課題となります。顧客のサービスに対する要求を抽出して、サービスコンセプトが市場に適するかを評価しなければなりません。

③ **サービス提供システム**

サービス提供システムの要点は、仕事を楽しいと感じること、つまり仕事のファンになることです。顧客に興味を持ってもらうことは従業員のロイヤリティを維持するために不可欠です。従業員のロイヤリティが向上すれば従業員の生産性向上にもつながり、同時にサービスの質を向上させます。そのことでサービスのスキルが向上し、従業員が満足するという好循環となります。

サービス提供においては、サービスに参加する喜びを従業員が味わえることや、サービスによりブランド価値を上げられるようにオペレーション段階で工夫することが必要です。

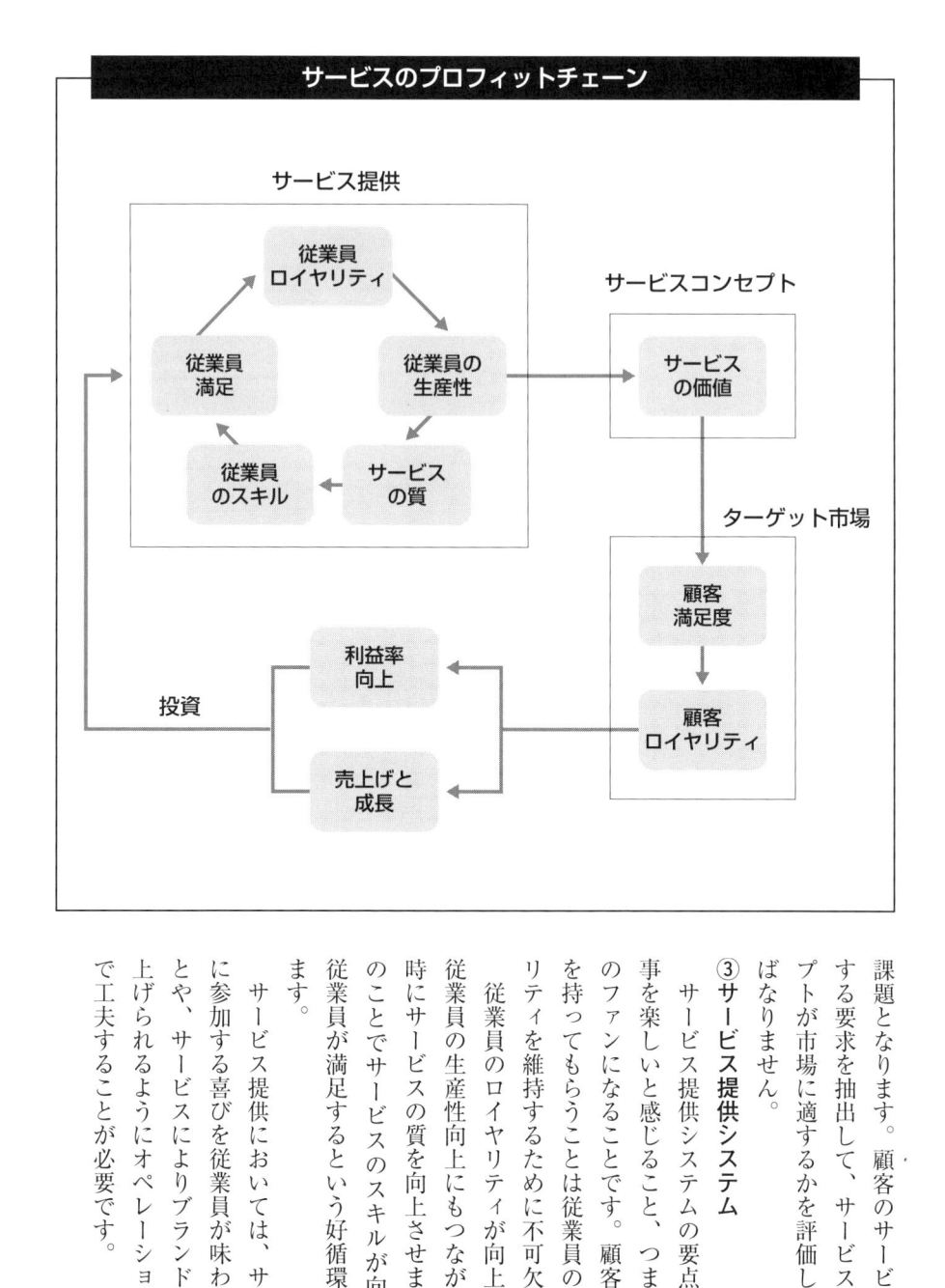

Section 93

テクノプロデューサーとは何か

技術を核にしたビジネスのプロデューサー

新しい戦略コンセプトを創設し、実践戦略を構築し、これを統合指揮する。

●テクノプロデューサーとは何か

技術や市場の変化が激しく複雑な社会経済環境の中で、新しいイノベーションを創出していくには、イノベーターとしての創造的リーダーシップ人材が求められます。北陸先端科学技術大学院大学の亀岡秋男教授は、今後のイノベーションを推進する主役となるべき新しい人材をテクノプロデューサーと呼称して、その育成強化に取り組むことを提唱しています。テクノプロデューサーとは、音楽の指揮者のように、創造的な新製品コンセプトを戦略目標として設定し、新産業を創出できる人材です。つまり、新しい戦略コンセプトを創設し、実践戦略を構築して、総合指揮する、まさに技術を核にした事業のプロデューサーです。

●テクノプロデューサーに求められる能力は何か

テクノプロデューサーは、次の三つの能力が求められます。

① コンセプトクリエーター（目標創設者）として、環境を認識したうえで目標を設定できる能力

② コーディネーター（目標達成者）として、与えられた目標を達成する過程をデザインできる能力

③ プロジェクトリーダー（過程実現者）として、目標と達成過程が与えられた際にそれを実現できる能力

特にコンセプト創造力は必須の能力です。

●テクノプロデューサーの要件

テクノプロデューサーの役割として重要なことは、魅力ある挑戦目標を明確に示すことです。この目標ターゲットを共有し合い、同じ目標に共鳴する自主的参加者を呼び込むことです。テクノプロデューサーには、企業レベルでも国レベルでも、それぞれの立場や価値観の違いを乗り越え、共有目標に向かって先導する人間的な魅力が求められます。図では、産業界、大学、政府の相互連携も示しています。これがうまく機能するには、研究技術人材や技術知識の円滑な交流・流通、つまり技術基盤が鍵となります。

214

テクノプロデューサーの役割

目標
—共有—

政府

技術のフロー　　　情報のフロー

技術基盤

産業界　　　**大学**

技術者のフロー

テクノプロデューサー
—コンセプト創造—
(MOT)

出所）北陸先端科学技術大学院大学・亀岡秋男教授の資料を一部修正

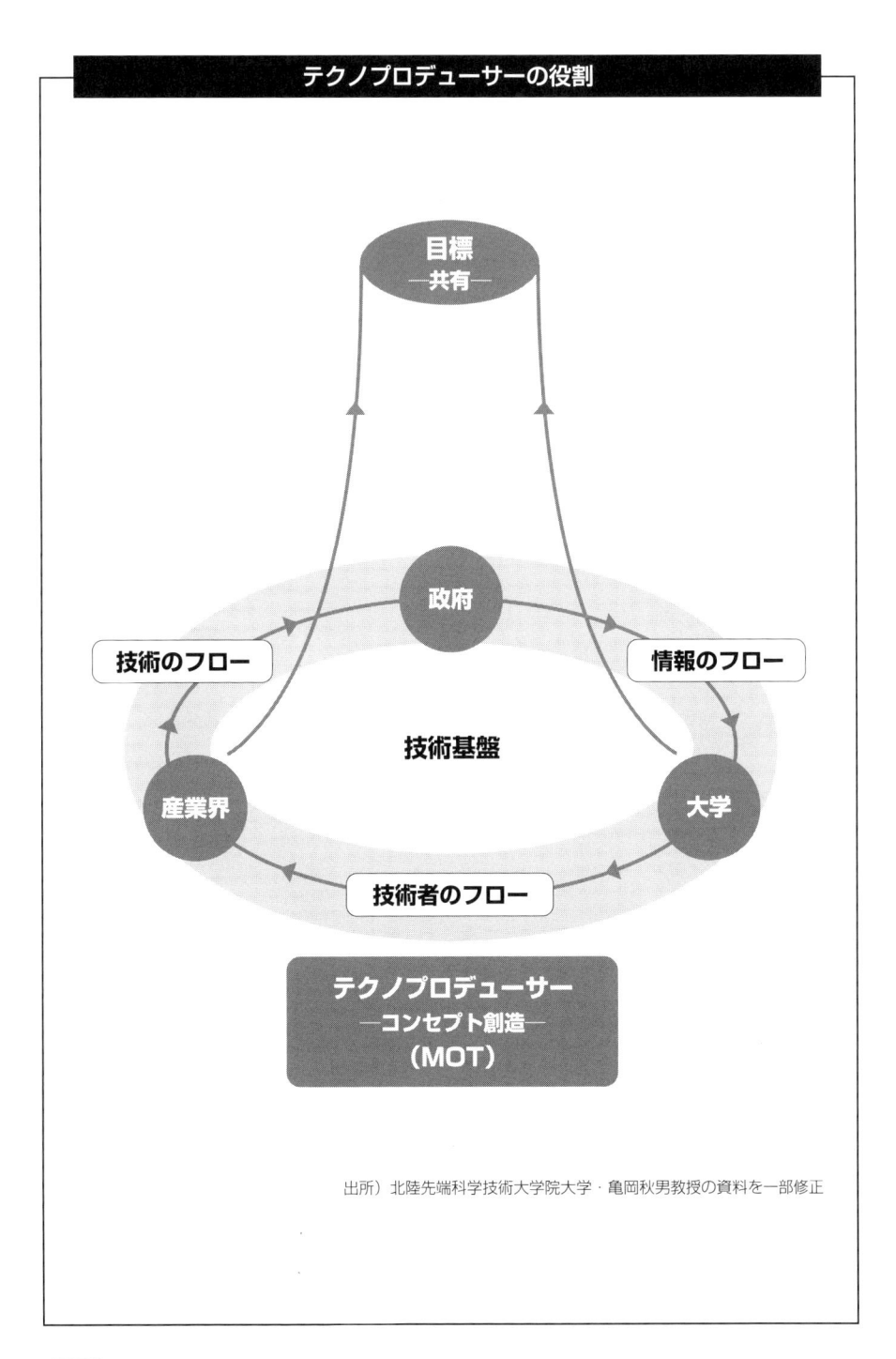

Section 94

技術経営のパラダイム変換

キャッチアップ型のマネジメントからフロントランナーに新しい方法論や手法・ツールを使いこなして、「経験と勘」を可視化したマネジメントへ転換する。

●パラダイムの変換

現在、日本の技術経営は大きなパラダイムの変換を迫られています。その変換を推進するためには、自ら目標を創出して、リーダーシップを発揮していかなければ道は開けない、という認識を持つことが必要です。つまり、これまでのキャッチアップ型のマネジメントから、自らが先頭を走るフロントランナー型に変換することが求められているのです。

●新たな時代への心得

20世紀の日本は欧米などにお手本があったので、先進事例を参考にして道筋を決めることができました。21世紀の日本は、進むべき用意された道はなく、自ら目標を定めて、創意工夫で道なきところに道を切り拓いていかなければなりません。グローバル化や地域化などの自社以外に考慮すべきことが多くあり、少子高齢化などの外部環境の変化も考慮しなければなりません。

●技術経営の可視化

技術経営は範囲が広く、不確定要素が多くあり、複雑系の典型と言うことができます。この領域を対象にダイナミックかつ高品質のマネジメントを行うには、新しい方法論的に捉えて可視化することが突破口になります。従来の「経験と勘」に偏重したマネジメントを超えるためには、「経験と勘」を見えるようにして、「経験と勘」を可視化してマネジメントすることが必要です。つまり、技術マネジメントの転換が必要であり、それを担う人材の養成が急務となっています。

●今後の技術経営の方向

このような時代背景を認識したとき、これからの技術経営の方向は、従来の方法だけで決定していては不充分です。新しいコンセプトを創造して、自らが戦略目標を設定することから始めなければなりません。そのためには、技術と経営の関係を密にして、関連を可視化できるような努力が必要です。さらに、自社以外の産学官との有機的な連携に努めなければなりません。

216

技術経営のパラダイム変換

【パラダイムの変換】
・これまでのキャッチアップ型のマネジメントから、自らが先頭を走るフロントランナー型に変換

【新たな時代への心得】
・自ら目標を定めて、創意工夫で道を切り拓く
・グローバル化や地域化
・少子高齢化などの外部環境の変化も考慮

⬇

【技術経営の可視化】
・新しい方法論と状況を定量的に捉えて可視化する
・技術マネジメントの転換
・ＭＯＴ人材の養成

⬇

【今後の技術経営の方向】
・新しいコンセプトを創造
・自らが戦略目標を設定する
・技術と経営の関係を密にして関連を可視化
・自社以外の産学官の有機的な連携

Section 95

MOTの視点から改革を組織の中で実施して定着させる

MOT改革を推進するために

MOT改革の推進力は、全員参加の組織と自立したチーム、リーダーシップとモチベーション、そして、それらを統合したモデル化である。

● 改革推進力とは何か

図には、MOT改革の基本的な枠組みを事例で説明します。

MOT改革の推進は、自立したチームが基盤となります。真のリーダーシップは、各人のモチベーションを高めて各人の能力が発揮できる組織風土を作り上げます。全員参加で壁のない組織風土が醸成されます。改革を定着させるためには、モデル化して見える形にしなければなりません。

① 全員参加の組織

改善提案を全員が考えて発信することが、組織としての強みとなります。

組織の進むべき方向性を組織の中で共有するためには、一部の改革派が精力的に活動しているだけでなく、全員参加により組織としての力を合わせることが不可欠です。「やらされ感」で命令により動くのではなく、「やるぞ感」による主体性ある行動をして、全員が期待し期待される関係になっていることが「全員参加の組織」です。

② 自立したチーム

役割を持ったチームは組織の中で自立して行動できます。また、チームが立して行動できます。また、チームが同時に、組織内部との橋渡しもします。そして、チーム同士が有機的につながれば、組織としてのまとまりが良くなります。

③ リーダーシップ

リーダーはコミュニケーションの場面で、笑顔を絶やさないで相手に熱い視線を投げかけることが必要です。そうすることで、組織や顧客を大切にする気持ちや志が伝わります。

各人に期待することを正確に伝えて、各人がその期待に応えようとする循環がモチベーションの源になります。大切なのは、期待を確実に担当者に伝えることです。この期待は、相手に対する思いやりを込めて伝えます。

④ モチベーション

顧客との接点となり、顧客とともに成長し、共に創造的な活動をする基点となります。改革推進の最先端の場として、自立したチームがあるのです。自立したチームは外部との接点であると同時に、組織内部との橋渡しもします。

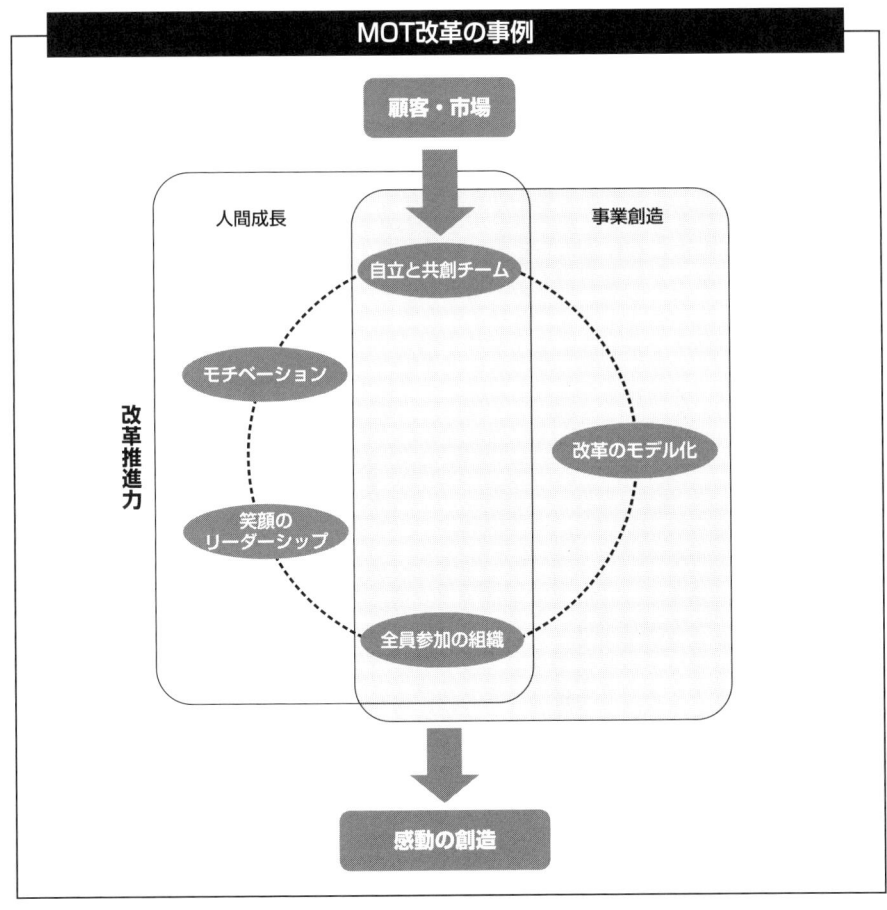

MOT改革の事例

```
                    顧客・市場
                        ↓
        人間成長              事業創造
              自立と共創チーム
       モチベーション
改革                              改革のモデル化
推進力
       笑顔の
       リーダーシップ
              全員参加の組織
                        ↓
                    感動の創造
```

モチベーションは「期待」と「思いやり」により形作られていくものです。

⑤ 改革のモデル化

革新推進力を定着させるためには、独自技術やビジネスモデルなどを目に見える形に具現化しなければなりません。改革のプロセスとアウトプットが目に見えることにより、全員参加の組織にフィードバックされて、さらなる改革へとつながっていくのです。

● MOT改革のコンセプトと枠組み

技術や商品・サービスの感動体験が改革の原点にあります。自ら感動し、その感動を内部関係者や顧客に伝えていくのです。感動を創造して、その体験を伝承して改革の原動力とすることがMOT改革のコンセプトになります。

これらの改革推進力は人間の成長に関係するものと、事業創造に関係するものがあり、この両方に関連するのが「自立したチーム」と「全員参加の組織」です。

Section 96 オープン・イノベーションとは何か

他社から取り入れたコア技術を活用した付加価値の創造

企業が内部だけでなく外部のアイデアや技術を活用し、内部と外部の両者を見すえて選択する。

●クローズド・イノベーションとオープン・イノベーションの違い

大企業は基礎研究、生産技術、商品開発をすべて自前で行うことができた時代には、中央研究所を保有し独自に開発したコア技術で付加価値を創出して、他社と差別化して競争力を保有することができました。クローズド・イノベーションとは、アイデアの創出から商品化までのプロセスを自社だけで行うことです。

●クローズド・イノベーションの限界

従来のクローズド・イノベーションが機能しなくなった理由について、『Open Innovation』の中で著者のチェスブロウ教授が以下の三点を挙げています。

① 高度な経験と技術を持つ人材が流動するようになってきた
② ベンチャーキャピタルの拡大
③ 多くの製品/サービスの市場投入の迅速さ・短期化

これからの技術経営は、外部の資源を有効活用した戦略が求められます。

●オープン・イノベーションとは何か

オープン・イノベーションとは、自社独自の基礎研究や開発が、競争優位を保つ上で必ずしも必要ではないという立場から発想されたものです。むしろ技術による発想から付加価値の創造は、外部から取り入れたコア技術で行うという立場に立ちます。

企業が内部だけでなく外部のアイデアを活用して技術開発し、それを市場に投入する際にも、内部と外部の両者を見すえて選択します。

●オープンとクローズドの使い分け

イノベーションを起こすには、オープンな部分とクローズドな部分の使い分けが必要です。オープン・イノベーションが推進されている背景は、商品化までを短期間で行うために、補完する技術を外部から取り込むという考えがあります。

また、デファクトスタンダードを勝ち取るために、コア技術を持つ企業とアライアンスを組むという考えもあります。

オープンイノベーションの概念

基礎研究 → 技術開発 → 商品化

外部

内部

内部と外部の境界

○：研究開発プロジェクト

出所）チェスブロウ著『Open Innovation』の図表を修正

Section 97
これからの産学官連携の新たな展開へ向けて

大学の社会貢献と企業のオープン・イノベーションの方向性が一致して加速

産学連携の要件は、大学側で「シーズ」が充分に発掘され、わかりやすく表現されていること、企業や地域においては「ニーズ」が的確に把握されていること。

●産学官連携の方向性

大学の社会貢献への役割がクローズアップされたのを機に、産学官の連携のあり方が変化しています。企業はイノベーションの枠組みを広げて、外部との産学の連携を強化しようとしています。つまり、大学・企業の双方が相互補完的な状況になっています。

●産学連携のために必要なこと

産学連携を成功に導くために必要な要件について考えることにします。産学連携を推進していくうえで重要なことは、大学内に産学官連携本部や知的財産本部など産学連携を推進できる体制が整備され、大学側の「シーズ」がわかりやすく表現されていることがあります。

一方、企業や地域は「ニーズ」を的確に把握して、大学側に伝える必要があります。これらの大学のシーズと産業界のニーズを的確でかつ速やかに"マッチング"させるのです。

●大学での研究成果の還元

大学の研究成果を社会に還元する方法として、企業に技術を移行する方法と、大学においてベンチャーを起業し実用化を目指す方法があります。これからは、大学におけるベンチャー起業のための啓発活動、起業精神の醸成が必要です。起業後のフォローも、育成プログラムとして戦略的に実施しなければなりません。

●産学連携とグローバル化・地域化

企業および産業が環境と経済を両立させるためには、イノベーションが不可欠です。そして、効果的なイノベーションを創出するためには、産学連携が求められているのです。

産業界では市場原理に基づき、大きな市場になりつつある中国やインドなどの国々への製造拠点の移行、研究開発活動のグローバル化が進展しています。このような状況の中で、これからのイノベーションは地域や社会のニーズに基づいて新たなシーズを創造する活動が活発になります。地域発のイノベーションは今後の社会発展の原動力の一つと考えられます。

222

産学官連携の新たな展開

```
                    外部資金
           ↙          ↓          ↘

  ┌─────────────┐              ┌─────────────┐
  │ ・研究成果    │              │ ・ニーズ、ウォンツ│
  │  （シーズ）   │ ← 共同研究 → │ ・オープン     │
  │ ・人材       │              │  イノベーション │
  │             │              │             │
  │   大 学     │   技術移転    │   企 業     │
  │             │              │             │
  │ ・新たな研究  │   人材交流    │ ・人材       │
  │  シーズ      │              │ ・スピンアウト  │
  │ ・ロイヤリティ │              │             │
  └─────────────┘              └─────────────┘
                    ↓
                 地域振興

               ベンチャー育成
```

Section 98

技術主導型の企業価値創造とは何か

技術・知財とビジネスモデルをセットにして市場に流通させる

技術価値だけでなく事業価値も含めて流通市場で取引して、投資家から資金を獲得する。

●技術流通の将来像

研究開発の成果を基にして事業展開するためには、投資家から資金を獲得できるような枠組みを確立することが望まれます。自前の限定された資源（人・モノ・金・情報）だけでなく、広く開放された外部資源とも連携して、水平統合することがスケールの大きなイノベーションを生み出す要件と考えられるからです。

差別化技術や新規技術を、事業価値創造のために活用させるには、技術や知財の流通市場を活性化させることが必要です。そのために技術をどのように商品とするかというコンセプトが必要です。つまりビジネスプランやビジネスモデルを綿密に積み上げて、だれに何をどのように提供するのか、どのプロセスで利益を出すのかなどのコンセプトと組み合わせることで、事業価値として市場に流通させるのです。技術価値だけでなく事業価値も含めて流通市場で取引できるようにすることが、技術流通の将来像です。

●技術流通によるイノベーションとは

図の縦の流れは、研究開発を主力とするイノベーション組織が自らのビジネスモデルによって投資家から資金を獲得することを示しています。ビジネス成果を達成するために、外部の資源を活用して事業価値を創出することが目的です。それに対して横の流れは、イノベーションが創出した技術、製品、ビジネスアイデアを技術流通市場へ登録し、売却することで資金や情報を得る流れを示しています。

技術流通市場の特徴は、研究開発成果とビジネスモデルを一体化することです。ビジネスモデルにより関係者のコミュニケーションが円滑になり、技術流通を促します。

市場は事業価値創造の種まきから育成までのプロセス全体を対象としています。技術流通ビジネスプロデューサーが仲介者となって、差別化技術や新規技術から新規事業を立ち上げる立場となります。

技術流通市場の全体像

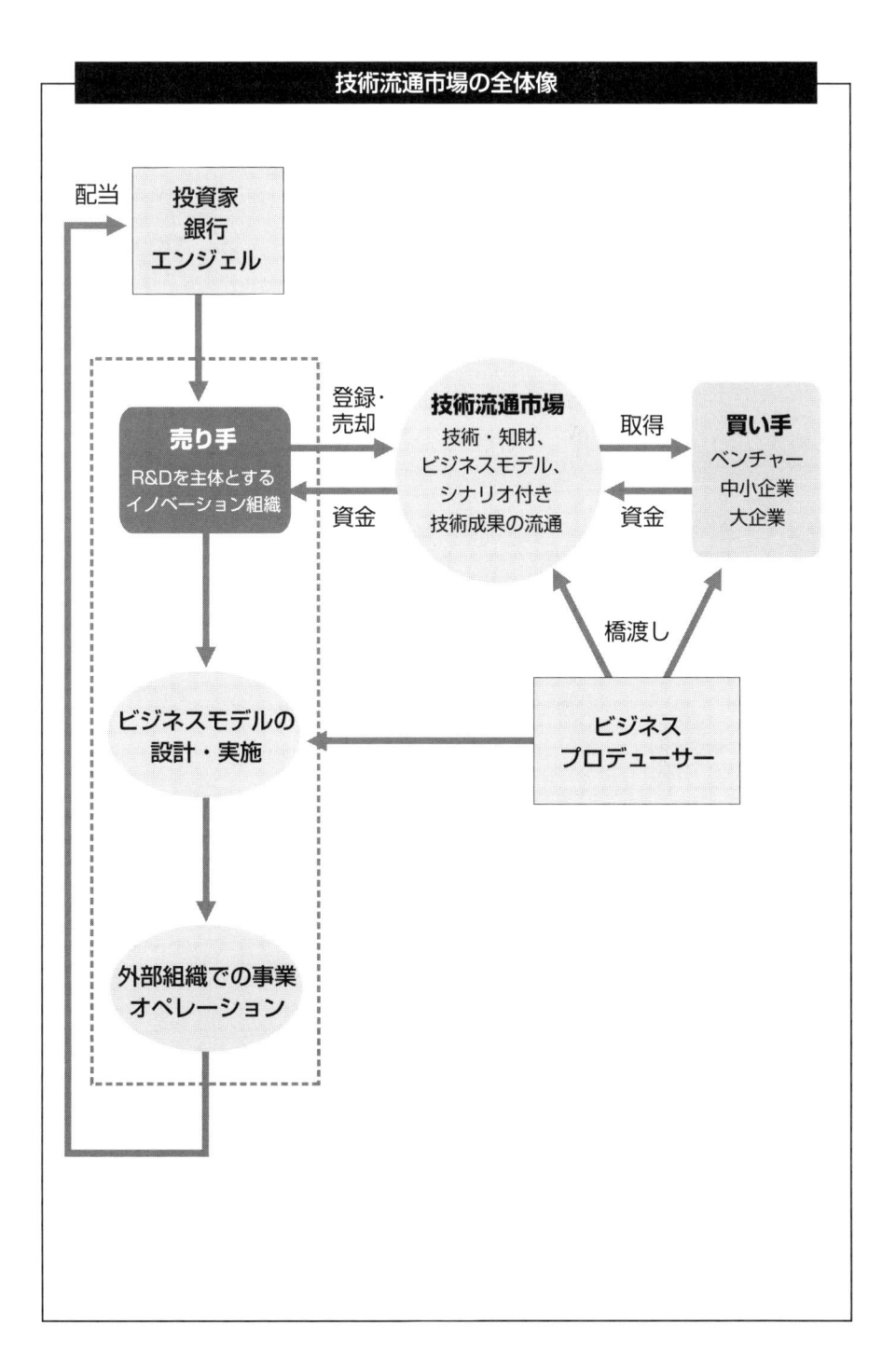

```
配当 ← 投資家・銀行・エンジェル
         ↓
    ┌─────────────────────────────────────────┐
    │  売り手              登録・売却    技術流通市場       取得    買い手      │
    │  R&Dを主体とする    ─────→   技術・知財、       ─────→  ベンチャー   │
    │  イノベーション組織              ビジネスモデル、           中小企業     │
    │                    ←─────   シナリオ付き      ←─────  大企業      │
    │                    資金      技術成果の流通       資金              │
    │       ↓                                                      │
    │  ビジネスモデルの  ←──────────────  ビジネス         │
    │  設計・実施                      橋渡し       プロデューサー      │
    │       ↓                                                      │
    │  外部組織での事業                                               │
    │  オペレーション                                                 │
    └─────────────────────────────────────────┘
```

Section 99

科学的な知識を社会的な価値に変換する

国家戦略としての技術経営はどのように発展するか

部門や分野の協力や競争によって、イノベーションを誘発するように働く社会システムを築く。

● 国家レベルで推進するイノベーションとは

科学技術振興機構研究開発戦略センターの生駒センター長は「科学技術に立脚するイノベーションを日本の中心に据える」という提言をしています。科学的な知識を社会的な価値に変換するための科学技術イノベーションに注力するというものです。国が推進すべきイノベーションはこれまで、経済的な価値を増大させることを中心に行われてきましたが、この他に社会的価値の増大に着目するの充足や社会的要請を満たす製品開発ではなく、現在の市場からの要請を満生かし、根本を追究していく中でイノベーションを起こしていくのです。そのためには、分野を越えた融合化、対立していた概念の統合などが必要です。

● 社会的価値・経済的価値の創造のための技術経営

● イノベーション・エコシステムとは何か

エコシステムとは、各セクターの協力や競争によってイノベーションを誘発するように働く社会システムのことです。これからのイノベーションは、このエコシステムを具体的に実現することが重要です。知的資産を経済・社会的価値に転換するために、国全体で推進することが必要です。

● イノベーション・エコシステム実現のために

消費者が生産者に先んじてイノベーションを起こしてイノベーションを民主化することが、エコシステムの将来像です。実現のためのルートは二つあります。一つは経済的価値を増大させること、二つ目が経済的価値には逆行してでも社会的価値を増大させることで

国家レベルで推進するイノベーションの4つの条件

- 第1に既存技術の創造的破壊を伴う、非連続的な科学技術の創出。科学技術の背景にパラダイムシフトを起こさせること。
- 第2に社会システムに大きな変化をもたらすもので、社会の新技術の受容性が今後は非常に大事。
- 第3に経済的な価値を大きく増大させるもの。産業競争力を強化し、経済成長の原動力となるもの。
- 第4に社会的要請を満足させるもの。

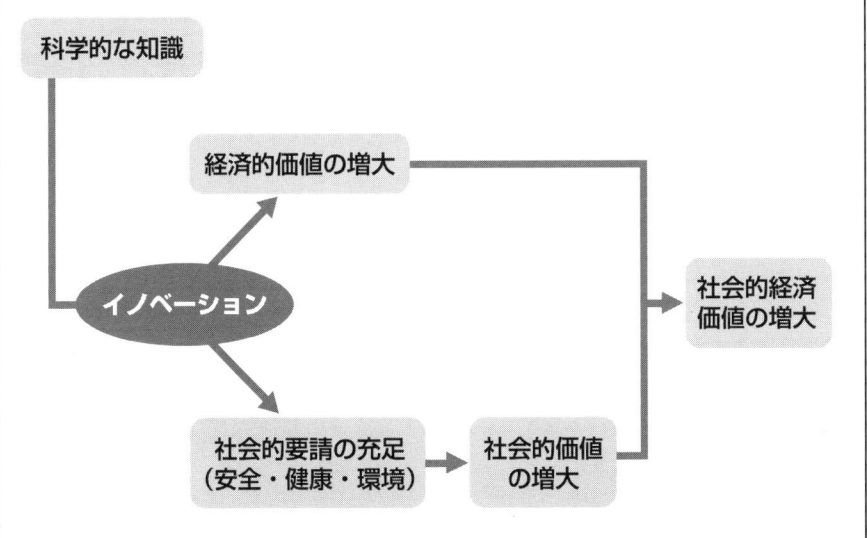

```
科学的な知識
    │
    ▼
 イノベーション ──→ 経済的価値の増大 ─────────┐
           │                              ▼
           └──→ 社会的要請の充足 ──→ 社会的価値   社会的経済
                (安全・健康・環境)    の増大     価値の増大
```

出所）科学技術振興機構研究開発戦略センター・生駒氏資料より

Section 100 イノベーションに対する国家戦略

イノベーションに関する国の構想は何に向かっているのか

内閣府はイノベーション25を始動し、経済産業省はイノベーション・スーパーハイウェイ構想を打ち上げた。

●「イノベーション25」とは何か

「イノベーション25」とは、2025年までを視野に入れた成長に貢献するイノベーションを創造するために、政府が打ち出した長期的戦略指針のことです。政府は「イノベーション25」の策定を重点的に進めるため、イノベーション担当大臣を設置して、内閣府に「イノベーション25特命室」を設置しました。成長に貢献するイノベーションの創造に向け、医薬、工学、情報技術などの分野ごとに、2025年までを視野に入れた長期の戦略指針「イノベーション25」を取りまとめ、実行することを公約としています。

●「イノベーション・スーパーハイウェイ構想」とは

経済産業省の提唱している「イノベーション・スーパーハイウェイ構想」は、国が重点化したイノベーション領域のプロジェクトを効率的に実施するための方法論を示しています。特定の研究プロジェクトを対象とするものではなく、イノベーションのインフラを整備する構想です。要点は、自動車ハイウェイを模して、①研究と市場間の双方向の流れを構築すること、②最終目的地、つまり事業のターゲットを明確にすること、③ジャンクションで知識を融合すること、④イノベーション速度を速くすること、⑤民間・大学が自主的に運転すること、などの促進です。

●科学技術によりイノベーションを生み出す仕組みとは

経済産業省は今後10年間の経済成長への貢献に最大限に配慮して、それを戦略的に実施する仕組みづくりを目指しています。世界トップレベルの研究拠点の整備やイノベーションを種から実へと育て上げるのです。とくに、大学、公的機関、産業界、政府が連携し、研究から市場へ、市場から研究へと双方向で交流する仕組みの構築を目指しています。

産学官双方向の連携を強化する必要のある領域を対象に、政策資源を集中的に投入する方向性が示されています。

イノベーション・スーパーハイウェイ

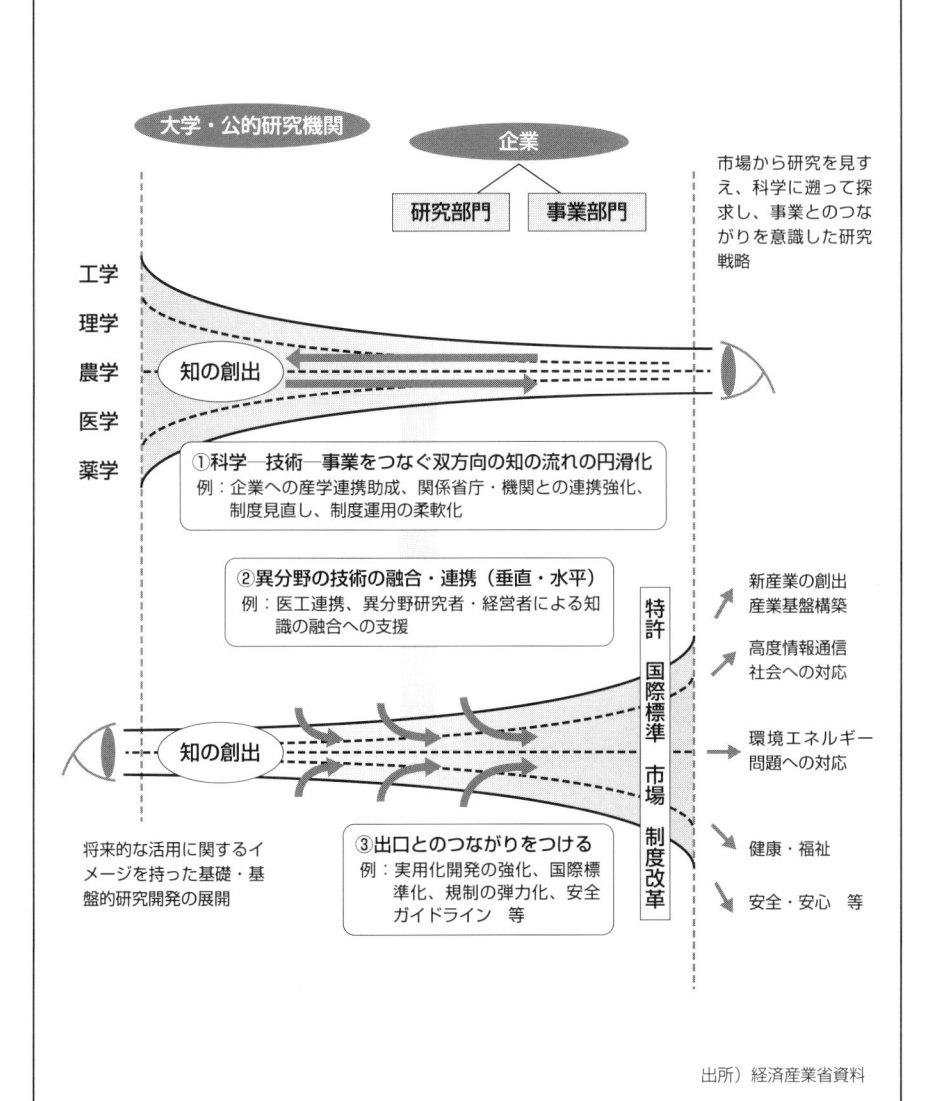

大学・公的研究機関

企業
- 研究部門
- 事業部門

市場から研究を見すえ、科学に遡って探求し、事業とのつながりを意識した研究戦略

工学
理学
農学
医学
薬学

知の創出

①科学—技術—事業をつなぐ双方向の知の流れの円滑化
例：企業への産学連携助成、関係省庁・機関との連携強化、制度見直し、制度運用の柔軟化

②異分野の技術の融合・連携（垂直・水平）
例：医工連携、異分野研究者・経営者による知識の融合への支援

特許　国際標準　市場　制度改革

知の創出

将来的な活用に関するイメージを持った基礎・基盤的研究開発の展開

③出口とのつながりをつける
例：実用化開発の強化、国際標準化、規制の弾力化、安全ガイドライン　等

- 新産業の創出　産業基盤構築
- 高度情報通信社会への対応
- 環境エネルギー問題への対応
- 健康・福祉
- 安全・安心　等

出所）経済産業省資料

COLUMN●10

街づくりにも
MOTの考え方を導入

　MOTが対象とする領域は、企業での技術経営だけではありません。個別の企業から地域へと、対象とする領域が広がっています。つまり、個別の企業だけでは解決できない、地域の課題が増えているという見方もできます。
　地域の活性化にもMOT的な考え方で打開策を見出していく活動が、日本の各地で活発になっています。観光やものづくりというキーワードで地域全体を再設計するときに、経営的なセンスが求められるのです。
　今、日本の地方自治体では、市街地活性化で地域の生き残りを賭けて知恵を絞っています。地域の活性化のために、自治体主導で規制を整備し、施設や道路などのハードを充実させるというアプローチだけでは、市街地活性化はうまくいきません。そのハードを使いこなすために、お客さんを意識したソフト面での整備が重要です。その活動は、地元の住民主導で行うことにより、突破口が開けます。
　街づくりのMOT活動で必要なことは、人材とビジネスモデルと技術力の3つに集約できます。
　街づくりも人材ですべてが決まります。市民ベースのイノベーションを自治体が応援して、商店街や、外部のコンサル、自分たちの生活が楽しくなり、街づくりが楽しいという人材が支えています。
　また、街づくりにもさまざまなビジネスモデルが生まれつつあります。地元の強みを考えたとき、最終的には地元で生産される農作物や海産物など材料にこだわるという結論となります。だとすると、それらを最終的にブランドにまで育てることが成長の出発点となります。各店舗がブランドを持っていれば、各ブランドで地域の活性化につながります。それぞれのブランドが連携して街づくりにもビジネスモデルができ、イノベーションが起こります。
　街の強みをより強くするためには技術が必要です。異業種との共同開発で、要素技術にまで遡った改良や融合が決め手となります。技術に支えられたビジネスモデルは強みを発揮します。そのために、街づくりでも産学連携が求められるようになっていきます。

参考文献

- 『技術経営入門』（藤末健三著、日経BP社）
- 『最新MOT〈技術経営〉がよ〜くわかる本』（出川通著、秀和システム）
- 『技術系のMBA「MOT経営」入門』（JMAC　RD&E〈技術・開発革新事業部〉著、PHP研究所）
- 『キャズム』（ジェフリー・ムーア著、翔泳社）
- 『科学経営のための実践的MOT』（ヒューゴ・チルキー編、日経BP社）
- 『ザ・プロフィット』（エイドリアン・スライウォツキー著、ダイヤモンド社）
- 『知財戦略経営』（岡田依里著、日本経済新聞出版社）
- 『イノベーションへの解』（クレイトン・クリステンセン著、翔泳社）
- 『OPEN INNOVATION』（Henry Chesbrough著、HARVARD BUSSINESS SCHOOL PRESS）
- 『経営幹部のためのビジネス能力開発　技術革新と事業開発』（阿部仁志著、戦略経営協会）
- 『〈図解〉日本版　LLP/LLC　まるわかり』（大浦勇三著、日経BP社）
- 『理系の経営学』（宮田秀明著、PHP研究所）
- 『MOT　知的財産と技術経営』（永田晃也・隅蔵康一責任編集、丸善）
- 『MOT入門』（寺本義也・松田修一監修、早稲田大学ビジネススクール著、日本能率協会マネジメントセンター）
- 『実践シナリオ・プランニング』（池田和明・今枝昌宏著、東洋経済新報社）

著者略歴

中河正勝（なかがわ・まさかつ）

1939年、滋賀県生まれ。1963年同志社大学工学部電気学科卒業。
同年(株)日立製作所入社、横浜工場配属後設計、生産技術、生産管理、製造技術等生産工場のほとんどの部門に従事。その後、仏トムソン社、米GE社との合弁会社設立交渉。中国国家プロジェクトのプラントを受注し、その総責任者として4年間従事、以降約20年間中国ビジネス責任者となる。日立本社で家電関係海外オペレーション統括責任者となる。1996年(株)日立製作所関係会社取締役を勤め、1999年(株)日立製作所定年退職。以降中堅ソフト会社社長（4年間）、製造業のコンサルタント従事。2000年(株)KJSネット専務（5年間）。2003年11月立命館アジア太平洋大学大学院「MOTの視点を採り入れた国際投資戦略」教材執筆（三菱総研共同）。2003年経営創研株式会社、パートナーコンサルタントとなる。2006年4月(株)HE-KJS代表取締役就任。
著書に『最新国際部品調達コストダウン＆利益向上化総合戦略』((株)海外技術資料研究所出版）がある。

平林裕治（ひらばやし・ゆうじ）

中小企業診断士、ITコーディネーター。
1960年生まれ、1983年早稲田大学理工学部工業経営学科卒、同年清水建設入社、建設作業用ロボットや施工管理システムなど、生産技術の研究開発と研究開発企画に従事。
著書に、『BTO生産システムの開発・導入マニュアル』（共著、アーバンプロデュース）、『200X年物流改善事例集』（共著、経林書房）、『中小企業診断士情報科目キーワード』（共著、経林書房）、『PB商品販売開発戦略』（共著、ビジネス社）、『ロジスティクス改善事例集』（共著、経林書房）などがある。

なるほど！　これでわかった
図解　よくわかるこれからのMOT

平成19年8月31日　初版発行

著　者———中河正勝・平林裕治

発行者———中島治久

発行所———同文舘出版株式会社
　　　　　　東京都千代田区神田神保町1-41　〒101-0051
　　　　　　電話　営業03（3294）1801　編集03（3294）1803
　　　　　　振替00100-8-42935

©M. Nakagawa／Y. Hirabayashi　　ISBN978-4-495-57491-8
印刷／製本：壮光舎印刷　Printed in Japan 2007